自我管理

WANGDAO ZIWO GUANLI

赵铭志 / 著

华南理工大学出版社
SOUTH CHINA UNIVERSITY OF TECHNOLOGY PRESS
·广州·

图书在版编目（CIP）数据

王道自我管理 / 赵铭志著. —广州：华南理工大学出版社，2017.11
ISBN 978 – 7 – 5623 – 5465 – 9

Ⅰ.①王…　Ⅱ.①赵…　Ⅲ.①自我管理学–通俗读物　Ⅳ.①C936–49

中国版本图书馆 CIP 数据核字（2017）第258009号

王道自我管理
赵铭志　著

出 版 人：卢家明
出版发行：华南理工大学出版社
（广州五山华南理工大学17号楼，邮编510640）
http://www.scutpress.com.cn　E-mail: scutc13@scut.edu.cn
营销部电话：020–87113487　87111048（传真）
策划编辑：李良婷
责任编辑：李良婷
印 刷 者：广州星河印刷有限公司
开　　本：787 mm × 1092 mm　1/16　印张：18.25　字数：325千
版　　次：2017年11月第1版　2017年11月第 1 次印刷
定　　价：48.00 元

序

活着，一定要出彩

人类社会经历了几十万年的漫长进化，逐渐由畜牧业经济社会、农业经济社会、工业经济社会，发展到知识经济时代。在知识经济时代，社会发展迅速，生活比以前任何时代都富有、自由、方便；社会比以前任何时代都民主、法治；信息和机会比任何时代都多。管理大师德鲁克说："我们生活的这个时代充满着前所未有的机会：如果你有雄心，又不乏智慧，那么不管你从何处起步，你都可以沿着自己所选择的道路登上事业的顶峰。"从这个角度而言，我们生活的时代简直就是天堂般的时代。

但是，现实中只有少数幸运的人才进得了"天堂"，不幸的人却还是在凡间，而且不幸的人们还占大多数。不幸的人们，不知道甚至没有思考过人生的意义，却被钱牵着鼻子，就好像水泥搅拌机里的石子一样，被运转起来，身不由己，不知不觉就迷失了方向，以致厌倦了生活和工作，甚至丧失了道德底线，虚度了年华。社会上迷茫失落的人越来越多，精神空虚的人越来越多，亚健康的人越来越多，破碎的家庭越来越多，幸福快乐几乎成了奢侈品。总之，身在天堂般的时代，而心在"地狱"的人越来越多。

在这个千载难逢的天堂般时代，如何充分地利用时代的条件和机会，战胜诱惑、避开陷阱，最大限度地实现人生的价值，赢得王者的人生？

哲学家黑格尔提醒我们："人是靠思想站立起来的。"人的思想观念影响着人自身的生活与命运。正确的思想使人轻松如意，命运畅达；错误的思想则使人烦恼不断，前途多舛。我们唯有从思想上才能找到根本出路！

李宗仁将军晚年时曾说："人如果不是从1岁活到80岁，而是从80岁活到1岁，那么这个世界上将有一半人可以成为伟人。"这句极富哲理和内涵的话，提醒人们站在人生的终点去思考人生的终极意义和把握人生。

在我多年的思索中，安葬于西敏寺的英国国教主教的墓志铭再一次给我导航，墓志铭是这样写的：

当我年轻的时候，我的想象力没有受过限制，我梦想改变这个世界。

当我成熟以后，我发现我不能够改变这个世界，我将目光缩短了些，决定只改变我的国家。

当我进入暮年以后，我发现我不能够改变我的国家，我的最后愿望仅仅是改变我的家庭，但是，这也不可能。

当我躺在床上，行将就木时，我突然意识到：如果一开始我仅仅去改变一下我自己，然后作为一个榜样，我可能改变我的家庭；在家人的帮助和鼓励下，我可能为国家做一些事情；然后，谁知道呢？我甚至可能改变这个世界。

对，改变自己就可以改变世界，把握自己就可以把握世界，而改变自己就需要管理自己。循此思路，我去搜集关于自我管理的人物故事，结果发现：每一个真正成功的人，都是善于自我管理的人，李嘉诚、富兰克林、德鲁克等都是其中的杰出代表，他们因为成功地管理自己而影响和改变着世界。

人生，不管风云如何变幻，不管面临多少迷惑与陷阱，不管碰到多少挫败，只要认定自己的理想与目标，就一定有方向和力量；只要热爱生活与工作，就一定有幸福和快乐；只要打牢人生道德之基石，人生就一定可以平安、坦然；只要珍惜时间，劳逸结合，就会获得时间自由和财富自由。

为容易理解，好记好用，我又形象生动地把这四要素浓缩到“王”字每一笔画中。每一笔分别代表理想与目标、生活与工作、道德与修养、时间与生命。本书不但详尽地阐述了每一个人生要素的意义，也阐述了具体的操作方法，于是便形成了系统的“王道自我管理”思想。

“王道自我管理”是让我们站立起来的思想！我与很多同事、亲友沟通该思想，他们都表示极大的赞同。我坚信“王道自我管理”思想能影响和帮助更多的人，特别是帮助那些正在迷茫中探索人生之路的人。基于此，我下决心著作此书。

前言

赢得王者人生

想要一时的繁荣可以种花，想要十年的繁荣可以种树，想要世世代代的繁荣必须播种思想。

王道自我管理是赢得王者人生的思想，是经过古今中外无数成功人士成功经验反复论证的，是中国传统文化精髓的王道思想与当代世界管理大师德鲁克前瞻性管理思想中自我管理理念的完美结合，是集成人类智慧之后高度浓缩并形象生动的大智慧。王道自我管理＝王道+自我管理，是让人开悟，使人从自发的自我管理变成自觉的王道自我管理。我坚信王道自我管理思想将是一座智慧之灯塔，其光明始如萤光，再如烛光，再如火炬！其必将照耀无数读者的心灵，引导更多的人赢得王者人生。

2013年底，我放弃被高薪聘请的机会，用了半年时间静心完成《王道自我管理》一书，2015年1月正式出版发行。让我感到欣慰的是，王道自我管理思想获得广大读者的高度好评。在深圳做了20多年义工、近70岁的资深财税专家王莉莉老师评价："这是一本全方位指导人生的难得的好书。"在《王道自我管理》发行的同时，我已在深圳市凯鑫汽车贸易服务有限公司、香港漆宝国际集团、比亚迪股份有限公司、深圳市天龙金属制品有限公司、佛山市顺德区简居家居有限公司、哈尔滨工业大学（深圳）等数十家企事业单位进行了"王道自我管理"专题演讲，听众总计近万人，王道自我管理思想震撼了很多听众的心灵。

教学相长。在与读者、听众分享王道自我管理思想的过程中，我得到很多非常有价值的回馈，为我完善《王道自我管理》一书提供了十分宝贵的素材。2016年5月22日在哈尔滨工业大学（深圳）演讲"王道自我管理"时，有幸邀请了中国成人教育协会南方中心主任、教育界德高望重的曲广生校长参加，他全程听完后给予了很高的评价，并把中国决策学创始人、世界著名学者张顺江教授的《自导式管理——儒家的管理心理研究》一书推荐给我拜读，此书及张顺江教授的其他系列著作均让我受益良多，更加坚定、充实和升华了王道自我管理思想。

不忘初心，方得始终。本着对读者负责的精神和态度，我此次修订《王道自我管理》一书的目的在于把近三年来读者的建议和意见，自己三年来对王道自我管理更深入的思考，特别是自己在管理咨询、社会交往中获得的新的领悟和认识，有机融入修订后的新书之中。

为此，我对各章节进行了调整，把原第二章改为第三章，并增加了第三节“设定和实施理想与目标的方法与工具”。把原第三章“‘王’字中间一横：生活与工作”改为第四章，把生活的九大定律浓缩为四大定律，生活两项本领增加为五项本领，把生活与工作中其他相关的内容浓缩为生活的平台；增加了第三节“释怀自在、惬意优雅的活法”。原第四章“‘王’字下面一横：道德与修养”改为第二章，对原来十项道德准则进一步提炼为：本源之德、立身之德、修行之德、底线之德、升华之德、境界之德；增加“厚德载物”的内容。在第五章“‘王’字中间一竖：时间与生命”中，增加了健康物质生命和丰富精神生命的内容。除了对内容结构进行较大幅度的调整外，在文字方面也下了大功夫，尽可能使行文简洁、明了；不仅讲明观点，还重点说明简易操作的方法，使王道自我管理真正成为能帮助他人的工具。同时，还增加了一些插图和读者的感言，使书的内容更加充实和鲜活。

当然，不管我如何努力和用心，但由于我的能力、精力和时间有限，书中难免还会有不足之处，恳请读者、专家多多批评指正！期望下次修订时能更加完美。我会坚持不懈地努力践行王道自我管理，让《王道自我管理》经过千锤百炼之后能成为传世经典著作，这将是我的终身奋斗目标。

这次修订得到了华南理工大学出版社领导和编辑的充分肯定和大力支持，他们为完善本书倾注了大量的心血，并且尽全力在其发行平台上大力推广本书，在此深表感谢！

目录

第一章

王

概述

“王”为最高统治者的称谓，有王权、王道、帝王等丰富内涵。本书借用“王”字的内涵，用其代表人生的辉煌与成功，并把自我管理的四个关键要素浓缩到“王”字的每一笔画之中，这样贴切、形象、好记。

“王”字最上一横：代表人的理想与目标，是人生的导航和动力系统；缺最上一横为“土”字，代表没有“理想与目标”的人，不能成功，将一辈子“土气”。

“王”字中间一横：代表生活与工作，是人生的主题；缺中间一横为“工”字，代表不懂得“生活与工作”意义的人，不能成功，将一辈子做“苦工”。

“王”字下面一横：代表道德与修养，是人生的基石；缺最下一横为“干”字，代表缺乏“道德与修养”的人，不能成功，将一辈子“白干”。

“王”字中间一竖：代表时间与生命，是人生的轴线；缺中间一竖为“三”字，代表没有“时间意识”、不懂“时间与生命管理”的人，不能成功，最多只能成为“三流角色”。

只要做好了王字的三横一竖，自然就可成“王”，自然可以赢得王者的人生。

一、王道自我管理思想的来源

（一）百名部属成长成功经验的总结

追溯王道自我管理思想的起源，首先要感谢深圳市大富豪实业发展有限公司。该公司成立于1993年，2000年已经是影响和推动着中国家具行业发展的企业，是中国第一批“中国家具名牌企业”四家中的一家，当年员工近2 000人，还有外协厂数十家。我于2001年3月加盟该公司，担任总部办公室副主任一职，2002年7月调任物流部经理一职。2003年3月，公司遇到前所未有的质量危机，700多家专卖店中有400多家被投诉产品质量有问题。在公司面临严重质量危机的时刻，公司董事长果断任命我担任公司品管部经理一职。当时，我进入家具行业还不到3年，没有家具生产制造经验，在如此危急时刻担任品管部经理重任，说明公司对我充分信任。“士为知己者死”，我决不能辜负公司对我的信任。

为了尽快扭转质量危机的局面，我克服重重困难，以最快的速度组建了队伍。为了迅速打造一支忠于公司、铜墙铁壁般的品管团队，我狠抓团队建设，一方面严格把握质检员素质，制定了严格的部门管理制度和部门文化，强化组织纪律和训练。我们几乎每天早上七点坚持开品管早会，首先总结前一天工作情况，再布置当天工作任务，然后进行质量意识、管理知识与技能、质量标准等方面的培训，接着进行半军事化训练。有时，逢周日还组织品管队伍进行野外半军事训练。经过一段时间高强度的训练，一支优秀的富有战斗力的品管团队被打造出来，产品质量问题被完全控制，2004年公司产品质量已接近家具行业标杆企业的质量水平。在2003年，有人曾问我为什么要这样培训和训练品管部，我说了三点：一是每位质检员的素质提升了，组织纪律性和战斗力强了，则企业质量就有了保障；二是在为公司培养人才；三是在为社会培养人才。当时，我预言在三五年后，这支队伍的大部分人员会走向主管、厂长、总监等管理岗位。我从品管部经理到担任质管总监共约三年时间，品管部前后共有

100多人。2010年前后，有人统计过所有曾在品管部工作过的人员当前的就职和事业情况，结果95%以上人员分别走上了品管、生产、营销等管理岗位，职务分别是主管、经理、总监、副总、总经理等，其中约20%的人员先后走上创业之路，他们创办的公司成活率达90%以上，有的公司年营业额近亿元。

这支品管队伍的人员事业之路为什么能走得那么长远？王道自我管理思想是最根本的源头。

（二）缘于“最棒的员工标准”的求索

由于品管部团队优秀，业绩突出，我们得到公司的尊重和认可，在2005年底我被公司任命为生产总监，分管三个工厂及品管、计划、采购、议价、外协等八个部门，所属人员超过1 600多人。

我很清楚品管部为什么能取得优秀的业绩，关键是品管部员工的心态、技能、组织纪律、团队意识等方面都很优秀。事实上，企业的竞争最终是人的竞争，而人的竞争关键是人才培养的竞争。而如果人才培养的标准不明确或者是错误的，那么人才培养是低效的、无效的，甚至是负面的。为此，就必须明确员工培养的标准。在此情况下，我深入思考、提炼品管部队伍的组建、成长和成熟的经历，反复提炼“最棒的员工”标准。

什么是最棒的员工呢？这是个没有标准答案的问题。我借鉴了“有理想、有道德、有文化、有纪律”的“四有”新人观，也借鉴了政府管理公务员的“德、能、勤、绩、廉”的考核与提拔标准，同时，还参考了《做个最棒的员工》等相关书籍中的观点，于是逐渐形成了“最棒员工”的标准的核心要素。

本书中的王道自我管理思想是对品管部管理经验的总结，同时也是以上观点的概括、提炼和升华。

（三）管理大师德鲁克自我管理概念的启迪

“在农业经济时代，人们的选择很少，一个人的出身基本上决定了他一生的地位和职业。比如，一般农民的儿子也会当农民，工匠的女儿会嫁给另一个工匠。在工业经济时代，人们的选择和机会逐渐增多，特别是知识经济时代，社会与以往有了很大不同，充满了各种各样的选择和机会，人的出身与其地位和职业没有必然的联系，一切都处于变化之中。”

随着知识经济时代的到来，管理大师彼得·德鲁克早在1959年就提出了“知识工作者”的概念，并预言这个群体将成为新型社会的主导群体。德鲁克认为，知识工作者的工作难以监督，因而组织效力将取决于组织成员能否对自身进行有效的管理。在德鲁克1999年出版发行的《21世纪的管理挑战》一书中，有一章叫做“自我管理”，他对“自我管理”的思想做了进一步的阐述和深化。他预言，人们对自我管理的需要将掀起人类事务中的又一次革命。

关于如何进行自我管理，彼得·德鲁克列出的几个自问自答的问题有助于我们认清自我：我的长处是什么？我是如何工作的？我的价值观是什么？我属于何处？我该做出什么贡献？

德鲁克认为，在知识工作者的寿命一般已经超过组织的寿命、人员能够自由流动的今天，人们还应该及早发展第二兴趣，管理好自己的后半生。

在今天，知识工作者应该成为自己的首席执行官，学会自我管理、自我发展，把自己放到一个能对组织和社会做出最大贡献的位置上，在可能长达50年的职业生涯中一直保持着警觉和投入，一有恰当的时机就设法改变自己的发展道路。

事实上，真正实现“自我管理”，其中最重要的前提就是这些人应该是“知识工人”，而要成为真正意义上的“知识工人”，其关键则是他追求的是“自我实现”，而不是其他的东西。我们需要德鲁克的思想，因为他代表了人类最为进步的管理思想之一，或者说他为我们指引了现代管理的方向。

本书直接沿用了德鲁克“自我管理”概念，并结合中国传统文化和当代员工的实际，提出了更具有适应性和指导性的王道自我管理思想。

（四）李嘉诚等自我管理成功的求证

当接受了管理大师彼得·德鲁克自我管理的观念后，我就从自我管理的角度去寻找成功者的案例，并对古今中外的很多成功者进行论证。

能够用很多伟人、名人的故事进行求证，这要由衷感谢我在江西上饶师范学院就读时的班主任章新传老师。在校期间，他见我特别好学和上进，对我特别厚爱，他提醒我多看伟人、名人传记。他说："伟人、名人其实一样是从平凡一步步走向卓越的，他们成长、成功的故事、经历，为人处事的方法、经验等都很值得借鉴。"所以，我在大学期间及走上工作岗位后，阅读了数百位名人、伟人的传记类著作，确实受益匪浅。在著作本书时，我研究了毛泽东、拿破仑、华盛顿、林肯、爱迪生、富兰克林、李嘉诚等人物，结果发现一个共同的规律：真正的成功者都是自我管理大师。并且从这些成功者自我管理的实践中，我也进一步厘清了王道自我管理的思想体系。下面看看华人首富李嘉诚自我管理的实例。

李嘉诚，全球华人首富，全世界华人最成功的企业家之一。14岁投身商界，22岁正式创业，被世人称之为"超人"。李嘉诚对自我管理的观点与做法如下：

1．对自我管理的看法

李嘉诚认为要成为好的管理者，首要任务是自我管理，在变化万千的世界中，发现自己是谁，了解自己要成为什么模样，建立个人尊严。

自我管理是一种静态管理。承认自己永远不是也永远不能成为"无所不能的人"。人生不同的阶段中，要经常自问：有什么心愿？有宏伟的梦想，但懂不懂什么是有节制的热情？有与命运拼搏的决心，但有没有面对恐惧的勇气？有信心、有机会，但有没有智慧？自信能力过人，但有没有面对顺境、逆境都可以恰如其分行事的心力？

14岁，当李嘉诚还是个穷小子的时候，对自己的管理方法很简单：必须赚取足够一家人存活的费用。他知道没有知识就改变不了命运，没有本钱更不能好高骛远。

22岁成立公司以后，他知道仅凭忍耐、任劳任怨已经不够，成功也许没有既定的方程式，失败的因子却显而易见，建立降低失败概率的架构，才是步向成功的快捷方式。静态管理自我的方法要伸延至动态管理，理性的力量加上理智的力量，问题的核心在于如何避免让聪明的组织干愚蠢的事。

28岁的时候，他已经知道自己此生可以跟贫穷说再见，接下来只是乐于工作而工作，这一做就是50年。

2．工作与知识管理

虽然一开始只是小工，但李嘉诚坚持把每样交托给自己的事做得妥当、出色；同时他勤奋学习，把剩下来的每一分钱都用来购买实用的旧书籍，一辈子都在努力自修，刻苦追求新知识、新学问。

在过去的70年中，李嘉诚每天工作12小时，下班后仍坚持学习。无论在言谈、许诺及设定目标各个方面，都慎思和严守。

多数时候，李嘉诚每天六点下班，回家后，除了拨打越洋电话处理事务，他还有必修功课：夜晚的阅读。他广泛涉猎各种书籍，坚持每阶段设定一个学习研究主题。

3．心态管理

他说："我内心已有非常好的保障，若一个人不知足，即使拥有很多财产也不会感到安心。举例来讲，如果看着比尔·盖茨的财富和你自己的距离那么大，那么你永远不会快乐。"他说："重要的是内心的安静，表面看来很忙，但内心其实没有波动，因为自知做着什么工作。我知足，但不表示没有上进心。"

自爱者才能爱人，富裕者才能馈赠。给人以生命和欢乐的人，必是自己充满着生命和欢乐的人。一个不爱自己的人，既不会是一个可爱的人，也不可能真正爱别人。

4．时间管理

不论几点睡觉，李嘉诚一定在清晨5点59分闹铃响后起床。随后，听新闻，打一个半小时高尔夫球。

5．良知管理

2017年6月27日，李嘉诚在汕头大学毕业典礼做《愿力人生》致辞中说道："良知是成就尊严和有存在意义的明灯。"认同"千圣皆过影，良知乃吾师"的说法。

他常常跟儿子说，要建立没有傲气但有傲骨的团队，在肩负经济组织特定及有限责任的同时，也要努力不懈，携手服务、贡献于社会。

二、王道自我管理的思想框架

百人百样的性格，千人千样的人生，看起来每一个人的人生都不一样，没有什么规律和共性。其实，静思细想，每个人都在生活，学生在学习，成人在工作，但为什么有的人是这样生活，而不是那样生活？为什么有的人在做这事，而不是做那事？其原因是每个人生活和工作都受到各自想法的影响，即各自的理想与目标规划着各自的生活与工作。每个人都生活与工作在这个大的社会环境中，社会环境是由各种各样的群体组成，每个社会中的人都必须与别人打交道，就会形成人际关系，而要处理好人际关系就离不开道德和修养。其实人与人之间还有一个共性，就是每个人都会经历从早晨到晚上、从小到大再到老最后到离世的过程。

纵观周边的人们，我们会发现有些人生活很“土气”，有些人一辈子“白干”，有些人一直做“苦工”，有些人一直扮演“三流角色”，还有一些人极具“王者”风范。每个人都极不相同，这些差别是如何形成的？其内在的联系和规律又是怎样的？经过反复琢磨和推敲，我发现这些问题与中国“王”字的三横一竖密切相关。

中国的“王”字确实有很深的内涵。“王”字像斧钺，古代氏族首领率军打仗，斧钺象征其军事统帅权。进入阶级社会，“王”为最高统治者的称谓，王权、王道、帝王文化等有其丰富内涵。汉代哲学家、经学家、思想家董仲舒说：“古之造文者，三画而连其中谓之王，三者天地人也。而参通者，王也。”意思是说上横为天，下横为地，中横为人，人能上顺天道，下达民意，即为王者。本书借用“王”字中内含王道、代表成功的意义，并把自我管理的四个关键要素浓缩到“王”字的一笔一画之中，这样贴切、形象、好记。

“王”字最上一横：代表人的理想、目标，是人生的导航和动力系统；缺最上一横为“土”字，代表没有“理想与目标”的人，将一辈子“土气”。

“王”字中间一横：代表生活与工作，是人生的主题；缺中间一横为“工”字，代表不懂得“生活与工作”的人，将一辈子做“苦工”。

“王”字下面一横：代表道德与修养，是人生的基石，缺最下一横为“干”字；代表缺乏“道德与修养”的人，将一辈子“白干”。

“王”字中间一竖：代表时间与生命，是人生的轴线；缺中间一竖为“三”字，代表没有“时间意识”、不懂“时间与生命管理”的人，最多只能成为“三流角色”。

我把“王”字丰富内涵和现实人生的现象相对应，发现“王”字的三横一竖确实耐人寻味，寓意深刻，且富有哲理。“王”字三横一竖的内容恰好是人生关键内容的全部，而与管理大师自我管理思想高度吻合，于是就产生王道自我管理思想。王道自我管理 = 王道+自我管理，王道是中国传统文化的核心和精髓，自我管理又是当代最具有前瞻性、代表管理潮流的思想，王道自我管理是古今中外思想精髓的结晶，标志着王道自我管理思想框架的形成。

“王”字的含义、人生自我管理的核心四要素与“王”字的每一笔画的契合度极高，确实是天衣无缝，其寓意深刻，且耐人寻味，与物理学的唯象理论吻合。

唯象理论是著名科学家钱学森提出的一套理论，是“知其然不知其所以然的科学理论”。是物理学中解释物理现象时，不用其内在原因，而是用概括试验事实得到的物理规律。唯象理论是试验现象的概括和提炼，没有深入解释的作用。牛顿的万有引力定律也是唯象的。唯象理论对物理现象既有描述也有预言功能，但没有解释功能。

因为世界是普遍联系的世界，物理学和社会学内在存有关联性，物理学的唯象理论可以应用到社会学、人类学领域，所以，我把唯象理论作为王道自我管理思想的理论依据，从而避免了王道自我管理思想缺乏理论依据的尴尬。

第二章

“王”字下面一横：道德与修养

当今社会，道德危机日益严重，多少官员腐败被查？有多少老人摔倒了无人敢扶？道德危机是社会转型过程中出现的一种现象，有其现实的社会原因：道德体系与道德教育的严重缺失，西方某些腐朽生活方式的疯狂输入，封建糟粕思想的沉渣泛起，糖衣炮弹与贪腐分子对道德底线的恣意践踏。

如何拯救道德？不但需要国家和社会重视，更需要每个人加强自我人格的修炼。而修炼的关键是践行道德的十条准则：善良而不恶毒，正直而不奸诈，诚信而不欺骗，明智而不糊涂，礼敬而不粗鲁，勤俭而不惰侈，勇毅而不怯懦，持节而不无耻，自省而不自负，宽和而不任性。

第一节　厚德载物　缺德白干

古人言："积善之家，必有余庆；积不善之家，必有余殃。" 古今中外，无数事实反复证明："厚德载物""德不配位，必有灾殃""修身、齐家、治国、平天下"。其中修身是基础，如果不修身，没有道德，家庭都经营不好，治国、平天下只能是空谈。

试想，如果华人富豪李嘉诚不是诚信经营，不是兼济天下，而是坑蒙拐骗，唯利是图，妻妾成群，他能承载今天的财富？能有今天的名誉与地位吗？我们细心观察自己的家人、同学、朋友、同乡，他们当中真正有成就的属于哪种人？真正成功的，不仅是有才能的人，而且是有德的人。有才缺德，纵然可以一时成功，但最终还是要失败的。

厚德载物，缺德白干。中国如此，外国也如此。美国石油大王洛克菲勒的故事就具有正反两方面的代表性。

石油大王洛克菲勒出身贫寒，通过不懈努力，特别是其苦心经营，成为美国第一个亿万富翁。当时，由于洛克菲勒的吞并、垄断，导致许多小业主家破人亡，他的名声很不好，可谓是众叛亲离！在宾夕法尼亚州油田地带的居民对他恨之入骨，有的居民把他做成木偶，然后将那木偶处以"绞刑"，以解心头之恨。连他的兄弟也不齿他的行径，将儿子的坟墓从洛克菲勒家族的墓园中迁出，说在洛克菲勒支配的土地上，儿子都无法安眠！洛克菲勒一直以攫取利益为首要目的，总是要钱不要命，做事不择手段，以致积劳成疾，在57岁时，他不得不退休。

在退休时刻，他才领悟到，金钱并不能代表一切！他开始过一种与世无争的平淡生活。在41年的退休生涯里，他把主要精力放在慈善事业上。起初，当洛克菲勒考虑如何把巨额财产捐给别人时，几乎没有人接受，说那是肮脏的钱。可是通过他的努力，人们慢慢地相信了他的诚意。密歇根湖畔一家学校因资不抵债行将倒闭，他马上捐出数百万美元，从而促成了芝加哥大学的诞生；当时的美国没有医疗研究中心，他捐资20万美元成立了洛克菲勒医学研究所。从19世纪90年代开始，他每年的捐献款项都超过100万美元。1913年，“洛克菲勒基金会”成立了，专门负责捐款工作。直到去世，洛克菲勒的捐款总额达5亿美元之多！

洛克菲勒在众叛亲离后顿悟，施爱于社会，财富不断地增加，身体日益健康，获得了高寿，还得到世人的敬佩。

一、厚德载物

《易经》言：“天行健，君子以自强不息。地势坤，君子以厚德载物。”“厚德载物”，就是说，人要有好德行，就没有承载不了的事。厚德是福，做人厚道方能得到别人的尊重爱戴，善良是好人品的关键因素。富兰克林说过：“我未曾见过一个早起、勤奋、谨慎、诚实的人抱怨命运不好；良好的品格，优良的习惯，坚强的意志，是不会被所谓的假设的命运击败的。”为什么厚德方可载物？无数事实证明厚德载物是真理，其中主要有以下四个原因：

第一，厚德者内心安宁且精力专注。

俗话说“不做亏心事，不怕鬼敲门”。厚德者坚守道德底线，从不做伤天害理之事，从不谋不义之财，从不投机钻营，从来都会内心坦然，任何时候不用担惊受怕。这样既有利于身体康健，更重要的是可以集中心思、集中精力，专注于做事，勇敢地前行，这是成就事业的最佳状态。世上无难事，只怕有心人。厚德的人坚持不懈地专注于某一领域，只要战略方向正确，则一定可以成就一番事业。

当然厚德者在经营事业的过程中，特别是起步阶段，也会碰到各种各样的困难和问题，还会碰到各种各样的诱惑，这时厚德者只要能经受住考验，绝不苟且、绝不钻营，只要不损于德，就一定可以实现预期目标。

第二，从外部环境看，厚德者最易得到社会的尊重、信任和支持。

人品，是一个人施展能力的基础，是当今社会稀缺而珍贵的品质标签。人类社会从原始社会，经历了奴隶社会、封建社会、资本主义社会，再到今天的社会主义社会。人类的文明程度自然比以前任何时期都要高，社会提倡德行，人心向善、得道多助早已是社会的主流。法律也严格要求人们诚信、守法经营，所以，厚德者最容易得到社会的普遍尊重、信任和支持。没有任何人愿意尊重、信任和支持那些丧失道德的人。

在法律不断完善、监管力度越来越大的今天，那些造假、售假、作假的人，那些坑蒙拐骗的人，社会舆论会蔑视，法律法规会制裁，那些无德、缺德者正在失去生存的环境。

第三，厚德者容易渡过各种难关。

“天有不测风云，人有旦夕祸福。”任何人都有可能碰到意想不到的天灾或人祸，或者碰到自己目前暂时无法逾越的困难。面对同样的情况，厚德者和缺德者将会有不同的结果。得道多助，厚德者一般会在众人的信任和支持下顺利地渡过难关，李嘉诚在创业早期就多次碰到过这样的困难，他凭借自己的诚信和良好的德行而顺利渡过了难关。这也应验了一句话：好人自有好报，吉人自有天助。

在现实生活中，有很多人在事业上碰到困难（违法的事除外），这些困难可能不太大，但最终还是被困难击倒了。其实所有的困难都是可以解决的，而这些人没有解决，归根结底，是这些人“德行”出了问题，所以关键时期没有人愿意帮助。

第四，厚德无止境，事业方不休。

前面三点说明厚德有利于事业的发展和兴旺，厚德也有助于人们渡过难关。但是厚德既是一种状态，更是一个不断积累的过程。如果停止厚德，事业也会发生危机，最终导致失败。

当一个人事业不断发展壮大时，其德行也要不断厚实。保证德配其位，方可保证事业兴旺。一个人的事业发达后，不但负责人要厚德，做到德配其位，而且其团队成员也要修炼道德，每个人都厚德，这样才能保证事业不朽。

创立于1669年的同仁堂，其核心理念是“同修仁德，济世养生”，其古训是“炮制虽繁必不敢省人工，品味虽贵必不敢减物力”。正是因为其理念和文化的严格传承，才有今天辉煌的同仁堂。

范仲淹家族八百多年来，一直长盛不衰，其根本原因是传承了他“先天下之忧而忧，后天下之乐而乐”的品德。

读历史、看现实，德是人生基石，德是事业基础。在历史上能够流芳千古的人无不是德高望重之人；在历史上最终倒下的，无不是声名狼藉之人。

可以说，道德品行高的人，一般是人帮人，帮来帮去帮自己，结果成就了彼此。道德品行素质一般的人，一般是人比人，比来比去心不顺，心生嫉妒恨。道德品行素质低的人，一般是人整人，整来整去整自己，害人又害己。

二、缺德白干

“王”字的下面一横代表道德与修养，缺少道德与修养就表示缺了“王”字的下面一横，意思是“白干”。现实生活中那些缺少道德与修养的人基本上都是“白干”，所有违法犯罪分子都是“白干”，法律是道德的底线，违法了也就是突破了道德底线，当然要受到法律制裁。“白干”的人中，最有代表性的是贪污、腐败的官员，再有就是那些违法的“老板”，还有其他各种形式的违法犯罪分子。

“缺德白干”是一个形象的比喻，根据共同特征，“白干”主要表现在三个方面。

第一，事败之前的“心不安”。

“不做亏心事，不怕鬼敲门。”人是有良知的，只要做了亏心事，内心就会害怕、自责、不安。国家惩治腐败的力度加大，腐败的官员心里则高度紧张。

第二，事败之后的惩处。

任何人只要突破了法律底线，都将受到法律的制裁。近年来，每年查处的贪污、腐败等各类案件及惩处的人不计其数。

事败之后，违法者将受到法律的严惩，受到社会舆论的指责。违法者的家属、亲友也一样要承受社会舆论的压力，还要忍受亲人判刑、坐牢的痛苦。判刑、坐牢者自然要承受牢狱之苦。有脚不能自由走，有房不能住，有车不能开。一家人受牵连、受耻辱，心灵必将备受折磨。

第三，一生一世留下污点阴影。

天灾是天意，虽然受灾之人可能有肉体和精神的痛苦，但是社会是同情、支持和关爱他们的，社会不断地给受灾之人关爱和帮助，让他们能感受到人间的真情和温暖。而违法者是自作自受，不但得不到人们的同情、支持和关爱，还会一辈子都受到社会的指责、讥笑，甚至会被亲人嫌弃。

违法犯罪的人，即使肉体生命还在，但精神上的幸福快乐基本上已结束，人生几乎等于提前判了死刑。

当然，“白干”的远不止腐败被惩处的贪官，所有违法犯罪分子也都是“白干”。还有那些缺德而做人失败的，那些没有家庭责任感而导致家庭破裂的，其实都是“白干”。如果不想“白干”，唯一的办法就是悔过自新、重新做人，做一个有道德的人。

孔子曰：“德薄而位尊，智小而谋大，力小而任重，鲜不及矣。”意思是说：“德行浅薄而地位高贵，智能低下而心高志大，力量微弱而身负重任，这样的人没有几个是不遭受祸害的。”正应古人所言：“德不配位，必有灾殃。”

三、社会转型与道德问题

社会转型期间社会的政治、经济、法律、道德、文化等多个领域会发生深刻的变化，转型前的法律制度体系和道德体系不能适应转型后的需要，在转型期间留下空白和灰色地带，自然会伴随着出现道德问题。西方社会从15世纪开始逐渐进入市场经济，那段时间西方社会也是一个传统道德崩溃、新道德建立的时期。爱尔兰作家伏尼契的《牛虻》一书在中国非常流行，这里面主要人物亚瑟的父亲是红衣主教，主教本不许结婚，但哪来的牛虻？牛虻是基督教主教的私生子。这么高地位的人怎么会有私生子呢？不光他有，许多基督教上层人物都有。有一个罗马教皇，公开承认的私生子就有16个，这等于是妻妾成群了。在封建社会后期，基督教凭借自己的特权曾经非常腐败，《十日谈》中有一个故事，一个基督教徒劝犹太教徒信基督教，这个犹太教徒说，他得去看看基督宗教是什么样，于是去了。一个月以后他回来说，他决定信基督教。他在罗马看到基督教会从教皇到主教一个个都荒淫无度、无恶不作，这么坏的一个宗教竟然两千年不垮台，说明上帝真保佑，他决定信基督教了。多么巨大的讽刺！这样一个故事在这个背景下这么批判基督教，说明当时西方社会在从农业社会向工业社会转化过程中也有一个传统道德的崩溃期，只不过它比我们中国至少提前了一百年发生。英国的工业革命发生在18世纪，从巴尔扎克、狄更斯、大仲马等人的描述中，可以清楚看到西方社会当时是一个腐败的社会，而且腐败现象很严重。西方有一个著名哲学家叫培根，他官位做到了英国的掌玺大臣，相当于今天的首相，之后做了英国的大法官，后来他因为贪污、腐败被抓进了伦敦塔，国王让他交了一笔罚金，把他给豁免了。培根被放出来以后说，他是200年以来英国最廉洁的法官，这是第一个命题，他承认他确实有罪过，对他的判罚是英国200年以来最公正的判罚。像培根这样权力、地位仅次于国王的人物，说出这样的话，可见当时社会的状况有多糟糕。所以西方社会也经过了一个道德转型，经过转型后，逐渐培养了新的道德，马克斯 · 韦伯写的《新教伦理与资本主义精神》就可说明这个问题。

20世纪80年代，中国社会进入以经济建设为中心的改革开放时期，社会从一个农业为主的社会转向了工业社会，从一个计划经济、自然经济的社会转向了市场经济的社会。

中国在改革开放期间，由于西方国家利用中国改革开放的机会，疯狂地向中国输入西方思想和腐朽生活方式，由于中国封建糟粕思想的沉渣泛起，由于糖衣炮弹与贪腐分子对道德底线的恣意践踏，还由于道德体系与道德教育的严重缺失等原因，中国社会在变革转型过程中，难免发生各种各样的商德、师德、医德、官德缺失的问题。在世界历史上，任何一个国家在大转型期都一定会伴有这种现象。像俄罗斯在社会转型期，其道德滑坡、官场腐败问题比中国要严重很多。

令人欣慰的是，近年来国家通过前所未有大力度反腐，腐败势头得到了遏制，官场风气有一定的好转，反腐防腐的法制也正在健全，“不想腐”“不能腐”“不敢腐”的机制正在形成。国家相继新修改了《中华人民共和国食品安全法》《中华人民共和国药品管理法》，国家加强了诚信建设，官德、商德、医德、师德等正在逐渐回归。

当然，在社会上有道德修养的人还是占绝大多数。我写作本书之时，就是感觉到社会道德的问题，并有一种为挽救社会道德尽一份心、尽一分力的动机。在一次以“王道自我管理”为题进行演讲时，我曾发誓：我哪怕是被欺骗100次，我绝不欺骗别人1次。我每次演讲“王道自我管理”时都能引起参与者强烈的共鸣和良好的反响，说明社会道德根基还是很深很深的。

我们坚信，道德的回归与恢复就像官场反腐一样，就像治理环境污染一样，只要保持大力度，道德一定会回归，这也是事物发展的规律。

第二节　六德十条

我们国家是非常重视道德的，“德、智、体”三个方面都优秀的学生才能被评为三好学生，企业用人选人的标准是“德才兼备”。但是，“德”的主要内涵是什么？你问100个人，可能会有98%的人都支吾着说不清，其中包括老板、教授等。

有个聪明反被聪明误的故事很值得我们玩味。孟子尊崇儒家之道，宣扬忠孝。在那个百家争鸣的时代，很多人对此不以为然，于是，就有人针对他的“忠”与“孝”，给他出了个难题，问他：如果有一个君王，他父亲犯了死罪，应该怎么办？杀吧，杀父亲是何等的不孝！不杀吧，就是对国家不忠。

自以为聪明的孟子是这样回答的：国王抛开王位，驮着老父亲到人迹罕至的东海之滨隐居起来。

可是，细细分析一下，这个“精彩的回答”，其实很有问题：

问题一，这个君王离开王位，不再为国家和人民服务了，是谓不“忠”。

问题二，这个君王与父亲这个“恶人”同居，还要养活这个罪犯，是谓不“义”。

问题三，这个君王无视被害者的冤情，是谓不“仁”。

问题四，这个君王擅离职守，没有规矩，是谓不“礼”。

问题五，这个君王徇私枉法，包庇亲人，显然不是清正的行为，是谓不“廉”。

问题六，这个君王不管是丢下父亲不管，还是驮着老父亲一起逃，都会让父亲去过苦日子，是谓不“孝”。

问题七，这个君王丢下兄弟姐妹不管了，是谓不“悌”。

问题八，这个君王自己定的法律自己不执行，是谓不“信”。

问题九，这个君王认贼为父，不知羞耻，是谓不“耻”。

问题十，这个君王不敢面对这种严酷的现实，采用逃避的态度和行为，是谓不“勇”。

问题十一，这个君王竟然想不出更好的办法，是谓不“智”。

2005年，我在一家公司任高管，由于我一直坚持“不贪、不腐、不合污”的为人处世原则，始终坚持以公司利益为重，结果遭到了一些管理人员的强烈反对，引发了有策划的驱赶我的员工集体辞职事件，一时间各种攻击我的舆论铺天盖地，当时我极度压抑和痛苦，肩重千斤，几乎要把我压垮。我深刻地反省自己的人格，拷问自己是不是一个有道德的人？而评判有没有道德的标准又是什么？我问过很多人，包括教授、政府官员、企业老板、同学朋友等，但都是模糊的答案。于是，我用透过现象看本质的方法，终于找到了答案，道德最本质的要素就是：善良、正直、忠诚。从此，我豁然开朗，心地释然。

面对中国社会某些道德危机，抱怨是无益的，等待是危险的。我们不能再“坐而论非”，而应该“起而行道”，要行道就需要有道德准则。我结合自身的体会和领悟，结合中华民族传统道德文化的精髓，再结合社会主义道德的要求，提炼了六德十条，意在帮助读者对道德内涵有一个清晰的理解，利于人们修炼圣贤人格。

六德十条

一、本源之德

善良而不恶毒

善良是道德与修养中最根本又最广泛，最基本又最高层的要求，一个人背离善良则无道德可言。善良而不恶毒是道德与修养的第一准则，是本源之德。

人类五千年的文化，都是表述因果文化。因果法则是佛教最核心的观点，佛教提倡“慈悲”，儒家提倡“仁爱”，社会提倡的“良心”，其实讲的都是善良。

善良的本质是一致的，但现实中善良的表现层次又是多样的，下面分别予以阐述和说明。

1．不恶毒

“百善可做，一恶莫为”。不恶毒是善良的底线，如果有恶毒之心、恶毒之行，则已经背离了善良。所谓恶毒之心就是害人之心，古话说“害人之心不可有”。

什么是害人之心？其实就是孔子说的：“己所不欲，勿施于人。”只要是自己不想要的，将心比心，也就是别人不想要的。别人不想要的而施加于人，不管以什么方式，都是害人的。

害人之心并不一定就是杀人之心，比如有意说伤害人心的话，或有意做害人的事，都属于害人的表现。比如卖“地沟油”“毒牛奶”“瘦肉精”等都是害人的事。

所谓“心生则种种魔生，心灭则种种魔灭”，反观诸己，原来所有的问题都源于我们的性格和观念。要做到不恶毒就是坚持“害人之心不可有”，坚持“己所不欲，勿施于人”。

古代杆秤的寓意：古代发明杆秤的人，在秤杆上安了十六颗星，其有三颗星的边上分别刻了三个汉字——福、禄、寿。用秤的商人卖东西给顾客时，如果短秤一两，则刚好少了刻了“福”的那颗星，意味着“无福”；缺二两，则无“福”失“禄”；少三两，则无“福”失“禄”且折“寿”。折寿被古人视为最“恶毒”的诅咒，所以后来人们称不够分量的秤为“短命秤”。

现在一般用电子秤，如果哪个企业的电子秤上继承古代杆秤的寓意，社会应该可以给予道德奖励。

2．行善

仁的核心是善。善就是：“己欲立而立人，己欲达而达人。”一切为他人计，一切以不损他人而利他人为准则。朱熹说：“尽己之谓忠，推己之谓恕。”忠便是自己竭力向上，并帮助别人向上，恕便是推己及人。善在情感上表现为：爱祖国、爱集体、爱事业、爱亲人、爱朋友、爱自然等。善在行动上表现为：存好心、说好话、做好事、做好人，即在生活中、工作上主动关心、照顾、帮助他人。

星云大师说：“为受窘的人说一句解围的话；为沮丧的人说一句鼓励的话；为疑惑的人说一句点醒的话；为无助的人说一句支持的话。这些行为就是行善。”

每天有个好心情，把笑脸和欢乐带给家人、带给周围的人也是一种行善，因为这种行为给社会和周围人带来了快乐和幸福。

我有一个兄弟般的朋友，他是梅州人，在深圳做老板。他说，每年春节时，他都会给其村里超过60岁的所有老人发红包，以表示对老年人的祝福，老人们很开心。现在他村里一些事业做得比较好的人，春节时候也给老人发红包，整个村的人现在变得特别和谐。我这位朋友的行为正体现了“老吾老以及人之老”的传统美德，值得我们全社会颂扬和学习。

辽宁大连残疾人作家刘海英写了一篇名为“一元钱的力量”的文章，反映了捐一元钱的善举。

大连电视台“城市发现”节目组为了让10名贫困山区的孩子顺利升学，曾以“帮助”为题做了一期特别节目，并举办了一场大型的捐助晚会。晚会上，由主持人作了简短的开场致辞后，大屏幕上开始逐一播放这10名学生的情况。随着节目的播出，这些孩子的故事感动了广场上成千上万的观众，顷刻间，捐款箱前排起了长队，人们陆续将自己的一份真情、一份关爱奉献了出来。

这时，一位20岁左右的只捐了1元钱的农村小伙子引起了记者的注意，当负责人让他记下姓名时，他说，就写“河南”吧。记者问他：“你为什么要捐出这1元钱？在捐款的时候，你的心里是怎么想的？”小伙子用并不标准的普通话说道：“别人遇到了困难，大家都应该帮助他们，献一份爱心、尽一点力……”记者禁不住又问：“你身上一共有多少钱？”小伙子低下头说：“我现在只有5毛钱了……”

原来，他是从老家河南来大连打工的，没找到工作，正准备回老家去。得知了他的情况，女记者的眼泪顿时倾泻而出。

当小伙子被带到台前，主持人介绍了他自己虽有困难，却为贫困学生捐出了身上仅有钱数的三分之二时，台下的观众又一次被小伙子无私的举动深深震撼了。于是，小伙子一下台，即刻被大家紧紧围住了，大家纷纷提出要给小伙子各种各样的帮助，只听见其中一位大伯激动地对小伙子说："孩子，你到我家来吧，我家有个小房，我可以免费为你提供住宿，你喜欢学电器吗？我可以教你修理电器，好不好……"望着簇拥自己的人们，小伙子感动得不知说什么好，只是一个劲地点着头。

"帮人就是帮自己"。帝尧巡行诸侯之国，路上遇见两名罪犯，心中不忍，便下车来问犯罪之由。答：天久不雨，大旱民饥，此二人因行窃充饥获罪。帝尧听罢，令押刑者释放二人，而将自己送刑。随行者惊，问缘由。帝尧道，天干地旱，定是我德行不够，行动多有错处，惹恼上天，降罪于我，才使得民生潦倒，此罪一；我为君，窃者为百姓，百姓不德，归根结底在我教化不当，未能使民向善，此罪二。帝尧当时为此言，一念至诚，感动上天。言罢，大雨即降，方数千里之广，天下重获生机。

第二次世界大战中，美军最高统帅艾森豪威尔将军在赶往总部参加紧急军事会议途中，遇见两位快要冻死的法国老人，他毫不犹豫地决定绕道将两位老人送回家中。由于他们临时改变了行车路线，侥幸地躲过了德军暗杀他的埋伏。

行善就是舍得，就是要懂得分享，不懂得分享就是太自私。有一个企业家讲到他大学时期的故事，很有说服力。他们班有一个同学，家庭比较富有，每周都会带六个苹果到学校来。宿舍里的同学以为是一人一个，结果他是自己一天吃一个。尽管苹果是他的，不给别人也很正常，但是从此给同学留下一个印象，就是这人太自私。后来这个企业家事业成功了，而那个独吃苹果的同学还没有成功，这个独吃苹果的同学就希望加入到这个企业家的队伍里来。但后来大家一商量，说不能让其加盟，原因很简单，因为在大学的时候这位独吃苹果的同学从来没有体现过分享精神。

孟子说："爱人者，人恒爱之；敬人者，人恒敬之。"善有善报，帮别人就是帮自己，这是千古不变之真理。

3．报善

报善就是对善的回报，也就是我们常说的“知恩图报”，或说“感恩”。“羊有跪乳之恩，鸦有反哺之义。”滴水之恩当涌泉相报，不仅是人类的美德，而且动物界也奉行。小羊为了报答母羊的养育之恩，跪下来吸吮乳汁；小乌鸦为了报答母鸦的养育之恩，当母鸦年老不能外出捕食时，就将食物口对口地喂养年老的母鸦。这则引自《增广贤文》的故事壮美动人，让人听后肃然起敬。由此我们想到，动物尚能如此，何况我们人呢？

“百善孝为先。”台湾十大杰出青年赖东进是我们的榜样。

在海峡两岸十大杰出青年座谈会上，一位台湾青年被安排作典型发言。他的第一句话就是：“日本有个阿信，中国台湾有个阿进，阿进就是我。”他是台湾一家专门生产消防器材的工厂的厂长，他的成长历程可谓坎坷异常，他的父亲是个盲人，母亲也是盲人且有智力障碍，除了姐姐和他外，几个弟弟妹妹都是盲人，失明的父亲和母亲只能当乞丐，住的是乱坟岗里的墓穴。他一生下来就和死人的白骨相伴，能走路了就和父母一起去乞讨。9岁的时候，父亲逼他去读书，13岁的姐姐到青楼去卖身。他白天上课，放学后讨饭，讨饭回来再去喂父母，照顾母亲的起居。后来，他上了一所中专学校，并获得了一位女同学的爱情，但第一次登女朋友家门，就被未来的“丈母娘”用扁担打了出来。随着他事业的成功，丈母娘也认可了他。他感慨地说：“我要说，我对生活充满感恩的心情，我感恩我的父母，他们虽然看不见，但他们给了我生命，至今我都还是跪着给他们喂饭；我还感恩苦难的命运，是苦难给了我磨炼，给了我与众不同的人生；我也感恩我的丈母娘，是她用扁担打我，让我知道想得到爱情，必须奋斗，必须有出息。”

我们不但要报答父母的养育之恩，对于工作、生活中他人对自己的点滴帮助，都要知恩图报，这样人们才乐意行善，这样社会才能良性循环。华人富豪李嘉诚不视员工为机器，而是认为员工养活了公司，视员工为恩人，始终对员工真诚感恩。长江大厦是李嘉诚的第一幢工业大厦，是他地产大业的基石，又是他赢得“塑胶大王”盛誉的老根据地。后来，长江大厦租出去了，塑胶花也停工了。但老员工却留下来，被安排在大厦里做管理工作。有人与李嘉诚谈起善待员工的事，说："您对老员工这么念旧，难怪他们对您感恩戴德。"李嘉诚说："一个企业就是一个大家庭，他们才是企业的功臣，理应得到这样的礼遇。现在他们老了，作为晚辈，就该负起照顾他们的义务。"

那人感动地说："李先生精神难能可贵，多少老板见员工老了没有用了就巴不得一脚踢开，你却不同。这些员工，过去靠你的厂养活，现在厂没有了，你仍然把他们留下来。"这时，李嘉诚急忙解释说："千万别这么说，说老板养活了员工是旧式企业的观点，应该说是员工养活了老板，养活了公司。"

感恩并不仅仅有利于公司和老板，对于个人来说，感恩是丰富的人生感悟，能使一个人的人生变得更完美。时常怀有感恩的心，我们会变得更谦和、平易近人且高尚。很多企业的用人哲学是：会做事的不如会做人的，会做人的不如会感恩的，会感恩的人是最好用的人。

让我们学会感恩，感恩我们生命中出现过的每一个人，学会理解爱、给予爱，学会用广阔的胸襟包容生活。因为只有我们懂得去感恩别人，我们才算是真正懂得了生活的意义，懂得了存在的意义。如果一个胸怀更宽广、更豁达的人，不仅感恩他的恩人，而且能感恩他的仇人，那么他就到达了人生的另一个高度。下面有一段广为流传的话，值得我们领悟和实践。

感恩伤害你的人，因为他磨炼了你的意志；
感恩欺骗你的人，因为他增进了你的见识；
感恩鞭挞你的人，因为他消除了你的自责；
感恩遗弃你的人，因为他教导了你要独立；
感恩绊倒你的人，因为他强化了你的能力；
感恩斥责你的人，因为他助长了你的智慧。

但是，在现实生活中，对长辈不敬不孝甚至打爹骂娘的事件和案件时有发生，恩将仇报的故事时有上演，不能不令有良知的人们气愤不已。

4. 学善

学善，就是发现善人、善事，并学习之。有些人认为现在社会上善人、善事很少甚至没有，其实不是生活中缺少善，而是缺少发现善的心。一般来说，人只会发现自己所关注的，关注恶就会发现很多恶的人和事，关注善则善的人和事就会出现在面前。

社会是一所真正的大学，只要做生活的有心人，身边的朋友、同事、亲人都有很多闪光的善事、善人值得去学习。

被誉为“中国人年度精神史诗”的电视公益活动每年评选的“感动中国人物”都值得我们学习。获得2016年感动中国十大年度人物荣誉的分别是：为中国航天事业做出突出贡献的科学家孙家栋、三进火海舍己救人的王锋、在大山深处教书育人36年的支月英、耶鲁大学毕业后回国扎根农村的秦玥飞、训练中壮烈牺牲的舰载机飞行员张超、在平凡岗位上创造非凡业绩的电焊工李万君、让众多患者挺直脊梁的好医生梁益建、红丝带学校创办人郭小平、量子通讯的领跑者潘建伟、焦裕禄式的好干部阿布列林·阿不列孜。

5. 扬善

“道人善，即是善；扬人恶，即是恶。”“扬善于公堂，规过于暗室。”社会上的善人、善事，我们不但要发现，而且还要肯定和表扬；对善者的表扬就是对善者的肯定、鼓励和支持，也是在营造一种善良的社会氛围。

扬善的另一层意思是分享和传播，即对善人、善事要进行传播和分享，让更多的人知道善人、善事，一方面教育和影响更多的人，另一方面，也使更多的人加入善的行列。我们在扬善的过程中，自己也一样会感受到善的力量，使自己也更加善良。

陶行知与四块糖的故事可以说是扬善的经典。

陶行知在校任校长时，一天他发现学生王友用泥块砸自己的同学，他当即制止了王友，并叫王友放学后到校长办公室。放学后，王友准时到了他的办公室，他奖励了王友一块糖；他肯定王友听从了他的劝止，没有再砸自己的同学，又奖励了王友一块糖；经了解，王友砸的同学是有错误，他肯定了王友是砸坏人，再奖了王友一块糖；最后，他肯定王友正确地认识错误，又再奖了王友一块糖。王友被校长的行动感动得流泪。

有一位女性企业家经营着一家企业，她的丈夫经营着另一家企业，他们家庭条件很好。他们有两个孩子，大儿子聪明、可爱、帅气，很有优越感，读小学一年级。一段时间，这位母亲发现她的大儿子总是讲他班里同学的不是或者缺点，她意识到儿子的问题后感到担忧。经过与儿子沟通后，她要求儿子以后每天发现同学的一个优点，并回家讲给她听。大儿子照做了，一段时间后，大儿子再也没有讲同学的不是，而是不断地看到同学优点，他在学校也更受同学的欢迎和喜爱。

这位母亲确实很优秀，深刻知道“道人善，即是善；扬人恶，即是恶”的道理，相信她的小孩一定会越来越优秀。有一位教育家深情地说：“国家和国家的竞争，最终是母亲与母亲的竞争。”

6．补善

这里说的补善就是知错能改，古语道：“知错能改，善莫大焉。”也就是表达了这个意思。

“人非圣贤，孰能无过。”现实生活中，每个人都会犯错，就算是伟人也会犯错。毛泽东说：“人民对我评价能有三七开就满足了，即三分过，七分功。”所以，我们没有必要为犯错而纠结或懊恼，关键是对待错误的态度和行为。

对待错误关键是不掩盖，要认识错误，更要改正错误。只要改正错误的就是向善的人。历史上，也有许多改正错误而被传为佳话的故事，其中最有名的就是战国时期廉颇的“负荆请罪”。

公元前279年，秦昭襄王使个花招，请赵惠文王上渑池去跟他相会。赵惠文王怕被秦国扣留，不敢去。大将廉颇和蔺相如都认为要是不去，反倒叫秦国看不起。赵惠文王叫蔺相如跟着他一块儿去，叫廉颇留在本国辅助太子。

到了约定的日期，秦昭襄王和赵惠文王在渑池相会，喝酒、谈天。秦昭襄王才喝了几盅酒就要赵惠文王用瑟弹个曲儿给他听。赵惠文王只得弹了个曲儿。秦昭襄王叫秦国的史官把这件事记下来，史官念着说：“某年某月某日，秦王和赵王在渑池相会，赵王给秦王弹瑟。”蔺相如马上拿起一个瓦盆跑到秦昭襄王跟前说：“赵王请秦王敲瓦盆听。”见秦昭襄王不答应，蔺相如说：“大王如果不敲，在这儿五步之内，我就可以把我的血溅到大王身上去！”

秦昭襄王害怕了，只好拿起筷子来在瓦盆上敲了一下。蔺相如回头叫赵国的史官把这件事记下来，说：“某年某月某日，赵王和秦王在渑池相会，秦王给赵王敲瓦盆。”赵惠文王回到本国，正好是三十天工夫。他更加信任蔺相如，就拜他为相国，官位比大将廉颇还高。这可把廉颇气坏了，他气呼呼地对自己的门客们说：“我拼着命替赵国打仗，立了多少功劳！他呢，一个宦官手下的人，就仗着一张嘴，倒爬到我的头上来了！”

这话传到蔺相如的耳朵里。于是蔺相如就装病，不去上朝……

有一天，蔺相如带着一队随从出去，老远就瞧见廉颇的车马迎面过来，连忙叫赶车的退到一边躲一躲，让廉颇的车马过去。这一来，可把他的门客和底下人都气坏了。他们对蔺相如说：“我们远离家乡，投奔在您的门下，是因为敬仰您。如今您和廉颇地位相等，却躲躲藏藏的。我们只好跟您告辞了！”蔺相如说：“廉将军跟秦王哪一个势力大？”他们说：“那当然是秦王的势力大。”蔺相如说：“可是为了赵国，我敢当面责备秦王。秦国为什么不来侵犯赵国呢？还不是因为有我和廉将军两人在吗？你们想想，是国家要紧呢，还是私人恩怨要紧呢？”

后来，赵国的名士虞卿把蔺相如对门客说的话对廉颇说了一遍。廉颇顿时感到无地自容，连忙做出受刑的准备，裸着上身，背着荆条跑到蔺相如的府里去请罪。他跪在蔺相如面前，羞愧地说：“相国您这么容让我，我实在没有脸来见您，请您处罚我。”

蔺相如连忙跪下，说：“老将军请起。您是为赵国出了大力的大功臣！您体谅我，我已经万分感激了，怎么还来给我赔礼儿呢。”

从此，两个人做了知心朋友，这就叫将相和。“负荆请罪”的成语也是从这个故事中来的。

“钟不敲不鸣，人不劝不善。”生活中的人常会犯错，而当事人可能不清楚，所以，对人进行及时的劝止，劝人弃恶从善，也是一种善行。

“善有善报，恶有恶报”是因果法则，现实中有人做了好事却不需要回报，这种行为值不值得肯定？圣人孔子的处理方式对我们很有启发。

孔子有两个特别爱做好事的学生：子路和子贡。子路救落水的小孩，收一条牛，孔子表扬了子路。子贡在楚国赎回鲁国人质，却不要赎金和奖励，孔子批评其不懂事。孔子说，做好事，不光要考虑眼前这件好事本身，还要考虑这件好事对周围人的影响。多数人的需要层次，思想境界没有那么高，或者即使思想境界高，物质条件没那么好。而要激励众人的行动，就必须要有利益机制做保证。

“人为善，福虽未至，但祸已远；人为恶，恶虽未到，但福已远。”人一善良，心就宁静。宁静之心能让我们的身体远离喜、怒、忧、思、悲、恐、惊，这算是对心灵的善报。

老子曰：“上善若水。水利万物而不争，处众人之所恶，故几于道。居善地，心善渊，与善仁，言善信，政善治，事善能，动善时。夫唯不争，故无尤。”意思是说：“最好的品性就如同水的特性一般。水能够自然而然地滋润万物而不争什么，水停留在众人不喜欢的低位，因此说，水的特性接近于道的规律。居处能够自然而然地随遇而安，内心能够自然而然地深沉包容，待人能够自然而然地同爱万物，言谈能够自然而然地透彻明了，道理能够自然而然地循规不乱，做事能够自然而然地以柔克刚，行动能够自然而然地随时而动。正因为像水一样自然而然地适应环境而不争什么，所以就没有什么可抱怨的了。”

二、立身之德

（一）正直而不奸诈

孔子说：“其身正，不令而行；其身不正，虽令不从。”立身正的人是人们所尊崇的人，也是干大事的人，古今中外莫不如此。立身之道，大可以治理天下，小可以处世立身。

立身正，才能坐得正、行得正，有一种坦坦荡荡的浩然正气。历史上的魏徵、包拯、海瑞等，之所以流芳千古，就是他们的一身正气感染了世世代代的人。

正直要求“绝不撒谎，绝不欺骗，绝不偷盗”。如何才能做到立身正？按其内在的要素和逻辑关系，下面分别予以阐述和说明。

1. 不奸诈

不奸诈是正直的底线，如果一个有奸诈心理、行为的人，不能被认为是正直的人。正直是君子的做派，奸诈是小人的特点，孔子说：“君子坦荡荡，小人长戚戚。”

现实社会中，阳奉阴违、两面三刀、阿谀奉承、吹牛拍马、工于心计、狡猾、阴险、刁钻、诡诈的人和事不少，甚至大量出现逆向淘汰现象，即“君子斗不过小人”“好人无好报”，或者“好人命不长，祸害活千年”。比如，相同经营条件下，依法纳税的商家，获得的利润低于偷税漏税的商家；相同生产规模下，安全和环保达标的企业，获得的效益小于不达标企业；同一医院的门诊，不乱开处方的医生，获得的收入小于随手就开出成百上千元药品的医生。逆向淘汰的通常结局是：文化高的败在文化低的手里，有本事的败在无本事的手里，说真话的败在说假话的手里，有良心的败在无良心的手里，人格高的败在人格低的手里，忠臣孝子败在奸佞小人手里。

网上有一段关于小人逆向淘汰的顺口溜：不是我争权夺位，是你给我让位；不是我逼你跳槽，是你关系不牢；不是我油头滑脑，是你人头猪脑；不是我贪恋功名，是你不懂行情；不是我狡猾奸诈，是你实力太差；不是我弄虚作假，是你真的太傻。

长此以往，逆向淘汰的恶性竞争不断升级，必然渐渐泯灭社会良知。如果这样的循环继续进行下去，人心会越来越险恶，因为善良正直的人无法生存；舞弊会越来越猖獗，社会将分崩离析，民族将走向没落。

台湾作家刘墉写过一本书《我不是教你诈》，提醒人们注意社会的奸诈欺骗。事实上，无论国际国内，社会诸多领域都存在奸诈欺骗现象。人们在自我诚实守信的基础上，还应有足够的智慧和经验，防止那些自身堕落、以恶为生的完全丧失善根或部分丧失善根的“小人”的欺诈，以免损失；如果智慧足够，免于上当受骗，也就降低了欺诈者的成功概率，使他们难以得逞，或多或少也能促使他们有所觉悟。

当然，提高自我的智慧，防止奸诈欺骗是必要的。更重要的一定要加强学习修养，树立强烈的圣贤理念和君子理念，并且有“宁可天下人负我，我不负天下人”的情怀，这样才可以坚持做到“不奸诈”。

2. 正义

正义是一种理念，是最高层次的道德衡量标准，具有理想性的价值取向，其表现形态以一种观念化的正义理念和价值标准而存在。正义是正直的魂，只要是正直的，那么就一定是有正义的理念和愿望。

佛教的“八正道”，是本着正义的理念，结合人生和社会的实际，提出了正义的见解，对每个人都有非常现实的指导意义。“八正道”如下：

（1）正见：正确的见解、正确的观念。不要执着自己的主观，做决定时不要只偏重自己的看法，应该以不同的角度观看世间的人与事。

（2）正思维：正确的意志。不生坏想，想正确的东西，不偏两边，不贪欲、不嗔恨、不愚痴。

（3）正语：善良的口业，说正确的话，说真实的话，说令人欢喜、能帮助别人的话。远离一切不慎的语言，无欺狂话，无傲慢、辱骂、刻薄、花言巧语，不在后面说别人坏话，不搬弄是非，不讲使别人听了生起烦恼的话。

（4）正业：业指行为（身）、语言（口）、思想（意）三业，即行为举止良好，正当地生活，积极地行善，为自己不停地累积善业。

（5）正命：正确的生活方式，也是说要有正当的职业或经济来源。

（6）正勤（又称正精进）：向着正确的目标努力不懈。精而不杂，进而不退。依正确的观念、正确的思想、善良的口业、正当的行为，正确维持生活的方法等。

（7）正念：清净的意念。思念要正确，没有歪念，不想害人的念，不把念头放在人我是非上，不把念头放在成败得失、名利欲望上，要时时刻刻心存正念。

（8）正定：集中意志和精神，不三心二意，收摄散乱的身心。人们一般通过静坐来得定。

3．公正

公正在利益分配领域是非常重要的利益分配原则和衡量标准，也是处理人际关系的一种原则。公正即“一视同仁”和“得应所得”，表现为同等的利益相交换，就是等利交换或等害交换。

在现实社会中，人与社会的关系有且只有三种，即个人与个人的关系、个人与组织（或集体）的关系、个人与社会（或国家）的关系。而在利益分配上其实就是公与私的关系，或者说是义和利的关系。

正确处理公私关系和义利关系的基本原则是：公私分明，先公后私，公私兼顾，义利兼顾，不可损公肥私，不可见利忘义。

4．公平

指处理具体事情合情合理，不偏袒任何一方。公平可分为起点公平、过程公平和结果公平三个层次。

在国家、集体、个人之间的交往中，公平指相互间给予和获取大致持平的平等互利，同时还包括对待两个或两个以上对象时的一视同仁。

在个人和集体关系上，公平是指个人创造的劳动效益与集体提供给个人的物质和精神回报的平衡合理。

在个人和个人关系上，指相互之间的对等互利和礼尚往来。

生活中，时常会出现“不平则鸣”甚至“不平则反”的情况，有这样一个故事：

一座庙里的石地板，对香客膜拜、香火不断的石佛愤愤不平：“你我同是石头，来自同一座山，为什么你能高高在上，享受千人朝拜、万人供奉？”佛像略一沉思后微笑道：“贤兄，世间的事大体是公平的。你我的确材料相同，同出一座山。但是在你出山前，师傅对你只是嚓嚓几下子，把你劈得方方正正送出去。在你走后的三年中，师傅对我砍呀、凿呀、刻呀、磨呀，从未间断，我才成为现在这个样子。既然出山之前，我们的历练不同，今天的际遇又有什么不公平呢？”

5．直率

直率就是坦诚、率真，用俗话说，直率就是“肠子不拐弯”。国务院原总理朱镕基非常直率。

朱镕基总理出生前父亲就已去世，12岁时母亲去世。30～40岁他两次被“打倒”，被开除党籍，他还养过猪。他的座右铭是：清正廉明。1998年就任国务院总理，被誉为“铁腕总理”。下面摘录他的一些讲话，足见他是何等直率。

1998年春天，新任总理朱镕基发誓：“不管前边是地雷阵还是万丈深渊，我都将义无反顾，勇往直前。”

1998年，朱镕基在中央一次重大会议上，铿锵有力的发言至今让人感到振聋发聩：“在反腐败问题上，中央是有决心的。这个问题不解决，中国无法长治久安。反腐败就是要先打老虎后打狼，对老虎决不姑息手软；我这里准备了100口棺材，99口留给贪官，一口留给我自己，无非是一个同归于尽，却换来国家长久稳定发展和老百姓对我们事业的信心。”

“我只希望我卸任之后，全国人民能说一句，他是一个清官，不是贪官，我就很满意了。如果他们再慷慨一些，说我还是办了一些实事。”

“我已经公开宣布，如果完不成的话，我就下台。也就是说，我以我的政治生命做担保。”

直率是一种坦荡，直率是一种勇气，直率是一种正气，直率是一种自信，直率是一种风格。那些说话畏畏缩缩、吞吞吐吐，表达观点拐弯抹角、躲躲闪闪的人，让人直接质疑其能力和动机，也让人费神费力。

《战国策》曰：“面刺寡人之过者，受上赏；上书谏寡人者，受中赏；能谤讥于市闻寡人之耳者，受下赏。”意思是，能当面指责我的过错的，受上等奖赏；上奏章直言劝诫我的，受中等奖赏；能在公共场所议论我的过失使我听到的，受下等奖赏。可见古人对直率非常肯定和赞赏。

（二）诚信而不欺骗

诚信就是诚实守信。诚实，即忠诚老实，就是忠于事物的本来面貌，不隐瞒自己的真实思想，不掩饰自己的真实感情，不说谎，不做假，不为不可告人的目的而欺瞒别人。守信，就是讲信用。

“人生诚为本，守信值千金。”诚信是企业和个人最大的无形资产。人们为什么愿意把钱存在银行里？人们买贵的东西，为什么愿意去大型商场和名店？人们看病为什么愿意找名医、名院？为什么讲诚信的人朋友多？一句话：因为信得过。与诚信的人交往，省心、省力、省时还踏实，与不诚信的人交往耗时、耗力、耗心还不踏实。

一个人失去了诚信，心灵就失去了纯洁；一个企业失去了诚信，就失去了资源和市场；一个国家和民族失去了诚信，也就失去了尊严，最终将在国际上失去地位。曾国藩有一个“尚诚尚拙”的人生哲学，就是“天下之至诚，能胜天下之至伪；天下之至拙，能胜天下之至巧”。

“人无信不立”，诚信是人际交往的基础，是做人的根本。一个人不讲信用，说话不算数，容易让人反感，长此以往交不到朋友；一个企业没有信誉也很难在市场上立足。从长期来说，诚实不会让个人和公司吃亏，反而让更多的人相信，汇集更多的市场和社会资源，加速实现个人和公司的理想。

如何才能做到诚信呢？关键要做到不欺骗、忠诚、老实和守信，下面分别予以阐述和说明。

1．不欺骗

不欺骗就是要讲真话、道实情、守信用、讲信任。欺骗就是讲大话、空话、假话、谎话，而不讲真话，瞒实情。

2005年，由中国乳品工作信息中心和黑龙江乳品工作技术开发中心主办的《乳品与人类》杂志，公布了10名“中国乳业最受尊重的企业家”获奖者名单。石家庄三鹿集团股份有限公司原董事长、总经理田文华获奖后说：“经营企业就如经营人生。一个有社会责任感的企业家必须以经营人生的严肃态度来经营企业，时刻把社会责任放在第一位。”这位田女士所说的话就是“漂亮”的欺骗！2008年三鹿奶粉的“三聚氰胺事件”，直接导致三鹿集团倒闭，田女士也被判刑。她曾获全国劳动模范、全国“三八红旗手”等100多项荣誉称号，享受国务院特殊津贴，是第九、第十届全国政协委员，同时担任中国奶业协会副理事长、中国乳制品工业协会副理事长等职务。三鹿问题奶粉事件发生后，曾经荣誉加身的田文华在66岁之年面临生死劫难。几乎是一夜之间，她成为中国“毒奶大王”，被业界称为“中国乳业的罪人”。

任何从经济领域中带给人们的灾难和痛苦，都是缘于违背了诚实的原则。其本质就是欺骗，即缺乏诚实。林肯说：“你可以在所有的时间欺骗某些人，你也可以在某些时间欺骗所有的人，但你不能在所有的时间欺骗所有的人。” 欺骗总会被揭穿，最后是聪明反被聪明误。

SOHO中国的董事长潘石屹在其著作《我的价值观》中写道：他的企业始终诚信经营，坚持“不讲一句假话”“不做一分钱假账”“不偷税漏税一分钱”的三不原则。在诚信方面，先从本人做起，从本公司做起，不要埋怨别人和社会。特别是有钱、有权、有名、有地位的人应是社会诚实的榜样。只要诚实，就不必为了隐藏一个秘密而去行贿受贿，导致白天吃饭不香，晚上睡不着觉。我们主要的注意力和精力放在如何盖好房子，如何给公司和社会创造价值上。SOHO健康发展，并在中国地产界成为优秀企业。

“人可欺，心不可欺；心可欺，天不可欺；一事可欺，万事不可欺。”我们永远要牢记“撒谎的孩子被狼吃”。贤圣之人都要求自己，口中所言皆出自肺腑，不想说的可以不说，但是要说出来的，就一定是真话。

2．忠诚

忠诚就是指对一个人、一种理想、一种习俗、一份事业、一个国家或政府等的忠实、服从状态或程度，没有二心。因此忠诚有三层含义，即对个人的忠诚、对信念或信仰的忠诚和对组织的忠诚。

忠诚比聪明要好，因为忠诚没有欺骗，也没有诡计。它是诚实的、可靠的，是人类本性的核心。

比尔·盖茨说：“这个社会不缺乏有能力有智慧的人，缺乏的是既有能力又忠诚的人。相比之下，员工的忠诚对于一个企业来说更重要，因为智慧和能力并不代表一个人的品质，对企业来说，忠诚比智慧更有价值。”

忠诚就如下面这位抱着鞋睡觉的贴身侍卫。一位王子半夜去看望生病的父亲，看到侍卫正紧紧地抱着父亲的鞋睡着了。他不明白，就推醒侍卫，并问其原因。侍卫说：“我怕主人有事出去，而我不知道，这样主人会着凉的。”侍卫的忠诚令人敬佩，当然让主人放心、安心。

忠诚可以使一个个组织不断发展壮大，而忠诚的缺失则可能使它们走向灭亡。南存辉创立的正泰集团诞生于当年温州假冒伪劣最猖獗的乐清县柳市镇，但南存辉却在“不假冒就是傻帽”的泥潭中第一个高擎起“质量就是良心”的大旗。本着对顾客、对社会的忠诚，他坚信：唯有“正道”方能“泰兴”。始终将“争创世界名牌，实现产业报国”视作企业成长的理念甚至信仰。现在正泰电器已经发展成为著名的上市公司。

战后的日本企业，念定一个“忠”字诀，企业管理取得了巨大的成功，曾经的日本人，把一生忠于一个企业作为终身的荣耀。而如今，这种状况发生了很大的变化，日本人似乎对企业变得不那么忠了，今天很多日本企业面临严重的危机。

李嘉诚早年“忠诚”度危难。

在通过塑胶业发家时，属于创业伊始，李嘉诚信心十足，并收获不少成绩。然而，正当他得意之时，却遇到了意想不到的风浪。一家客户宣布他的塑胶制品质量粗劣，要求退货。而这时他的工厂因为生产设备老旧，生产出的产品合格率很低，为了确保质量，他经常延误交货时间，导致客户很不满。因此，他的仓库里堆满了因质量欠佳和延误交货退回的玩具成品。一些客户纷纷上门要求赔偿，一些新客户上门考察生产规模，见到这种情形，扭头就走。

李嘉诚的母亲告诉他：“之前，潮州府城外的桑埔山有一座古寺。寺庙的住持云寂和尚已到了垂暮之年，他知道自己在世的日子不多了，就把他的两个弟子一寂、二寂召到方丈室，交两袋谷种给他们，要他们去播种，到谷熟的季节再来见他，看谁收的谷子多，多者就可继承衣钵，做庙里的住持。”到了谷熟时，一寂挑了一担沉沉的谷子来见师父，而二寂却两手空空。云寂问二寂怎么回事，二寂惭愧地说，他没有管好田，那谷种没发芽。云寂把衣钵交给二寂，指定他为未来的住持。一寂不服，云寂说：“我给你俩的谷种都是煮过的。”

李嘉诚悟出母亲话中的玄机：诚实是做人处世之本，是战胜一切的不二法门。他为自己所做的事情流下悔恨的眼泪。

翌日，李嘉诚就召集了员工开会，他坦诚地承认因为自己经营的错误，不仅拖垮了工厂，损害了工厂的信誉，还连累了员工。他向这些天被他无端训斥的员工赔礼道歉，并表示，经营一有转机，辞退的员工都可以回来上班。并且他还保证与员工同舟共济，绝不做损害员工的利益而保全自己的事。

紧接着，他一一拜访了银行、原料商、客户，向他们认错道歉，祈求原谅，并保证一定在放宽的限期内偿还欠款，对该赔偿的罚款，一定如数付账。他不仅丝毫不隐瞒工厂面临的危机——随时都有倒闭的可能，而且还恳切地向对方请教拯救危机的对策，他的诚实，得到他们中的大多数人的谅解。一段时间后，在一次员工聚会上，他首先向员工鞠了三躬，然后用难以抑制的喜悦之情宣布：“我们厂已基本还清债款，昨天得到银行的通知，同意为我们提供贷款。这表明，长江塑胶厂已走出危机，将进入柳暗花明的佳境。”

“有才无德是毒品。”人离开忠诚，就会堕落。即使有伟大的才华，也只不过是聪明的恶魔，得不到任何人的尊敬。现在的“瘦肉精”“毒牛奶”等产品，没有高学历的人是造不出来的，但这些有才华的人只不过是毒害人类的恶魔。

一位“海归”先生，先在牛津大学修完法律，又在哈佛大学学完MBA课程，拥有双博士学位，才华横溢，但回国后，从2002—2007年的5年间，他一共到过19家企业，先后不断地出卖企业，不断地跳槽，5年后当他再想换工作时，谁也不肯用他，现又失业了。

古言道：“一次不忠，百日不用。”这就是社会对这位双博士的惩罚。

《菜根谭》中还说：“信人者，人未必尽诚，己则独诚矣；疑人者，人未必皆诈，己则先诈矣。”说的是，相信别人的人，尽管不见得人人都值得相信，但自己先诚实了；怀疑别人的人，尽管不见得人人都值得怀疑，但自己先狡诈了。

3．老实

老实就是：当老实人，讲老实话，做老实事。老实本应是人的本色，但由于现在社会上总是老实被人欺，老实人吃亏，以致人们不敢老实了，而变得越来越“聪明”“精明”。

其实，世界是辩证的，老实人其实并不永远吃亏，“聪明”人其实并不永远占便宜。

李嘉诚认为“老实是最好的担保”。他说：“我绝不同意为了成功而不择手段，如果这样，即使侥幸略有所得，也必不能长久。”

李嘉诚刚生产塑胶花时，当初，曾有一位外商希望大量订货。为确证李嘉诚有供货能力，提出须有厂家作担保。但李嘉诚白手起家，没有背景，他跑了几天，也没人愿意为他担保。李嘉诚只得如实相告。

对方感到李嘉诚的老实和诚恳，就说不必担保，同意马上签合同。李嘉诚不同意，说：“先生如此信任我，我不胜荣幸之至！可是，因为资金有限得很，一时无法完成这么多订货。所以，我还是很遗憾不能与你签约。”面对这个“出淤泥而不染”的人，这位订货商主动预付货款，为李嘉诚扩大生产先提供资金。

逃票，在中国是司空见惯的事，但是一位中国的留学生因他的“三次逃票”而付出了惨重的代价。

十几年前，有一个小伙子去了德国，开始了半工半读的留学生活。渐渐地，他发现当地的公共交通系统的售票处都是开放的，不设检票口，也没有检票员，甚至连随机性的抽查都非常少。这位留学生发现了管理上的漏洞，他经常不买票而坐车到处溜达，在留学的几年期间，他一共因逃票被抓了三次。毕业时，名牌大学的金字招牌和优秀的学业成绩让他充满自信，他准备在当地寻找工作。他向许多跨国大公司投了自己的资料，因为他知道这些公司都在积极地开发亚太市场，可他最后都被拒绝了，一次次的失败，使他愤怒。他认为一定是这些公司有种族歧视的倾向，排斥中国人。最后一次，他冲进了人力资源部经理的办公室，要求经理对于不予录用他给出一个合理的说法。这位经理说：“先生，我们并不是歧视你，相反，我们很重视你。因为我们公司一直在开发中国市场，我们需要一些优秀的本土人才来协助我们完成这个工作，所以你一来求职的时候，我们对你的教育背景和学术水平很感兴趣，老实说，从工作能力上，你就是我们所要找的人。”这位留学生问：“那为什么贵公司不录取我？”经理说：“因为我们查了你的信用记录，发现你有三次乘公车逃票被处罚的记录。”留学生说：“我不否认这个。但为了这点小事，你们就放弃了一个多次在学报上发表过论文的人才？”经理说：“小事？我们并不认为这是小事。我们注意到，第一次逃票是在你来我们国家后的第一个星期，检查人员相信了你的解释，因为你说自己还不熟悉自助售票系统，只是给你补了票。但在这之后，你又两次逃票。”留学生说：“那时刚好我口袋中没有零钱。”经理说：“不、不，先生。我不同意你这种解释，你在怀疑我的智商。我相信在被查获前，你可能有数百次逃票的经历。”留学生说：“那也罪不至死吧？干嘛那么认真？以后改还不行？”经理说：“不、不，先生。此事证明了两点：一、你不尊重规则，不仅如此，你善于发现规则中的漏洞并恶意使用；二、你不值得信任，而我们公司的工作必须依靠信任去完成的。因为如果你负责了某个地区的市场开发，公司将赋予你许多职权，为了节约成本，我们没有办法设置复杂的监督机构，正如我们的公共交通系统一样，所以我们没有办法雇用你。可以确切地说，在这个国家甚至整个欧盟，你可能找不到雇用你的公司。”

一切狡猾的人，不照科学态度办事的人，自以为得意，自以为很聪明，其实都是最蠢的，最终都是没有好结果的。

4. 守信

“一等人说了算，二等人写了算，三等人说了写了都不算。”“一等人”就是君子，“君子一言，驷马难追”。“三等人”是小人，小人“轻诺寡信”。谁都愿意和说了算的人合作，所以，君子的机会多，君子容易成功。谁都不愿意和说了写了都不算的人打交道、合作，小人最终将没有市场。

网络上有个“大富豪对小乞丐守信”的故事：

一次，李嘉诚先生接待了一个海外大客户，这个大客户带来了30多人，要谈一笔大生意。双方谈得很融洽，就在要签订协议的时候，李嘉诚看了一下表，抱歉地说：“很对不起，我有件要紧的事情先要去处理一下，请各位休息一会儿，怎么样？”洽谈停了下来，李嘉诚先生匆匆地走下楼去，自己开着车，离开了宾馆。谁也不会想到，李嘉诚暂时搁下一笔大生意不谈，要去处理的那件“要紧的事情”，是按约定与一名乞丐女孩会面。前一天，李嘉诚碰到一个向她乞讨的女孩。当李嘉诚得知她是一个无依无靠的孤儿以后，对她说：“你还年轻，应该自食其力……去卖报纸吧，开始的时候，本钱我来资助你。”当时，李嘉诚身上没带钱，就同女孩约定了交钱的时间和地点。后来，女孩在李嘉诚先生的鼓励和帮助下，走上了新的生活道路。而李嘉诚对一个乞丐女孩守信的故事，也在香港传开了。

古时候有个“曾子杀猪”的故事：

一天曾子要出门，孩子哭闹，他老婆无奈之下就对孩子说：“你只要不哭了，晚上爸爸回来就杀猪给你吃。”孩子听说后果然不哭闹了，曾子老婆也出门干活了。晚上回来，曾子老婆看见曾子正把还未长大的小猪绑上，准备杀猪，她就急了，问曾子为何要杀猪？曾子说：“你早晨已经答应了孩子，为什么不践行承诺呢？”曾子老婆就说，那是哄骗孩子的，怎么能当真？曾子严肃地说，许下的承诺就要履行，不然就会失信于人，孩子小时候就要让他懂得“诚信”二字。曾子没顾老婆的阻拦，把猪杀了。

据说在美国，诚信就是荣誉，就是财富，就是前途。商人一次失信，如贷款到期未还，就等于给自己宣布了“死刑”，就要终生戴着“不守信”的帽子，以后别想到银行借贷了，别人也不会与他再进行经济交往。

近年来，随着中国社会的诚信危机越来越严重，已经引起国家和社会的高度重视，国家和政府正在建立各种各样的诚信体系，对失信的行为进行了日益严重的惩处，相信在不久的将来，中国的诚信体系会建立起来，缺乏诚信的人也将无立足之地。

永远不要丢掉别人对你的信任，别人信任你，是你在别人心目中存在的价值。永远不要透支身边的人对你的信任，失去诚信等于终生破产。

（三）明智而不糊涂

中国古代思想家赋予明智以丰富的道德内涵。概而言之，主要包括以下几个方面：其一，明智在知道遵道；其二，明智在利人利国；其三，明智在自知知人；其四，明智在慎言慎行；其五，明智在见微达变。此外，明智还包括好学知过，量力而行，居安思危等。

古人言：“智者不惑。”未来只属于“有想法”的人。孔子兼重仁智，多次以仁智并举。孟子把智看成判别是非善恶的一种能力，提出“是非之心，智也”。明智不但被人们高度重视，而且其内涵也在不断地发展。在现实中，我们要做到明智而不糊涂，就需要明糊涂之害，知明智之利，晓明智之难，懂明智之法。

1. 明糊涂之害

根据国家审计局最近几年的统计报告来看，由于腐败造成的直接经济损失年均约占GDP总量的15%。而由于管理决策失误，包括对资源、资金的低效使用、无效使用所造成的直接经济损失比腐败造成的损失要大得多。据有关统计，自新中国成立以来，在大约2万亿元的总投资中，因决策失误造成的浪费至少有1万亿元。“八五”期间投资的400多个全国重点项目，2/3没有收获投资效益。仅1998年，就连续发生几起高达数10亿元的投资失误。“十五”期间，公共决策的失误每年估计都达1 000亿元左右。

决策水平低，是中国企业发展的“瓶颈”，中国企业家调查系统曾报告，接受调查的3 539位企业经营者认为“最容易出现的问题”中，“决策失误”以57.7%的比重排在第一位，“用人不当”以50.8%的比重排在第二位。

从以上两组数据，我们清楚地看到决策糊涂而造成的严重危害。再看一看识人糊涂而造成的危害。

齐桓公是春秋五霸之首。管仲临死前，齐桓公问管仲今后谁可以为相。管仲说，知臣莫如君。齐桓公先后提名易牙、开方和竖刁三个人选，管仲都认为不妥。易牙、开方和竖刁都是齐桓公的大臣，为讨国君欢心，易牙将自己的儿子宰了烹饪成佳肴敬献齐桓公；开方本是卫国太子，但宁愿不当卫国太子而臣事齐桓公；竖刁这人更狠，将自己自宫以贴身服侍齐桓公。管仲说，易牙、开方和竖刁所做的事，都不是正常人能干的，他们都不是正常人了，怎么还能重用呢？管仲的话说到点子上了，凡是超出了常人伦理道德范畴的事物，要么是虚假的，要么是虚伪的。

齐桓公听了管仲的话，疏远了易牙、开方和竖刁三年。结果这三年他食不甘心不饴，这说明雄才大略如齐桓公者，也有被吹嘘拍马服侍着的癖好。到最后，齐桓公又把三人召到了身边加以重用。由于没有管仲坐镇，造成易牙、开方和竖刁三子专权，最后易牙和竖刁将齐桓公软禁在一座高墙大院中，齐桓公欲食不能，欲饮不得，最后死在高墙大院中。

悲惨世界还没到尽头。齐桓公死后，他的五个儿子争相为王，各自网罗了一帮党羽，相互攻击。齐桓公的尸体直挺挺地在床上躺了67天，尸虫遍地游走，齐桓公的儿子无诡即位，才把他的尸身收拾进棺木。后来无诡战败被杀，齐桓公的太子昭几经厮杀，最后接替了王位，是为齐孝公。等到齐孝公登基当年的八月，齐桓公才正式安葬，这离他去世时间已经过去十个月了。

春秋五霸之首齐桓公的悲惨结局令人同情、惋惜，也给我们深刻的启发，识人不能糊涂。

现在，很多人也把“难得糊涂”当作一种处世哲学，常挂在嘴边，挂在墙上，放在书案上，这些人真该清醒清醒，看清糊涂是误己、害人、误国之根源。“难得糊涂”虽然是古代名人郑板桥所言，那年的他已经是59岁，并且在“难得糊涂”下面还有一行款跋：“聪明难，糊涂难，由聪明而转入糊涂更难。放一着，退一步，当下心安，非图后来福报也。”

“诸葛一生唯谨慎，吕端大事不糊涂。”人生在世，特别是现在飞速发展的社会，容不得糊涂，特别是大事更容不得糊涂，否则一步错而步步错，结果是人生必然一塌糊涂。

2. 知明智之利

“三思而后行”“谋定而后动”，古人的智慧一样适用于今天。在当今社会，思考力的差距会产生收入的差距：比别人多花两倍时间思考的人，就可以拥有十倍于别人的收入；比别人多花三倍时间思考的人，就能比别人多赚百倍的利润。

方向正确了，才能避免走弯路，才能做正确的事，避免瞎忙。从20世纪80年代起，比尔·盖茨每年都要进行两次为期一周的“闭关修炼”。完全封闭状态，完全脱离日常事务的烦忧，静心思考公司的发展方向，让整个公司和他自己都忙在点子上。

有记者采访李嘉诚，问其成功的秘诀，他不假思索地回答道：“我往往花90%的时间考虑失败。”

真正成功的CEO不仅仅是一位商人，他更应该成为一位思想家，他必须时刻思考企业的战略及未来——这才是有伟大梦想的从商者真正要领悟和修炼之处。

肯德基是世界著名的炸鸡快餐连锁企业，在全球拥有10 000多家餐厅，到目前为止，肯德基在中国400多个城市已经拥有5 000余家餐厅。我们通过肯德基的开店流程就可以看到肯德基多么“明智”。

第一步，划分商圈。肯德基计划进入某个城市前，都会先通过有关部门或专业调查企业收集这个地区的资料、规划商圈。例如，这个地区有一个大型商场，商场营业额每1 000万元加多少分，有一条公交线路加多少分，有一条地铁线路加多少分。这些分值标准是多年积累下来的经验值。通过打分把商圈分成好几个大类，有市级商业型、区级商业型，还有社区型、旅游型等。

第二步，选择商圈。在商圈选择的标准上，一方面要考虑餐馆自身市场定位，另一方面要考虑商圈的稳定度和成熟度。

第三步，进行聚客点的测算与选择。古语说：“一步差三市”，这跟人流活动的线路有关。可能有人走到这儿就拐弯了，那么这个地方就是客人到不了的地方，人从地铁出来后往哪个方向走，肯德基都派人去用表测量过，然后将采集来的人流数据输入专用的信息系统，测算出在此地投资额不能超过多少，超过多少这家店就不能开。

第四步，考虑人流会不会被竞争对手截住。

3．晓明智之难

“知人者智，自知者明。”知人很难，知事也难，知理难上加难。知人、知事、知理为什么如此之难?

首先，因为事物有现象与本质之分，现象是表面的，本质是内在的，只有认识了本质才算“明智”。

通常人只能看见、看清楚、看明白，因为人们通常只看到了现象；但只有圣贤和智者才能做到看破、看透和看穿，才能透过现象看到本质，才能弄清事物的来龙去脉、搞清前因后果、掌握事物发展的方向和途径。俗话说，熟知不等于深知，深知不等于真知。

在认识事物的本质时，需要过单调的枯燥关、不肯深钻的惰性关、坚强的意志力关，过不了“三关”就不可能认识事物的本质，达到“明智”的彼岸。爱因斯坦经过“十年沉思”才创立了狭义相对论，可见“明智”之难。

其次，是头脑的四大坏习惯影响。

头脑有四大坏习惯：一是思考放弃，认为“信息这么多，不可能啦”；二是思考依赖，“因为领导是这样说的”，从而依赖别人的头脑；三是思考扭曲，即在推理过程中有缺陷或不合理之处；四是思考偏向，针对特定的事情可以做出有效推论，但只要稍微偏移专门的领域，思考力就无法发挥功能。

再次，是思想和情感的影响。

我们身上属于性格类型的思想和情感，影响着我们的注意力，控制了我们能够看到的世界。我们只看到了我们需要看的东西，对于其他事物则视而不见。从而导致我们以有限的眼光，夹杂着好恶和偏见，无法正确看待这个全景的世界。

飞龙集团总裁姜伟在1996年发表的文章《总裁的20大失误》写得非常实在，说明其实很多失误都是受感情的影响。其中写到第一条是决策的浪漫化，以致不计成本，不算利润。第二条是决策的模糊性，凭着“大概”“估计”“大致”“好像”等判断而决策。第三条是决策的急躁化。

“一念嗔心起，百万障门开”，嗔恚心一起，智慧就没有了，理性被蒙蔽了，说的是情绪对认识的影响。

4．懂明智之法

明智之法主要是养成活化思考的习惯，其具体方法是：

1）养成彻底思考的习惯

人类的头脑可说是一部“超级计算机”，一旦“输入”，就一定会有某个“输出”，这是头脑的特性。改变头脑默认值，相信只要彻底思考就会找出答案。“涉深水者得蛟龙，涉浅水者得鱼虾。”

2）摆脱“标准答案”的习惯

“思想万花筒，组合无穷尽。”不要局限于“标准答案”，正确答案不只有一个，其实有许多答案。找不到答案是因为想得还不够。

3）养成“正、反、合”思考的习惯

“正”就是最先个人主观的直接反应；“反”就是透过对方的角度去理解整件事；“合”就是既非执着个人反应，亦非执着偏袒对方，而是找出事实的重点，再做出客观的决定。

4）提高自我的认知力的习惯

有意识地发现自己思考上的“框框”与“有色眼镜”，然后予以剔除。

5）养成“反复问五个为什么”的习惯

丰田汽车公司前副社长大野耐一曾举了一个例子，其工厂生产线上的机器总是停转，虽然经过多次维修仍不见好转，后来工人进行了以下的问答：

问题1：为什么机器停了？

答案1：因为机器超载，保险丝烧断了。

问题2：为什么机器会超载？

答案2：因为轴承的润滑不足。

问题3：为什么轴承会润滑不足？

答案3：因为润滑帮浦（即润滑油泵）失灵了。

问题4：为什么润滑帮浦会失灵？

答案4：因为它的轮轴耗损了。

问题5：为什么润滑帮浦的轮轴会耗损？

答案5：因为杂质跑到里面去了。

经过连续五次不停地问“为什么”，才找到问题的真正原因和解决的方法，在润滑帮浦上加装滤网。

如果工人没有以这种追根究底的精神来发掘问题，他们还是只是换根保险丝草草了事，真正的问题还是没有解决。

6）养成头脑风暴的习惯

“一人之智，不如众人之愚；一目之察，不如众目之明。”杰克·韦尔奇说：“把每个人的想法拿来，放在其他人中间交流，这就是秘诀。没有什么比这一点更重要了。我把自己比做海绵，吸收并改进每一个好点子。首先，要做到善于接受每个人提供的最好的想法。其次，在整个机构中交流传播这些想法。工作外露推动了无边界行为，使这些想法和建议不断得到改进和完善，然后被付诸实践。”

“三个臭皮匠，赛过诸葛亮。”研究表明：个人决策的正确概率一般为70%，三人交流后的决策正确概率为80%，三人集体决策正确概率为89.6%，五人集体决策的正确概率为94%。

7）养成调查研究的习惯

对那些资料和信息不全，模糊和猜测多，又比较重要和复杂的事情，我们可以采用调查研究的办法。

毛泽东说过：“指挥的正确部署来源于正确的决心，正确的决心来源于正确的判断，正确的判断来源于周到而必要的侦察和对于各种侦察材料的连贯起来的思考。”

“凡是忧愁没有办法的时候，就去调查研究，一经调查研究，办法就出来了，问题就解决了。”

“你对于那个问题不能解决吗？那么，你就去调查那个问题的现状和历史吧！你完完全全调查明白了，你对那个问题就有解决的办法了。一切结论产生于调查情况的末尾，而不是在它的先头。”

三、修行之德

（一）礼敬而不粗鲁

2006年4月8日，李嘉诚先生在香港维多利亚港湾的中环长江中心大厦第七十层接待30多位中国内地著名的企业家（各个行业的“领军人物”），他的礼节、礼貌、礼让至今给客人留下深刻的印象，并被传为佳话。

2006年4月7日晚上，每一位企业家都收到了李嘉诚的请柬，请他们到长江中心大厦午餐。李嘉诚先生吩咐，请柬必须送到每一个人手里，还要每一位企业家亲自签收。

4月8日，电梯门打开，陆续走出傅成玉、李东生、牛根生、郭广昌、马云、朱新礼等30多位中国内地著名的企业家。当年78岁的李嘉诚出现在门口，亲自站在电梯口迎接他们，李嘉诚谦恭地和每一位来客握手。

午餐前，大家得知还需要抓一个号码按顺序落座。李嘉诚的细心让每一位受邀者都受到了尊重。午餐开始，企业家们分成四桌，按事先抓好的号各自入座。李嘉诚从第一桌开始，每桌坐半个小时。

三个小时很快过去，到告别的时候了。又一轮拍照高潮掀起，李嘉诚仍然笑容可掬地满足大家的要求。李嘉诚再次把他们送到电梯门口，并与每一位企业家握手告别。

李嘉诚平易近人、彬彬有礼是企业家们的共同印象，甚至比他的财富更让人称道。第一次近距离地见到李嘉诚的马云说：“做得最出色的人往往很平凡，这样的人非常值得尊重。”

“不学礼，无以立。”如何做到礼敬而不失礼呢？其关键是懂礼仪、有礼貌和善礼让。

1．懂礼仪

“礼”是中华民族的美德之一，中国伦理文化从某种意义上可以说是“礼仪文化”。 礼仪是待人接物的形式，是人类为维系社会正常生活而要求人们共同遵守的最起码的道德规范，它是人们在长期共同生活和相互交往中逐渐形成，并且以风俗、习惯和传统等方式固定下来。对一个人来说，礼仪是一个人的思想道德水平、文化修养、交际能力的外在表现。对一个社会来说，礼仪是一个国家社会文明程度、道德风尚和生活习惯的反映。礼仪从内容上看有仪容、举止、表情、服饰、谈吐、待人接物等；从对象上看有个人礼仪、公共场所礼仪、待客与做客礼仪、餐桌礼仪、馈赠礼仪、文明交往等。礼仪在言语、动作上的表现称为礼貌。

基本的礼仪原则：一是敬人的原则；二是自律的原则，就是在交往过程中要克己、慎重、积极主动、自觉自愿、礼貌待人、表里如一，自我对照，自我反省，自我要求，自我检点，自我约束，不能妄自尊大，口是心非；三是适度的原则，适度得体，掌握分寸；四是真诚的原则，诚心诚意，以诚待人，不逢场作戏，不言行不一。

礼既是人与动物相区别的标志，也是文明人与粗鲁人相区别的标志。中国是世界闻名的礼仪之邦，“礼”是中国文化的突出精神，当代中国人应该懂礼仪，在不同的场合，都要有合于礼仪的举动，体现自身的道德与修养，赢得人们的尊重，不可失礼而自取其辱。切实做到：“非礼勿视，非礼勿听，非礼勿言，非礼勿动。”

2．有礼貌

礼仪在言语动作上的表现称为礼貌，是个人修养涵养的体现。礼貌能反映一个人的行为文明程度，是其道德品质高尚与否的重要外在表现，是其心理健康与否的重要标志，也是其身心和谐发展的重要保证。在日常生活和与人交往中，我们要注意学习和使用礼貌用语，注意自己的仪表仪态，注意自己的行为举止。

1）常用的礼貌用语

与人见面说“您好”，问人姓氏说“贵姓”，问人住址说“府上”；仰慕已久说“久仰”，请人帮忙说“劳驾”；向人询问说“请问”，请人解答说“请教”；求人办事说“拜托”，麻烦别人说“打扰”，求人方便说“借光”；受人帮助说“谢谢”，祝人健康说“保重”，向人祝贺说“恭喜”，老人年龄说“高寿”，看望别人说“拜访”；赞人见解说“高见”，归还物品说“奉还”；若有延迟说“见谅”，请人谅解说“包涵”，宾客来到说“光临”；等候别人说“恭候”，客人入座说“请坐”，临分别时说“再见”，中途先走说“失陪”，请人勿送说“留步”，送人远行说“平安”。

2）仪表仪态的总体要求

容貌端正，举止大方；端庄稳重，不卑不亢；态度和蔼，待人诚恳；服饰规范，整洁挺括；打扮得体，淡妆素抹；训练有素，言行恰当。

3）站、坐、走基本要求

站态：站如松，做到挺胸、收腹、抬头，双脚平稳，肩膀直、沉肩。

坐态：坐如钟，做到入座要轻缓，上身正直，重心向下，两肩放松，腰部挺起。

行态：行如风，做到昂首、挺胸、收腹，两眼平视。

4）举止禁忌

抠鼻孔或别指甲、打呵欠、咬指甲、哼小曲、吹口哨、弄钥匙、笔弄响、玩弄饰物等。吸烟，大声说话，讲粗言秽语，在客人面前吃零食，咳嗽、吐痰没用纸巾，与人交谈时常看手表表现出不耐烦的样子。

3．善礼让

“礼”根源于人的恭敬之心，辞让之心，出于对长辈，对道德准则的恭敬和对兄弟朋友的辞让之情。“礼”用于处理与他人的关系叫“礼让”，表现为恭敬、谦让、礼敬等。“一争两丑，一让两有。”“退一步天高地阔，让三分柳暗花明。”

鲁国有一个人叫机泛，以恭谨出名，七十高龄了，仍旧恭谨有加。鲁君问他：“年纪已经这么大了，难道必须这么恭谨吗？”

机泛回答说：“君子注重恭谨才能成就名声，小人注重恭谨才能避免刑罚。坐在这里非常舒适，尚且要防止跌倒；吃着这些美味，尚且要防止噎到。现在像我这样所谓幸运的人，未必就是幸运。鸿鹄一飞冲天，难道不高吗？可是用短箭就可以将它打下来；虎豹虽然凶猛，但人却可以吃它的肉，坐它的皮。现在赞美他人的人少，毁谤他人的人多。我已经七十多岁了，常常害怕灾祸降临到我身上，怎么能不恭谨呢？”

比赛竞争也不失仪礼。子曰：“君子无所争，必也射乎！揖让而升，下而饮，其争也君子。”意思是射箭比赛开始的时候，对立行礼，表示礼让。然后开始比赛。比赛完了，不论谁输谁赢，彼此对饮一杯酒，赢了的人说：“承让！”输了的人说：“领教！”都有礼貌，即使在竞争，始终保持君子的气度。

礼敬涉及生活的方方面面，礼敬父母谓之孝，礼敬兄弟谓之弟，礼敬朋友言而有信，礼敬长上尊贤尽忠，礼敬属下仁义为本。

礼敬不是礼节性的礼貌，而是内心敬重的一种合乎礼仪的表达。学生对老师的礼敬不仅是对老师的问好，而是要尊重老师的付出和汗水，要用心学好老师所传授的知识，这才是真正的礼敬。下属对上级的礼敬，不仅是平时的礼貌，而认真完成上级交办的各项任务才是更实质的礼敬。

（二）勤俭而不惰侈

在中国的传统道德中，勤俭可以说是普及最广、传播最久的美德之一。大禹治水“克勤于邦，克俭于家”成为千古之佳话。只有冻死的苍蝇，没有累死的蜜蜂。

所谓勤俭，即勤劳与节俭。勤劳指的是人们对待劳动的态度和品质，作为道德规范，它要求人们热爱劳动，积极参加劳动，勤奋努力，不怕苦累，用自己的双手创造和丰富自己的生活。“民生在勤，勤则不匮。”节俭，指的是人们对待个人生活欲望的态度，它要求人们节制自己的生活欲望，约束自己的消费行为，俭约生活，节约财用。“玩物丧志”“唯俭养德”强调了节俭对个人品德修养的重要性。勤俭是君子之德，对于国家来说，勤俭则是“富国之道”。

“成由勤俭，败由奢。”“侈而惰者贫，力而俭者富。”意思是奢侈而懒惰的人就贫穷，勤奋而节俭的人就富裕。勤能成才，勤俭致富，俭能持家，俭能治国，懒惰者平庸，奢侈者必败。勤俭是中华民族的传统美德，我们应该继承和发扬。

1．勤能成才

天才出自勤奋。华罗庚说：“勤能补拙是良训，一分辛苦一分才。”

中国历史上最有影响力的人物之一曾国藩，他的思想和行为对当代人有很大的影响。他出身寒门，年轻时的智商并不高，但是非常勤奋刻苦，规定自己每天必须背诵出一篇文章，否则就不能上床睡觉。一天晚上，曾国藩在家读书，半夜里一个小偷溜进屋里，见一个书生在读书，就躲在阴暗角落里，想等他读完后上床睡觉了再下手。可是，曾国藩一直读了很多遍还没有去睡觉，因为他没能背出来。眼见鸡叫了，天亮了，小偷终于忍不住了，从角落里走出来，指着曾国藩斥责道：“你这秀才，真是蠢得可以，一篇文章，翻来覆去读了这么多遍还背不出，我背你听看看！”说完，就一字不差地背了出来，背完拂袖而去，一副很看不起曾国藩的样子。曾国藩直直地看着小偷，羞愧难当。从此以后，曾国藩更加勤奋学习，用勤补拙，最终成就了一番大业。

俗语道：“勤奋是金。”邓亚萍，身高1.55米，自幼手脚粗短，似乎不是打乒乓球的料。她5岁起就随父亲学打球，但因个头矮，手脚粗短，体校不接收她，但她没有因此而放弃打球。少年时，她每天练完体能后，必须做100个接发球动作；为增加体能，她在腿上绑上沙袋，把球拍换成铁拍；腿肿了，手掌磨破了，每闪、展、腾、挪一步，都要付出比别人更多的痛苦，然而她挺住了，并且坚持下来了。进入国家队以后，她训练更加刻苦，她自觉每天延长训练时间，加大运动量，每天接球打球多达一万多个，长时间大运动量，高强度的训练，使她从颈到脚很多部位都是伤。为对付腰肌劳损，她系上宽宽的护腰；膝关节脂肪垫肿，踝关节长满骨刺，钻心地疼痛，实在忍不住了，就打一针封闭。脚掌磨出了血泡，就挑破后裹上纱布练。苦心人天不负，邓亚萍13岁夺得全国冠军，15岁获亚洲冠军，16岁在世界锦标赛上成为女子团体和女子双打的双料冠军。1992年，19岁的她在巴塞罗那奥运会上夺得女子单打冠军，并与乔红获女子双打冠军。1993年在瑞典第四十二届世乒赛上又获团体、双打两块金牌，成为名副其实的世界乒坛皇后。1997年，邓亚萍进入清华大学读书，2001年获得学士学位，同年9月进入英国诺丁汉大学，2002年年底获硕士学位，同年进入英国剑桥大学经济学专业攻读博士学位。

没有人会随随便便成功，内外兼修的美女“央视一姐”董卿提起父亲对自己的魔鬼教育，总会垂泪。让幼年董卿最难以接受的是，父亲不允许她多照镜子。董卿说：“我爸爸有一句名言，马铃薯再打扮也是土豆。他说，你每天花在照镜子的时间不如多看书。”此外，董卿爸爸还不让妈妈给董卿做新衣服，认为女孩子不能把过多的心思放在打扮上，而应该刻苦学习。

2．勤俭能致富

号称“中国第一村”的华西村，其精神文明开发公司墙上写着：责任如山，勤奋如牛，心细如发，团结如一。

格兰仕董事长、创始人梁庆德自1992年创立格兰仕以来，每天2点睡觉，7点起床。他的儿子，现任格兰仕集团CEO梁昭贤说：“为迎接世界家电制造转移的机会，我们已经做好了再做50年苦行僧的心理准备。”格兰仕集团是“中国企业500强”，并定位于“百年企业世界品牌”的世界级企业。国际上把利润只有5%的企业称为“苦力线”企业，而格兰仕早期的利润只有3～4个百分点。格兰仕坚持“干毛巾里拧出水，持续消灭浪费”，一直在探索低成本盈利模式的可持续性。

奇瑞汽车1997年在安徽芜湖郊区打下第一根桩，只用了短短9年时间便成为中国汽车工业史上第一家突破50万辆的自主品牌轿车。从一个小地方的汽车零部件公司，到民族汽车工业的骄子——这个奇迹，不能不提奇瑞的舵手，被称为“汽车狂人”的尹同耀，他废寝忘食地工作，大家说他是“715”，就是一周工作7天，一天工作15小时。

伟大的成功和辛勤的劳动是成正比的，有一分劳动就有一分收获，日积月累，从少到多，奇迹就可以创造出来。

勤奋是一剂良药，吃起来有些苦，却能驱除人生的疾病；勤奋是一架梯子，爬上去有些累，却可以把你送上顶峰；勤奋是一条路，虽然很漫长，却可以把你引向理想的远方。

3．奢侈必败

太平天国从建都天京之日起，以天王洪秀全为首的领袖人物就丧失了进取心，沉浸在奢侈生活之中。他从1853年3月进入天京，到1864年6月52岁时自杀（一说饥饿病死），11年中从未迈出过天京城门一步。只有一次坐64人抬的大轿出宫，去探视生病的东王杨秀清。天王有88个后妃，已超过了历代封建帝王的三宫六院七十二嫔妃的人数了。他各种物品大都是金制的，包括提盘、碗、筷子等；天王有王冠，以纯金制成，重八斤；又有金制项链一串，亦重八斤；他的绣金龙袍亦有金纽；他由内宫升大殿临朝，亦乘金车，名为圣龙车，用美女手牵而行。

太平天国的早衰早亡，撇开政策上和军事战略上失误这些原因不说，单从农村进入城市之后，洪秀全挡不住贪图享受和腐败之风的诱惑，而且上行下效，愈演愈烈，最终导致百万大军转瞬间冰消瓦解。这个教训是极其惨痛的，不能不引起后人的深思。

（三）勇毅而不怯懦

孔子把勇德作为践履仁德的条件之一，认为勇必须符合于礼义，并能智勇双全。孟子主张，为人之勇必与大节相合，强调舍生取义的精神。

勇毅与怯懦相对立，所谓“惧者，勇之仇也”。勇毅也与蛮勇、冒险相区别，所谓“悍戆好斗，似勇而非”，就是这个意思。

在人类生活中，勇毅不仅表现在人们直接征服自然的斗争中，而且表现在正义的战争中，表现在科学发明和艺术创造以及推动社会进步的各项事业中。

在现实生活中，如何做到勇毅而不怯懦呢？关键是能充分认识到怯懦的危害，培养无畏的胆魄和坚毅的意志。

1．怯懦必受欺辱

“男儿无刚，不如粗糠。”“妇不贞则浪人至，夫不勇则恶人欺。”怯懦者平庸、可怜甚至被凌辱、被追杀。个人如此，国家也是如此。清朝末年，由于清政府腐败、懦弱、无能，我们国家受尽了世界列强的欺辱。懦弱的清朝官员为了一时太平，竟不断签订不平等条约、割地赔款，使我们国家和民族遭受了巨大的损失。

无论国家，还是个人，在社会上总会碰到很多困难，也会碰到很多“恶人”，如果碰到困难就躲避，碰到恶就退让，其结果是任人欺压，甚至任人宰割。

2．关键时要有血拼的决心

淮海战役口号：“打胜了开庆功会，打败了开审判会，打死了开追悼会。”“世界从来都给无畏的人让路。”人生之路坎坎坷坷，会碰到各种困难和挑战，只要不怕死，必要时有血拼的决心，就会产生力排众议之勇，坚持真理之勇，临危不乱之勇，破釜沉舟之勇，忍辱负重之勇，坚忍不拔之勇，负荆请罪之勇，奋不顾身之勇，最终会战胜困难，并获得成功。

“别被自己吓倒，自己征服自己。”“因噎废食是愚者，因挫而惧是懦夫，因难不进是弱者。”伯克斯顿说：“人与人之间、强者与弱者之间、大人物和小人物之间最大的差异，就在于其意志的力量，即所向无敌的决心。”一旦确定了一个目标，就要坚持到底，不在奋斗中成功，就在奋斗中死亡。罗斯福说：“我们没有什么可害怕的，唯一值得害怕的只是害怕本身。”

3．毅力无价

爱默生说：“伟大高贵的人物最明显的标志，就是他坚定的意志，不管环境变化到何种地步，他的初衷与希望仍然不会有丝毫的改变，而终至克服障碍，以达到所企望的目的。”

“成功者永不放弃，放弃者永不成功。”绳锯木断，水滴石穿，就在于点点滴滴的积累。锲而不舍，金石可镂；锲而舍之，朽木难雕。爱迪生之所以成为世界级的大发明家，就在于他锲而不舍的拼搏精神。在发明电灯时，他试验过6 000多种金属材料，进行过7 000多次试验，终于找到了钨丝而获得成功。他一生有1 100多项发明，而每个成果都来自这种拼搏。就在84岁高龄时，他仍然整天在实验室工作，晚上还要看两三个小时的书。

“跌倒并不可怕，趴下才是真正的可悲。”林肯是让美国人自豪和尊崇的总统，但他又是经历最为坎坷的总统。他年轻时，经历了失业、办企业倒闭等挫折。要结婚时，未婚妻又突然病逝。参加州议员竞选，又一次一次地失败，可算是极不幸了。然而，他的信念不变，追求不变，恒心不变，失败了再爬起来，坚信自己一定会获取成功。在当上总统前，他共参加了11次竞选，其中失败了9次，从1832年开始竞选议员，到1860年才当上总统。他就是凭着这种顽强的毅力，锲而不舍的精神，克服重重障碍，在别人的嘲笑、谩骂、打击中挺胸前行，实现了人生目标。林肯说过：“成功是屡遭挫折而热情不减。”“在这个世界上，意志力的价值是无可替代的。”

“日日行，不怕千万里；常常做，不怕千万事；时时学，不怕业不精；日日修，不怕心不静。”

明朝末年时，史学家谈迁经过20年写作，完成了明朝编年史《国榷》，不料有一天家里来了个小偷，一看这部书的手稿包装得非常好，以为里面是值钱的东西，就给偷走了。20年的心血瞬间化为乌有，这对谈迁的打击非常大。当他平静下来，感到心有不甘，于是，他又重新动笔写，又用了10年时间，在他60岁时，一部104卷的《国榷》又完成了。司马迁写《史记》，耗尽了毕生的精力；列夫·托尔斯泰写作《战争与和平》，用了37年时间；吴敬梓写作《儒林外史》，用了14年时间；阿·托尔斯泰写作《苦难的历程》，用了20年时间。齐白石画了一辈子虾，徐悲鸿画了一辈子马，郑板桥专门画竹子。

曾国藩曾说：“年无分老少，事无分难易，但行之有恒，自如种树畜养，日见其大而不觉耳。”“穷通由天做主，予夺由人做主；业之精不精，则由我做主。”

有人总结说：“不是井里没水，是挖得不够深；不是成功来得慢，是放弃得快。成功不是靠奇迹，而是靠坚持。失败的人习惯了放弃，而成功的人永远选择坚持！”

四、底线之德

持节而不无耻

所谓持节，就是坚持道德要求和原则，控制或限制自己的情欲和行为。它要求人们遵从礼义，守正祛邪，行为有度，取用有节，自主自制以自化成人。知耻是为人之底线，当一个人不知羞耻时，这就是“人兽”了。正如孟子曰：“无羞恶之心，非人也”。禽兽尚是禽兽，人不但可以防范，还是人的食物。而人兽呢？首先善于伪装，然后不择手段地坑害他人，坑蒙拐骗、吃喝嫖赌、吸毒贩毒，追求禽兽之乐，可恶至极！当代社会本应是最好的社会，但存在诸多不安、恐怖因素，让人提心吊胆，关键是人兽不少。要做到持节而不无耻，关键是做到知耻、持节、持戒、慎独。

1．知耻

所谓知耻，就是人们内心的善恶、荣辱标准，也就是“羞恶之心”。它要求人们做事要守仁行义，谨言慎行，辨之荣辱。

明朝的王阳明提倡知行合一，他肯定人性本善。

有一天，王阳明和一帮人一起出去旅行，路上遇到土匪，土匪把他们全部抓起来囚禁，逼着他们把财物统统拿出来。这些土匪后来知道这帮人中有王阳明，虽然没有见过面，但慕名已久。于是土匪中的头子把王阳明请出来，对他很礼遇，也很恭敬。土匪头子向王阳明说：“你说这个世间个个都是好人，‘致良知’，每个人都有良心，我们当土匪的人就没有良心，你这个学说有问题，你能不能证明我们当土匪的人也有良知？”王阳明说：“可以，我能够在你身上证明，但是得有个条件。”那个土匪说：“什么条件？”王阳明说：“你得听我的话，我教你怎么做，你就怎么做。”他说：“行！咱们试试看。”王阳明说：“好！你现在把外衣脱掉。”土匪头子就脱掉了外衣，然后再按要求把里面的衣服也一件一件脱掉，脱到最后，只剩下内裤了。土匪头子说：“阳明先生，这个不行，这个不可以脱掉！”王阳明说：“这就是良知！”

这些土匪们感动了，不要王阳明等人的财物，放他们走了。

你看土匪抢劫，被王阳明先生这样一开导，他们真的良心发现，把王阳明他们统统都放掉了，一点不为难他们，这就是所谓盗亦有道。土匪还知耻！在今天，有些人你要叫他脱光，他真的就脱光，即便是王阳明先生也没有办法证明给他看什么叫良知！今天社会上很多人良知丧尽，无惭、无耻，这怎么得了！

对于个人来说，廉耻为立人之底线。人有耻则能有所不为，无耻则无所不为，什么坏事都能干得出来，人知耻方能改过。对于民族和国家来说，人民有耻，社会风俗才能美善；掌权的士大夫阶层知耻，国家的尊严才能得以维护。正是在这个意义上，《管子》才强调“礼义廉耻，国之四维。四维不张，国乃灭亡。”

昔日，以耻为荣者大有人在。当年日寇侵略中国时，那些汉奸投靠日寇不以为耻反以为荣，对日本鬼子卑躬屈膝，而对自己的同胞却欺压凌辱，甚至刀枪相加。《四世同堂》一书中把那些汉奸卖国贼的嘴脸刻画得入木三分。

今日，“地沟油事件”“毒奶粉事件”“假学历事件”等，当事人常常不以为耻，反以为荣。正如孟子曰：“人不可以无耻，无耻之耻，无耻矣。”不知道无耻的“耻”，这个“耻”观就不存在了。可怕啊！

古人云：“不知荣辱乃不能成人。”胡锦涛同志提出以“八荣八耻”为具体内容的荣辱观：“以热爱祖国为荣、以危害祖国为耻，以服务人民为荣、以背离人民为耻，以崇尚科学为荣、以愚昧无知为耻，以辛勤劳动为荣、以好逸恶劳为耻，以团结互助为荣、以损人利己为耻，以诚实守信为荣、以见利忘义为耻，以遵纪守法为荣、以违法乱纪为耻，以艰苦奋斗为荣、以骄奢淫逸为耻。”

古训中还有“知足不辱，知耻不殆”的说法。意思是，一个人如果能保持知足常乐的心态，那么，他就能减少许多不必要的耻辱感，别人也很少能污辱他；如果一个人很要强，自己不论做什么事都不允许出一点纰漏，出一点纰漏就有耻辱感，那么，他做起事来自我要求一定非常严格，成功率就会非常高。

2．持节

持节的道德规范内容涉及如何对待富贵贫穷、生死福祸、荣辱功名、权位爵禄等方面。“富贵不能淫，贫贱不能移，威武不能屈，此之谓大丈夫”是持节的最佳写照，激励了一代又一代英雄好汉。“人生自古谁无死？留取丹心照汗青”的文天祥，“精忠报国”的岳飞，“砍头不要紧，只要主义真，杀了夏明翰，还有后来人”的夏明翰，都表现了可贵的持节。

我国著名散文家朱自清教授，晚年身患严重的胃病，他每月的薪水仅够买3袋面粉，全家12口人吃都不够，更无钱治病。当时，国民党勾结美国，发动内战，美国又执行扶助日本的政策。一天，吴晗请朱自清在“抗议美国扶日政策并拒绝领美援面粉”的宣言书上签字，他毅然签了名并说：“宁可贫病而死，也不接受这种侮辱性的施舍。”1948年8月12日，朱自清贫困交加，在北京逝世。临终前，他嘱咐夫人：“我是在拒绝美援面粉的文件上签过名的，我们家以后不要买国民党配给的美国面粉。”朱自清一身重病，宁可饿死也不领美国的“救济粮”，表现了中国人的骨气。

自古以来，“凡成大业者，无不先修德，以德服人，以德兴业。”我国著名的同仁堂药店为何创建340多年不衰，就是依靠了创业初期立下的“炮制虽繁必不敢省人工，品味虽贵必不敢减物力”的古训。

3．持戒

“贪如火，不遏则燎原；欲如水，不遏则滔天。”“玩人丧德，玩物丧志。”多少人因为一个贪字，贪财、贪色、贪名、贪权，而利令智昏、位令智昏、色令智昏、欲令智昏、结果触犯法律，身败名裂，后悔莫及，祸及子孙。

钱只是人们生存和生活的物质基础，但绝不是幸福快乐的基础。“人不能把钱带入坟墓，但金钱可以把人带入坟墓。”多少人被钱带入了坟墓，贪官落马，无不与贪财有关。

2012年8月，时任东莞市人大常委会副主任的欧林高被广东省纪委双规。随后，办案人员从其住处查获大批现金、奢侈品和名贵字画，装满一辆商务面包车。为清查暂扣的1 700万元赃款，银行派来8名专业点钞员，连续工作12小时，烧坏了3台验钞机。

“饱暖思淫欲，饥寒起盗心。”色欲人人有，能制者为君子。近些年来，色情场所、色情书刊、色情录像多了起来，社会上又上演了许多色情交易、“美人计”、色情诈骗、色情陷阱等。意志不坚定者，手中有权、有钱的人，多成了色情攻击的对象，多少人又成了色情的牺牲品。

春秋时期，有一个叫子罕的宰相，他以“不贪为宝”，值得人们永世学习。宋国有个富人非常崇拜宰相子罕，为表达自己的仰慕之情，将家中一块稀世宝玉送到子罕处。子罕一见这块玉，便知实是罕见的稀世之宝。但他还是还给了送玉人，他说：“这块玉确是宝物，但这是你的宝，而不是我的宝。我是以不贪为宝，我们各自有自己的宝，何必贪求别人的宝呢？”子罕以不贪为宝的故事，流传了几千年，也给后人留下了清廉之宝。

曾国藩是中国近代政治家、理学家、文学家，湘军的创立者和统帅。他的人生“六戒”，值得世人借鉴和学习。

第一戒：久利之事勿为，众争之地勿往。

第二戒：勿以小恶弃人大美，勿以小怨忘人大恩。

第三戒：说人之短乃护己之短，夸己之长乃忌人之长。

第四戒：利可共而不可独，谋可寡而不可众。

第五戒：天下古今之庸人，皆以一惰字致败，天下古今之才人，皆以一傲字致败。

第六戒：凡办大事，以识为主，以才为辅；凡成大事，人谋居半，天意居半。

4．慎独

《礼记》有云：“莫见乎隐，莫显乎微，故君子慎其独也。”一个人的道德与修养达到了即使没有人监督也不自欺的“慎独”境界，才算是真正的“诚信”。

东汉名臣杨震在赴东莱郡任太守的途中，经过一个叫昌邑县的地方。这个县的县令王密是他过去推荐的人才，一直想找机会报答他。于是，王密深夜带了十斤黄金私赠杨震。

杨震说：“老朋友了解你，你却不了解老朋友，这是为什么呢？”王密说：“现在是深夜，没有人知道。”杨震说：“天知、地知、你知、我知，怎么说没有人知道呢？”王密听了这番话，很羞愧地走了。

于细微处见精神，于细微处也见品德。小事小节是一面镜子，能够反映人品，反映作风。古人云：“堤溃蚁穴，气泄针芒”“巴豆虽小坏肠胃，酒杯不深淹死人。”大多数腐败分子是从不注意小事小节逐步走到腐化堕落境地的，在推杯换盏中放松了警惕，在小恩小惠面前丢掉了原则，在轻歌曼舞中丧失了人格。

“马行千里不失蹄，只因步步谨慎；人生一世少错误，就在警钟长鸣。”小事当慎，小节当拘，确是金玉良言。每个人都应慎独慎微，从小事小节上加强自身修养，从一点一滴中自觉完善自己，懂得是非明于学习，境界升于自省，名节源于修养，始终保持淳朴的本色。

五、升华之德

自省而不自负

曾经有人问泰戈尔三个问题：第一，世界上什么最容易？第二，世界上什么最难？第三，世界上什么最伟大？泰戈尔回答：指责别人最容易。认识自己最难；爱最伟大。

泰戈尔的回答富有哲理，“指责别人最容易”从另一方面说明人们普遍存在的自我中心和自负表现，是一种傲慢，而傲慢是一切恶的源头。“认识自己最难”说明人们一般是不检讨自己，检讨自己是一种谦虚，谦虚是一切进步的基础。“爱最伟大”说明爱是一切善的发心和表露。

一个自负的人必然是“骄兵必败”；一个不自省的人必然难以升华。一个人命运的改变，1%靠别人提醒，99%靠自己觉醒。其他人不管善意的提醒，或恶意的讥讽，如果被提醒或被讥讽的人不自省，都不能转化成进步和成长。

1．不自负

自负就是自己过高地估计自己。自负实质是无知的表现，“无知者无畏”。无知有两种表现，一是盲从，二是狂妄。

自负形成的原因，主要是自我意识的偏差在人的个性中沉淀的结果。自负心理形成的主要原因包括：一是生活的顺利。人的认识来源于经验，生活中遭受过许多挫折和打击的人，很少有自负心理，而生活一帆风顺，则很容易养成自负的性格。二是自我认识的偏差。自负者缩小自己的短处，夸大自己的长处，对自己的能力评价过高，对别人能力评估过低。三是自恋情绪。在自恋情结上得分较高者，往往容易形成自负心理。

自负者过高地评估了自己，自以为是，把别人都不放在眼里；自负者性格多疑，对谁都不放心，能共患难，不能共富贵；自负者行为好偏激，总认为自己是对的，并且考虑问题总是以自己个人喜好出发，先入为主。

克服自负，最好的方法是接受批评。自负者的致命弱点是不愿意改变自己的态度或接受别人的观点，接受批评是改变自负的最好方法之一。其次，与人平等相处。自负者视自己为上帝，无论在观念上还是行动上都是无理地要求别人服从自己。第三，提高自我认识。要全面地认识自我，既要看到自己的优点和长处，也要看到自己的缺点和不足。自我评价不能孤立地评价，应该放在社会中去考察，每个人既有自己的独到之处，也一定有不及他人的短板。第四，要以发展的眼光看自己。既要看自己的过去，又要看自己的现在和将来，辉煌的过去只代表你的过去，而不代表现在，更不代表未来。

2．自省

“人非圣贤，孰能无过。知错能改，善莫大焉。”就算是圣人也一样会犯错。唐朝李世民曾曰：“朕每闲居静坐，则自内省，恒恐上不称天心，下为百姓所怨。”黑格尔说：“人唯有通过反思，才能达致真理。”检讨是成功之母，悔悟是人生最好的药，人生第一要懂得悔悟，第二要懂得改正，第三不能把悔恨留在心里，这就是人生升华的过程。

1941年3月，延安边区政府发生一件事：边区政府正在小礼堂召开县长联席会议，突然天空乌云密布，电闪雷鸣，结果雷电击中正在开会的来自延川县的一个同志，导致这位同志死亡。这下子，延安街头巷尾人们议论纷纷，有一个老农民公开指名道姓地骂了毛泽东。毛主席对此高度重视，没有去处罚这个老农民，而是去认真调查老农民说这话的原因。原因弄清之后，毛主席立即下令减收公粮4万担，并发起了“自己动手，丰衣足食”的大生产运动，为延安边区渡过难关发挥了重要作用。这一系列重大举措，维护了人民群众的利益，受到了边区人民群众的拥护，人们用“东方红，太阳升”来歌颂共产党，歌颂毛泽东。

古语云：“以铜为镜，可正衣冠，以人为镜，可正言行。”主动改变自己的人才是高明的人，人只有通过不断地自我反省、自我否定、自我突破、自我超越才能达到卓越境界。

从根本上说，自省就是升华，一个没有自省意识且不自省的人不可能取得实质性进步。只有“见贤思齐，见不贤而内自省”，坚持这样做，一定会有真正升华。总是重犯一样的错误、人生和事业总是得不到突破的人，其本质是缺乏自省。

我生命中有一个非常重要的贵人，他是原深圳大学经济管理系系主任陈守智老师，他退休后在我原来工作的公司做顾问，我拜他为师。一天我问他：人生成功的秘密是什么？他说了八个字“取长补短，扬长避短”。一个人如果能做到“见贤思齐，见不贤而内自省”，这个人不成功都不可能。

曾子曰：“吾日三省吾身，为人谋而不忠乎？与朋友交而不信乎？传不习乎？”我们应该如何去自省呢？训练自省能力有三个方法：

1）从小事反思，深入突破

比较重要的大事发生后，当然应该反思，但是，决定你在关键时刻表现的，却是一个个小事的积累。我们不要等出现大的失误时才反省，而应该对日常生活小事及时进行反省，比如：沟通的技巧、心态的调整、个人修养等。通过小事的反省，再深入突破，不断积累，个人就会有新的进步。

2）把生活案例化处理

人们愿意花钱去上MBA、EMBA，通过学习别人的案例来改变自己的行为，那么，为什么不能把自己的生活编辑成案例来改变自己的行为呢？生活每天都在生产未经加工的经验素材。我们的判断来源于经验，而有效的经验来源于对判断的反思。反思，让我们把生活的素材重新解读，从而教育和改变自己。

3）培养记反思日记的习惯

记录反思日记虽然只是一个简单的形式改变，但它会督促我们主动思考看似平淡的生活，挖掘出过去没有注意到的环节。

简单的法则往往最难坚持。但是一旦我们掌握和坚持了这些思考方式和习惯，我们就彻底升级了自己的根本认知能力，极大地提升自己的认知效率，进而表现出让人惊讶的认知深度。

许多名人都有坚持写反省日记的习惯，清朝名臣曾国藩多年坚持写日记。资深财税专家、做义工20多年、现年近70岁的王莉莉女士，她非常豁达开朗，有许多良好习惯，她从小学至今坚持写日记近60年。我坚持写日记、坚持反省也有30年了，我会终生坚持写日记和反省。

3．自制

自制是一个人对自我的控制和约束能力，尤其在权、钱、色面前，要经得起诱惑、耐得住寂寞，抗得住干扰、控制得住怒火。

测量一个人的力量大小，应看他的自制力如何。谁不能克制自己，就永远是个奴隶。克制自己，才能驾驭自己，成就自己。放纵自己，就会被激情和欲望的魔力牵制，不得自由。莫说成就事业，甚至会走向可悲的境地。一个人只有在无人监督的情况下也能坚持做正确的事，才算真正成为自己的主人。这是一个人获得无悔人生必备的素质。

清朝钦差大臣林则徐官至两广总督，他在大堂上高悬着“制怒”的警言。一次他在处理公务时无法克制，盛怒之下把一只茶杯摔得粉碎。当他抬起头，看到自己的座右铭“制怒”二字，意识到自己的老毛病又犯了，因此立即谢绝了仆人的代劳，自己动手打扫摔碎的茶杯，表示悔过。

相传苏东坡有一日于京都相国寺和佛印和尚参禅，佛印和尚挥毫题写了一首“酒色财气歌”：“酒色财气四堵墙，人人都往里边藏。谁能跳出墙垛外，不是神仙也命长。”苏东坡和道：“饮酒不醉最为高，见色不迷是英豪。世财不义切莫取，和气忍让气自消。”佛印和尚指出了人生面对的诱惑和人生努力的方向，苏东坡给出了人生境界的解答。

自制的最高境界是无私，即一点私心都没有。克制自己，是为自己泛滥如河一样的私欲筑起一道堤坝，势必要固若金汤、滴水不漏。如果留存一点私欲，就如同在堤坝上潜伏了一道口子，则众恶相引而来，很容易造成大坝的决堤。

六、境界之德

宽和而不任性

“天时不如地利，地利不如人和。”“宽和”，既是人伦之道，又是君子之德；它要求人们的喜怒哀乐之情思和欲望应保持适当的限度，行为要合乎礼义，中正不偏，和而不同，防止中心不正，情欲失和，行为偏激，背离人道。

有人总结说“上等人，有本事，没脾气；中等人，有本事，有脾气；下等人，没本事，有脾气”。宽和之人，像弥勒佛一样，是一个笑对人生、笑对一切的人，不会唯我独尊，我行我素，不会随意发脾气，更不会胡作非为。

宽和是对自己、对他人、对事情、对财物、对天地都达到一种合一之境界。

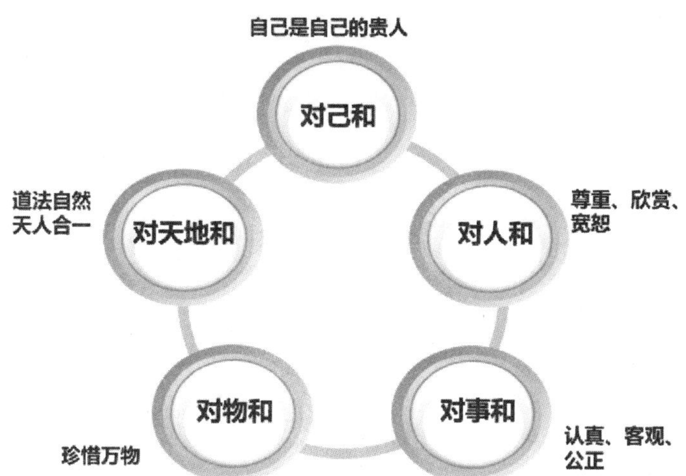

1．对己和

电影《功夫熊猫》中有一句台词：“每个人都是自己的英雄。”对己和就是把自己当成自己的贵人。讲句极端的话，全世界所有的人都不爱你的时候，你自己还要爱自己。要检查自己的错误和不足，但不要责备、埋怨自己，永远要相信自己。

“贤人不生气，生气是愚人。”对己和主要是要做到两个方面：一方面是爱护自己，快乐度过每一天，排除焦虑、紧张、愤怒、沮丧、悲伤、痛苦、难过、不快、忧郁等不良情绪，豁达开朗，不要心胸太狭窄，不要对小事也耿耿于怀，不要爱钻牛角尖，不要嫉妒别人，要能宽容、理解和欣赏别人。另一方面努力开发自己的优势和潜能，使自己成长、成熟、成功。只有爱自己的人，才能爱家人，才能爱亲友，才能爱世人。

有一天清晨，沐浴后的释迦牟尼对着自己的石像鞠躬敬拜。旁边的弟子看到这一幕，都感到诧异：“师傅，您的像，是弟子们敬拜用的，为何您亲自敬拜？”释迦牟尼轻轻一笑，答道：“求人不如求己。”

人是万物之灵，我们此生有幸成为万物之灵中的人，而不是草、木、虫、蛇、兽，真该庆幸，且要好好珍惜，认认真真地做一回人，做一个真人！

2．对人和

颜回说：“人善我，我亦善之；人不善我，我亦善之。”对人和就是始终以人为本，能平等、尊重、理解、欣赏、容忍、宽恕他人。

“和为贵，忍为高。”一个成功者，往往与他的忍耐、忍受、忍让等能力密切相关。宽容和忍耐都是成大事不可或缺的修养。年轻人要忍受磨难，年老者要忍受孤独，得意的人要忍受喧闹，失意的人要忍受冷落。让所有的委屈在忍耐中清除，让所有的眼泪在忍受中蒸发，让所有的怒气在忍受中平息。抗战历史电视剧《延安颂》中毛主席做许世友思想工作的故事，充分体现了毛主席对人和的风格。

当时，许世友是红四方面军指战员，因对毛主席的领导不服，于是带队伍拖枪逃出延安。后被戴上手铐脚镣关进了中国人民抗日军政大学的禁闭室。毛主席同罗瑞卿去看许世友。许世友还大骂“姓毛的不是好人”“要同姓毛的拼命”“有枪先崩了姓毛的”。

当时有人建议“对许世友处以极刑”。根据司法程序，判决前案犯必须签字，可许世友就是不签，还说“死前要和姓毛的面对面地辩论一场”。毛主席说“我毛泽东绝不挂免战牌”，并指出，“把他的手铐、脚镣统统拿掉，再给他穿上军装”“同意他带上自己的手枪来见我，还允许他枪里装上子弹”，还下令“撤掉门前的警卫，让他一个人带上子弹的枪来”。

许世友来到毛主席住处，毛主席亲自为许世友烤土豆，还真诚地向许世友表示歉意，说：“我们有错，你也有错，把你许世友打成反革命，是我们的错；你许世友受了委屈，就要拖枪带人出走，这是你的错。一句话，大家都有错，我们都要改，好不好？”许世友被感动了，说：“主席，我许世友这一生就跟定你了！”主席说：“不对，应该说，我们这一辈子跟定共产党了！”

对人和，除了大度、忍让之外，更重要的还要欣赏别人。欣赏别人是一种尊重，被人欣赏是一种肯定，无人欣赏则是一种不幸和悲哀。欣赏别人的豁达真诚，陶冶自己的情操；欣赏别人的博学多才，营养自己的智慧，欣赏别人的作品，提升自己的艺术水准；欣赏是一种大度，是一种智慧，是一种善良。

对人和，还要帮助他人、成全他人。子曰：“君子成人之美，不成人之恶。小人反是。”意思是君子成全别人的好事，而不助长别人的恶处，小人则与此相反。

3. 对事和

对事和就是要认真和客观处事。做事态度要高度严谨，严肃认真，不可马虎了事；在方法上一定要尊重规律，不可急于求成、急躁冒进，否则结果事与愿违，欲速则不达。

有一则《急躁的种子》的寓言故事。

一粒花籽种在花盆里，一两天后，它没有发芽，就埋怨土壤：“这是什么土壤呀！”它瞅准旁边的花盆，一下子跳过去。可是一两天以后，它还是没有发芽，于是，它又开始埋怨说：“这什么破土壤呀，别跟我作对！”旁边的小苗说话了：“你这样每天跳来跳去，这么急躁，永远都不会长出小苗来的！”这粒小种子总是在埋怨土壤，还在花盆里跳来跳去，早晚都会死掉的。

这则寓言告诉我们：做什么事情都不能急躁，不能没有耐心。故事中的小种子因为急于求成，最后一事无成。违反事物规律，急于求成，反而会把事情弄糟。任何事物的发展都有各自的规律，只有按照规律去做，才有可能取得成功。

除了要尊重规律，对事和还表现为“一次做对，次次做对”。发挥自己最佳的水平，把事做到极致，并且一次比一次做得更好。

对事和要时时留心、警惕。“无事做有事警惕，才可防意外之变；有事如无事镇定，才可消局中之危。”这样才能确保平安无事。

“世上无难事，只怕有心人。”只要做正确的事，用正确的方法认真做事，则没有做不成的事。而马虎、应付、浮躁、犹豫、徘徊、三心二意者必然难以成事，不但不能成事，反而会误事、害事。

4. 对物和

对物和就是要珍惜万物，创造财富，不浪费资源，不践踏劳动成果。

李嘉诚拾一枚硬币的故事，充分体现了世界富豪惜物的情怀，值得我们学习。

李嘉诚有一次从酒店出来，准备上车的时候，把一枚硬币掉在了地上，硬币轱辘辘地向阴沟滚去，他便欠下身去追捡。旁边一位印度籍的保安见状，立即过来帮他拾起，然后交到他的手上。李嘉诚把硬币放进口袋后，再从钱夹里取出100元港币，递给保安作为酬谢。为了一元钱却花了100元，这无论从哪个角度看都是不划算的。有人向李嘉诚问起这件事情，他的解释："若我不去捡硬币，它就会在这个世界上消失，而我给保安100元，他便可以用之消费。我觉得钱可以拿去使用，但不能浪费，珍惜财富是一种品质，也是一种修养，一种品德。记得小时候父辈们曾教育我们说：惜衣有衣穿，惜钱有钱用。所以节约是美德，大概也是这个道理。"

日本一位管理大师说了一句让中国有识之士很不安的话：老天真不公平，给了中国那么多资源，而给日本那么少的资源。老天也算公平，中国的资源很快就会被其消耗光了。

日本人崇尚节约，以浪费为耻；而中国人崇尚气派，以奢侈为荣。每一个有识之士，应该从民族存亡的高度节省：我们该给子孙留下什么？而不应该享尽荣华富贵，没有任何节俭意识！

5．对天地和

地球是慷慨的，她养育了一代又一代人类；地球又是无情的，她也报复了恣意施虐、过度索取的人类。

对天地和就是要认识到人既是自然界的产物，又是自然界的改造者。人类在利用自然和改造自然的时候，一定要尊重自然，做到天地人合一，而不可违背自然规律，对自然滥伐、滥采、滥排，否则会受到自然的惩罚。

只有与天地和，才能保护人生存的环境，才能保证人类社会的持续发展。目前严重的环境污染，已经严重地影响了人类生活和生存的环境。保护环境已经成为全社会的共识。

正如古人云："修身、齐家、治国、平天下。"唯有修身，方能家齐，才能治国，才能天下平，如是而已。而要修身，首先就要"明德"。所谓"明德修身"，就是弄清道德与修养的标准，现在六德十条标准已经明确，只要认真践行六德十条，切实从我做起，从现在做起，从小事做起，才能做 "一个高尚的人，一个纯粹的人，一个有道德的人，一个脱离了低级趣味的人，一个有益于人民的人"。

第三节 如何做有道德修养的人

人是道德的主体，如果每个人都注意自己的道德与修养，社会道德风尚自然也会建立起来。我们每个人应如何做一个有道德与修养的人？

一、学习伦理道德，提高道德素养

要做一个有道德修养的人，应切实提高道德修养的自觉性，所以需要理性地审视道德的本质、作用，理性地学习中国传统先进道德，学习社会主义道德，全面提高道德素养。

（一）道德的本质及作用

1．道德的本质是什么

人是从动物进化而来，出于生存的本能，人性中具有自私性的一面，自私性决定了排他性；另一方面，人又不同于动物，人接受家庭、学校、社会的影响，因而又具有社会性的一面。

人为了生存和发展，必须与群体成员之间产生协作、依赖、共存的关系，这种关系具体发生在家庭成员之间、社会群体之间，而且这种关系时刻存在着。那么如何协调和处理这些关系并建立相应的规范呢？为了协调个人与群体社会之间关系，需要一种谋求个体与群体和谐共存的关系规范，于是道德就产生了。

这些道德关系规范又是依据什么原则制定的呢？

英国著名的哲学家、历史学家休谟认为道德起源有四个原则：“对他人有用、对自己有用、令他人愉快、令自己愉快。”这其中，针对自己的两项是先天的，被称为自然德性——某行为能对我有用、让我有愉快感，那它对于我来说，就是道德的；而针对他人的两项则是后天的，是需要人为设计的，源于全社会的约定，为的是每个人都尽力让别人感到愉快，而不是互添恶心。显然，这种后天建构的道德成分，必须在社会全体成员均表示同意并愿意遵守的情况下才能发生效力。

那么大家都愿意共同遵守的“约定”，又是个什么东西呢？休谟的回答是：同情、同胞感和人道感。这个回答，和《论语》中的相关阐述倒是不谋而合。《论语》有言：“君子务本，本立而道生。”钱穆先生的注解是：“本者，仁也。道者，即人道，其本在心。”故他一言以蔽之：“内修于己为德，外措施于人群为道。”用孔子自己的话总结，即为“仁者爱人”。

从唯物史观的角度来看，道德根源于一定的物质生活条件。恩格斯讲：“一切以往的道德论归根到底都是当时的社会经济状况的产物。而社会直到现在还是在阶级对立中运动的，所以道德始终是阶级的道德。”这表明道德的内容最终由经济条件决定，并伴随经济的发展而有相应的变化；基于不同的物质生活条件的不同社会集团，有着不同的道德观，在阶级社会中的道德具有阶级性。

什么是道德？道德是社会意识形态之一， 指在一定物质生活条件下调整人们关于善与恶、光荣与耻辱、正义与非正义、公正与偏见、谦逊与野蛮等相互之间关系的行为规范和准则的总称，道德通过社会的或一定阶级的舆论对社会生活起约束作用。它有两个方面的含义：一是“道”，即道义或正义；二是“德”，即德性或善意。因此我们衡量某个人是否道德，就可以从他的思想行为上是否符合“道义”和出于“善意”，两者缺一不可。道德有两个属性：一是社会性，也就是社会约束下的公共习俗道德，它具有一定的强制性；二是个人性，也就是个人给定的自觉的道德，它又具有自愿性。

下面有一个孔融让梨的故事，我们可以从中体会和领悟道德的本质。

东汉鲁国，有个名叫孔融的孩子，十分聪明，也非常懂事。孔融有五个哥哥，一个小弟弟，兄弟七人相处得十分融洽。

有一天，孔融的妈妈买来许多梨，一盘梨子放在桌子上，哥哥们让孔融和最小的弟弟先拿。

孔融看了看盘子中的梨，发现梨子有大有小。他不挑好的，不拣大的，只拿了一只最小的梨子，津津有味地吃了起来。爸爸看到孔融的行为，心里很高兴，心想：别看这孩子刚刚四岁，却懂得应该把好的东西留给别人的道理呢。于是他故意问孔融：“盘子里这么多的梨，又让你先拿，你为什么不拿大的，而是拿一个最小的呢？”

孔融回答说：“我年纪小，应该拿个最小的，大的应该留给哥哥吃。”

爸爸接着问道：“你弟弟不是比你还要小吗？照你这么说，他应该拿最小的一个才对呀？”

孔融说：“我比弟弟大，我是哥哥，我应该把大的留给小弟弟吃。”

爸爸听他这么说，哈哈大笑道：“好孩子，好孩子，你真是一个好孩子，以后一定会很有出息。”

2. 道德的作用

道德与人类共存亡，只要有人类，只要有社会生活的地方，就会有道德的作用，道德作用具有普遍性。道德涉及各个领域，并以各种精神状态融合表现于各种社会关系中。

道德所发挥的作用包括外在和内在两种方式，但主要靠内在方式。依靠内心信念发挥主要作用，自觉性是道德社会作用的基本特点之一。严格来说，没有高度的自觉性难以做出更多的自我牺牲，要表现出高尚的道德行为是困难的。道德的自觉性往往成为一个人道德水准的基本标志，也是人格尊严、自信心的重要表现。

1）道德对人的作用

道德是提高人的精神境界、促进人的自我完善、推动人的全面发展的内在动力。

（1）道德引导人的行为。

道德通过提倡人生价值观和道德的规范给人以精神导向，指导人们对自己的行为进行选择，对事物进行判断，什么事该做，什么事不该做。道德对个人的导向作用集中表现在对做什么人，按什么标准做人，选择什么样的人生目标和道路等重大人生问题提供指导。高尚的道德能够推动和鼓励人做出英雄创举，为社会创造出更多的物质财富和精神财富，创造出更高、更辉煌的人生价值。这些道德精神是无价的，是法律所不能代替的。

（2）道德促进人的完善。

道德通过扬善，鼓励、鞭策人们积极向上，努力争取做道德高尚的人，如大力开展道德教育，树立道德模范、道德榜样，以供学习效仿。运用道德评价的褒奖、以高尚道德行为以资引导等，都是激发人们向更高道德境界攀登的热情和毅力。有先进典型的鼓励、鞭策，又有道德舆论的监督，道德的激励作用必然增强。

道德能够提高个人思想品德，完善道德人格，是人类精神文明建设发展状况的基本标志之一。一个人的道德品质和行为越高尚，离动物就越远，越显示出他作为人的文明程度愈高。塑造高尚的道德人格，个人的修养是实现自我完善的关键。一个人的能力有大小，人的一生到底能为社会做出多大贡献，并不完全由个人因素决定。但是做一个道德高尚的人，主动权则完全掌握在自己手中。总之，道德能够帮助人们选择社会价值标准，指导人们了解道德行为的价值所在，并在辨别善恶的基础上，培养起相应的道德责任感。

2）道德对社会的作用

（1）道德可以维护社会秩序和稳定。

道德通过调整人与人之间的利益矛盾，使人际关系朝着有利于社会稳定的方向变化。借助道德评价方式，促使人们自觉按照社会发展的需要选择行为，从而达到调节人际关系的目的，通过调整人们之间的关系维护社会秩序和稳定。

（2）道德能够促进生产力的发展，并对法律等产生重大影响。

道德是影响社会生产力发展的一种重要的精神力量，有利于规范各行各业的行为，促进生产力的发展；道德对其他社会意识形态的存在和发展有着重大的影响。

（3）有利于全民道德素质提高，促进社会道德风貌的好转。

但应该看到，在阶级社会中，道德是阶级斗争的重要工具。在看到道德具有重大的社会作用的同时，也必须看到道德发挥作用的性质并不都是一样的。道德社会作用的价值可以是健康的、积极向上的，也有可能是消极有害的。只有有利于社会生产力发展，有利于社会和谐，推动社会进步的道德，其作用才是积极的，反之则是消极的、落后的。道德发挥作用的性质与社会发展的不同历史阶段相联系，由道德所反映的经济基础、代表的阶级利益所决定。

中华民族有5 000多年的文明发展历史，中国是四大文明古国之一，并且是唯一还在延续的文明古国。存在就是合理，说明中国传统文化中有许多精神和智慧的宝藏，需要中华民族的子孙代代学习、代代相传。中华民族要实现伟大的复兴，既要学习西方等文明中先进的东西，更需要学习中国传统的优秀道德思想。中国传统道德是世界上内涵最丰富、内容最完善的一门学术体系，其内容博大精深，需要反复学习、深入领会。

（二）学习传统先进道德

世界上四大文明古国，唯有中国文明还在顽强延续、屹立至今。这其中内核是什么？其核心是中华民族特征：抗争与坚强。这就是中华民族之所以生存的品德。美国哈佛大学神学院教授大卫·查普曼经过多年研究，对比中西神话故事，解读中华民族个性，其思想的独到之处值得我们赞赏。

他说：“我们的神话里，火是上帝赐予的；希腊神话里，火是普罗米修斯偷来的；而在中国的神话里，火是他们钻木取火坚韧不拔摩擦出来的！这就是区别，他们用这样的故事告诫后代，与自然做斗争！”

“面对末日洪水，我们在诺亚方舟里躲避，但中国人的神话里，他们的祖先大禹战胜了洪水，看吧，仍然是斗争，与灾难做斗争！”

“假如有一座山挡在你的门前，你是选择搬家还是挖隧道？搬家是最好的选择。然而在中国的故事里，愚公却把山搬开了！”

“每个国家都有太阳神的传说，在部落时代，太阳神有着绝对的权威，纵览所有太阳神的神话你会发现，只有中国人的神话里有敢于挑战太阳神的故事：有一个人（夸父）因为太阳太热，就去追太阳，想要把太阳摘下来。在另一个故事里，后羿终于把太阳射下来了。中国人的祖先用这样的故事告诉后代：可以输，但不能屈服。勇于抗争的精神已经成为遗传基因，他们像祖先一样坚强。因此你们现在再想到中国人倔强的不服输精神，这是他们屹立至今的原因。”

在神的面前，西方所有的神话都是听从神的安排。而中国钻木取火、大禹治水、愚公移山、夸父追日、后羿射日，一个个神话故事，恰恰体现了中国人倔强而不服输的精神，中国人不信神，中国人信自己，信中华民族的优秀儿女，这正就是中国文明屹立至今的原因。所以说中华民族有优秀的品德，中华民族是勇敢的民族、勤劳的民族。

为什么中华民族还是智慧的民族？中国的地缘是世界上环境最优越的地缘之一，非常适合人类的生存发展。在这块土地上很早就开始了如“春秋战国”般的大乱，出现了多民族的争斗。这种多民族的争斗不仅锻炼着人们的体力，而且锻造着人们的智力，经过上千年在战乱中的“系统学习”，中华民族融汇成了一个多民族的混合体，这是一个高智商的民族。

经春秋战国百家争鸣，面对着“人干的事”——战争带来的苦难，孔子提出的治世方略已经悟到“事是人干的”，对人的探源创立了“仁学”。面对社会现实，他的治世方略是：天子以至庶人，均应以修身为本。从而成为中国传统文化以“内学”为主的源头。孔子提出了“仁、义、礼、智、信”五大要素，以“仁”为主体的互助友爱精神，以“义”为核心的凝聚力，以“礼”为秩序的向心力，以“智”体现出的创造力，以及以“信”为保证的组织力等形成的中华民族的伟大合力，使中华文明站在了人类文明之巅，使中华民族在世界民族之林历五千年而至今屹立不倒。

这五大要素不仅是中国传统道德的核心内容，同时也是中国传统道德的精神灵魂，也是中华民族最本质、最高的行为准则。

1. 仁

“仁”为总纲，其基本含义就是要求人与人之间互爱、互助、互尊。“仁”是根本，人的一切其他美好的品德都从这里开始，一个人只有具备了“仁”德，才是人格完善之人。孔子曰：“仁者爱人”。这四个字几千年来曾被中国人奉为修身养性的格言信条，也较好地解释了“仁”的含义。在中国传统道德价值体系中是最基本、最高的德目。古来胸怀天下、有理想有抱负、有志于为国为民造福祉者，我们都称其为“仁人志士”。人之所以为人，就应该对人尊重，对自己及他人的生活乃至生命饱含热爱。“仁”字拆开为“人”和“二”字，即表明“仁”为两个人以上的团体中所应共同持有的互尊互爱、互助共存之价值观。孔子曰：“孝悌也者，其为仁之本与。”强调“孝悌”是“仁”的基础。因此，仁首先指的就是怜悯（同情）之心、博爱之心、慈善之心。

某个80后在自己的博客中对“仁”字的“释义”——“人”旁加“二”，就是说，这个人很二，或很二的人称“仁人”，“很二”形容人愚笨、弱智。从以上事例可以看到有些80后、90后的年轻人对中国传统文化是多么的无知和漠视，这种行为令人痛心，但也切实提醒我们需要深刻反省教育存在的问题。

2．义

“义”要求一个人的思想言行必须合乎“道理、道义、正义”。“义”在中国传统道德价值体系中，是一种含义极广的道德范畴，与“仁”被并用为道德的代表，《孟子》曰：“仁，人之安宅也；义，人之正路也。”仁是最高的道德目标，义是最高的实践原则；也就是说，义是实现仁的根本途径。义是高于一切的。

“义”首先可以说是“理”。常说的“天经地义”中的“义”即“道理”“正理”。古时宋太祖赵匡胤问大臣赵普说：“天下何物最大？”答曰：“道理最大。”

“义”也包含了“情义”“恩义”等，叫做感恩心。“知恩不报非君子”“滴水之恩，当涌泉相报”。

“义”还包含“正义”“道义”“公义”等。“见义勇为”者“为”的是“正义”“道义”或“公义”。道义还有一层含义叫“爱国主义”。

忠义：忠是义的延伸。忠于国，忠于家，忠于组织，忠于人等。

入选“中国2007年十大影响性诉讼案件”的“南京彭宇案”，我们看到“英雄流血又流泪”。正是因为“义”在当时未得到法律的最终支持，今天全社会才面临“老人跌倒要不要扶”的纠结。

3．礼

“礼”要求人的言行必须“知廉耻，合规矩”，它是人们处理人际关系，建立社会秩序的一种道德规则。礼与仁互为表里，仁是礼的内在精神，礼是仁的外在表达。

礼，一方面是古代社会的典章制度，是维护社会等级制度及与之相适应的人与人交往的礼节仪式；另一方面，它又是一种人与人之间交往的道德规范，它是人们一切社会交往行为的标准和要求。

传统的礼有其封建糟粕，比如它强调“封建社会秩序是尊卑、贵贱、长幼、亲疏有别”等。《论语》曰：“不学礼，无以立。”

4．智

“智”包含两个大的范畴：一是认识论方面的范畴，主要指对事物的认识；二是伦理学方面的范畴，主要指对道德的认识。

“智”也叫“智德”，主要是指明是非、辨善恶和知己识人的能力。指人正确地运用才智，明智地处人处事，从而达到人生成功、幸福和道德至善目的的特殊智慧。

孔子曰：“知者不惑。”是说真正有智德的人，能做到身处大千世界而不迷惑，能够明辨是非，懂得如何应付。

中国儒家认为，“德性所知”为“大知”，“见闻”之知乃“小知”。

5．信

孔子曰：“人而无信，不知其可也。”“言必行，行必果。”孟子说：“诚者，天之道也；思诚者，人之道也。”“信”的含意为诚实、守信、不虚伪。

“信”与“义”一样，是最重要的道德价值观之一，是中华民族公认的道德价值标准和基本美德。

《左传》记载：“信，国之宝也，民之所庇也。”强调了“信”是立国的根本，是老百姓赖以生存的基础。

诚信对一个国家来说，应该是一种治国的根本；对于一个民族来说，应该是全民共同认可的普世准则。对一个社会而言，诚信是社会的基础生活秩序。

除核心内容外，中国传统道德还有处己立身道德规范、人际交往道德规范等具体内容。

（三）学习社会主义道德

从我国历史和现实的国情出发，社会主义道德建设要坚持以为人民服务为核心，以集体主义为原则，以爱祖国、爱人民、爱劳动、爱科学、爱社会主义为基本要求，以社会公德、职业道德、家庭美德为着力点。在公民道德建设中，应当把这些主要内容具体化、规范化，使之成为全体公民普遍认同和自觉遵守的行为准则。

社会主义核心价值观是社会主义核心价值体系的内核，体现社会主义核心价值体系的根本性质和基本特征，反映社会主义核心价值体系的丰富内涵和实践要求，是社会主义核心价值体系的高度凝练和集中表达。

社会主义核心价值观：倡导富强、民主、文明、和谐，倡导自由、平等、公正、法治，倡导爱国、敬业、诚信、友善，积极培育和践行社会主义核心价值观。富强、民主、文明、和谐是国家层面的价值目标，自由、平等、公正、法治是社会层面的价值取向，爱国、敬业、诚信、友善是公民个人层面的价值准则。

“富强、民主、文明、和谐”，是我国社会主义现代化国家的建设目标，也是从价值目标层面对社会主义核心价值观基本理念的凝练，在社会主义核心价值观中居于最高层次，对其他层次的价值理念具有统领作用。富强即国富民强，是国家繁荣昌盛、人民幸福安康的物质基础。民主是人类社会的美好诉求，我们追求的民主是人民民主，其实质和核心是人民当家做主。文明是社会进步的重要标志，也是社会主义现代化国家的重要特征。和谐是中国传统文化的基本理念，集中体现了学有所教、劳有所得、病有所医、老有所养、住有所居的生动局面。

“自由、平等、公正、法治”，是对美好社会的生动表述，也是从社会层面对社会主义核心价值观基本理念的凝练。自由是指人的意志自由、存在和发展的自由，是人类社会的美好向往。平等指的是公民在法律面前一律平等，其价值取向是不断实现实质平等。公正即社会公平和正义，它以人的解放、人的自由平等权利的获得为前提。法治是治国理政的基本方式，依法治国是社会主义民主政治的基本要求。

“爱国、敬业、诚信、友善”，是公民基本道德规范，是从个人行为层面对社会主义核心价值观基本理念的凝练。它覆盖社会道德生活的各个领域，是公民必须恪守的基本道德准则，也是评价公民道德行为选择的基本价值标准。爱国是基于个人对自己祖国依赖关系的深厚情感，也是调节个人与祖国关系的行为准则。它要求人们以振兴中华为己任，促进民族团结、维护祖国统一、自觉报效祖国。敬业是对公民职业行为准则的价值评价，要求公民忠于职守，克己奉公，服务人民，服务社会，充分体现了社会主义职业精神。诚信即诚实守信，是人类社会千百年传承下来的道德传统，它强调诚实劳动、信守承诺、诚恳待人。友善强调公民之间应互相尊重、互相关心、互相帮助，和睦友好，努力形成社会主义的新型人际关系。

二、道德修炼方法

如何修炼自己的道德修养？不同的人有不同的修炼方法，也有不同的效果。迄今为止，美国本杰明·富兰克林（1706—1790年）的品德修炼方法最值得借鉴。

富兰克林出生在一个贫穷家庭，一生仅在学校读过两年书。他靠自学，成为全才的人物，被美国人称为“最聪明的人”。他是著名的思想家、政治家、外交家、科学家和实业家，亦是著名的出版商、印刷商、记者、作家、慈善家。他与杰斐逊一起起草了美国《独立宣言》，与华盛顿一起领导美国独立革命，是美利坚合众国的缔造者之一。美国第一任总统华盛顿曾说：“在我的一生中，能让我佩服的人只有三位，第一位是富兰克林，第二位也是富兰克林，第三位还是富兰克林。”

《富兰克林自传》中这样介绍他的自我品德修炼方法：

我想出了一个达到完美品德大胆而费力的计划。我希望我一生中，在任何时候都要做到不犯任何错误，我要克服所有缺点，不管它们是由天生的爱好，或是习惯，或是交友不善所引起的。因为我知道，或是自以为知道何者为善，何者为恶，我想我或许可以做到只做好事不做坏事的地步，但是不久我发现了，实际要做到比我想象的要困难得多。正当我专注在克服某一缺点时，始料不及的另一个毛病却冒出来了，让人防不胜防。习惯利用了一时的疏忽，理智有时候又不是癖好的敌手。后来我终于弄明白了，光是抽象地相信完善的品德是对我们有利的，还不足以防止过失的发生，坏的习惯必须打破，好的习惯必须培养，然后我们才能希望我们的举止行为能够坚定不移始终如一地正确。为了达到这个目标，因此我想出了下面的一个方法。

在我的阅读中，我发现在列举品德时，每个人的分类多少有点分歧。比方说，“节制”这个词，有人把它的意义仅限于饮食，也有人却使它的意义扩大了，包括调节其他的快乐、欲望、癖好和肉体的或精神的情欲，甚至把它推广到贪婪和野心方面。为了明确起见，我主张宁可多设几个项，每一项底下少包括一点含义，不要项少而含义多。我提出了13种品德，这是当时我认为是必需的，或是相宜的全部品德名称，在每一项底下我加了一些简单的箴言，充分地说明了我认为该词含义应有的范围。这些品德的名称和它们的含义如下：

（1）节制：食不过饱，酒不过量。

（2）缄默：避免空谈，言必对己或对人有益。

（3）有序：你的一切应井然有序，一时一事都要有周全计划。

（4）决心：当做必做，做就要做好。

（5）节俭：对人或对己有益才可花钱，决不浪费。

（6）勤奋：珍惜光阴，做有益之事，避无谓之举。

（7）真诚：不欺骗，有良知，为人厚道，说话实在。

（8）正义：不做不利于人的事，不逃避自己的义务。

（9）中庸：避免走极端，容忍别人给你的伤害，认为是你应该承受之事。

（10）整洁：保持身体、衣服和住所的整洁。

（11）冷静：不因小事、寻常之事、不可避免之事而慌乱。

（12）节欲：少行房事，除非考虑到身体健康或者延续子嗣；不要房事过度，伤害身体或者损害自己或他人的安宁与名誉。

（13）谦逊：效法耶稣和苏格拉底。

既然我的目的是养成这完美品德的习惯，我认为最好还是不要立刻全面出击，以致分散注意力，最好还是“各个击破”，在一个时期内集中精力对付其中的一个。当我拥有了那种品德以后，接着就开始注意另外一个，这样下去，直等到我做到了13条为止。因为先获得的一些品德可以有利其他品德的培养，所以我就按照这个主张把它们像上面的次序排列起来。

我把节制放在第一，节制使人头脑冷静、思想清楚。为了经常保持警惕，抵抗旧习惯的吸引和诱惑，这种冷静的头脑和清晰的思想是必要的。在获得和养成了这一品德以后，缄默就容易得多了。在提升品德的同时我还想增进知识，我认为在谈话时，与其用嘴还不如用耳朵更能增进知识，因此我想打破我当时正在形成的喋喋不休、爱说俏皮话、爱戏谑的习惯，这种习惯使我只能与轻浮的人交友，因此我把缄默放在第二位。在获得了这一项和下一项（有序）的品德以后，我估计会使我有更多的时间来执行我的读书计划。养成了有决心这一习惯后，我就能更坚决地努力获得其余的品德了。节俭和勤奋能使我还清债务，会给我财富和产业，会使真诚和正义的实践更加容易。接着，按照毕达哥拉斯在他的《金诗》里所提出的意见，我认为每日必须检查，因此我想出下面的方法来进行考查。

我做了一本小册子，将每一种品德分配到一页，每一页用红墨水画成七行，每天占一行，每一行上注明代表星期的一个字母。我用红线把这些直行画成13条横格，在每一条横格的头上注明每一品德的第一个字母。在这横格的适当直行中，我可以标记上一个小小的黑点，代表在检查时发现的过失。

我决定给予每一项品德一个星期的严格注意，如此轮流替换。这样，在第一个星期中，我密切预防关于节制的任何极细微的过失。其他的品德让它们像平时一样，只是每晚记下有关的过失。这样，假如在第一个星期中，我能使写着“节制”的第一行里没有黑点，我就以为这一品德已经加强了，它的相反方面已经削弱了，其程度也许足以使我扩大我的注意力到下面的一项，争取在下一周内在两行中都没有黑点。这样下去直到最后一项，我可以在13个星期内完成一个完整的过程，一年可以循环4次。

一个人要把一个花园里的野草都拔掉，他不能企图一次就拔掉所有的野草，这样做会超出他的能力范围，但是他在某一个时候只拔掉花园里一个花坛中的野草，在拔完了第一个花坛以后，才动手第二个。就像拔草一样，我希望我能令人欣慰地在我的表格上看到我在品德上的进步，在逐步地清除了横行中的黑点之后，直到末了，在几个循环之后，在13个星期的逐日检查以后，我会愉快地看到一本干净的簿子了。

富兰克林的成功经验告诉我们，自我品德完成管理和修炼，只要坚持修炼就一定可以达到预期。其中关键是要像富兰克林一样，把握几下几点：

第一，各个击破。不要试图短期内培养所有的美德，一段时间重点培养一个美德即可，有进步之后，再培养第二个。坚持几个循环则可达到目标。

第二，分析自己存在的问题，列出自己期望培养的品德。每个问题不一样，所以每个人期望培养的品德也不一样。

第三，根据自己期望培养的品德，列出培养的顺序。富兰克林把节制放在第一位很值得借鉴和参考。

第四，做一个小册子，将每一种品德分配到一页，每一页用红墨水画成七行，每天占一行，每一行上注明代表星期的一个字母。再用红线把这些直行画成N条横格，在每一条横格的头上注明准备培养品德的第一个字母。

第五，坚持每天检查和用黑点标识问题，直到黑点全无为止。

第三章

“王”字上面一横：理想与目标

理想是对未来事物有根据的、合理的并有可能实现的想象或希望；目标是想要达到的境地或目的，或一个人为之奋斗的对象。理想与目标是王者人生的决定性因素，理想与目标是无穷无尽的力量源泉，理想与目标是幸福快乐的内在基因。

确立和实现理想目标的五大要诀：真实切实之要诀，雄心壮志之要诀，分步实施之要诀，持志如心痛之要诀，坚持到成功之要诀。

孔子曰：“三军可以夺帅，匹夫不可夺志也。”牛津大学训言：哪一个登上成功顶峰的人心中没有傲视群雄的霸气？

第一节　理想与目标是人生的航标

人们看到参天的大树，却很少去追思树的种子；人们经常谈到理想与目标，而很少追思人为什么活着？如果把“人的理想与目标”比作树，那么“人为什么活着”就好比是树的种子。没有树的种子就没有树，并且树的种子决定了树的品种。所以，在弄清理想与目标之前，首要的问题是要弄清人为什么活着？

一、人为什么而活着

人为什么活着？这是一个常常被多数人忽视的问题，我在演讲分享“王道自我管理”题目时多次问及这一问题，绝大多数人是茫然，不知如何回答，或者说他们从未曾思考过这一问题。一般来说，能参加听演讲学习的人都算是比较上进的人，素质相对比较高。这群人对“人为什么活着”都这么茫然，可见绝大多数不能主动参加学习的群体对这个问题可能会更加茫然。

人为什么活着？问题看似非常简单，但事实上非常重要，但对此问题的回答难度是非常大的，这个问题甚至被西方哲学家认为是无解的问题。因为对这一问题的回答会涉及人的世界观、人生观和价值观，而人的世界观、人生观和价值观又各不相同，所以即使回答，每个人的答案也不尽相同。

到底如何寻找这一问题的答案呢？李宗仁将军、张海迪和原著名职业经理人创新工场董事长李开复等三人的经历和故事给了我很重要的启发。

1978年，李宗仁将军回到祖国怀抱时，这位曾经赫赫有名的将军已是80多岁的老人了，他说了一句极富哲理且让人回味无穷的话：“人如果不是从1岁活到80岁，而是从80岁活到1岁，那么这个世界上将有一半人可以成为伟人。”这句话对于我这个年过半百的人深有感触，启发我站在人生的终点去思考人生的意义，并站在人生的终点去规划和安排自己的人生。按照李将军的启发而安排的人生叫做“逆向而活”。

另一个就是20世纪80年代时年轻人的榜样张海迪，现任中国残联主席、国际康复主席等职。她1955年出生，5岁患脊髓病导致高位截瘫，无法上学，便在家中自学完成中学课程。15岁时，张海迪跟随父母，下放农村。她自学针灸医术，为乡亲们无偿治疗。后来，张海迪当过无线电修理工，她还自学了大学英语、日语和德语，并攻读了大学和硕士研究生的课程。1983年她先后翻译了《海边诊所》等数十万字的英语小说，写作了《生命的追问》《轮椅上的梦》等书籍。其中《轮椅上的梦》在日本和韩国出版发行，而《生命的追问》出版不到半年，已重印4次，获得了全国“五个一工程”图书奖。2002年，一部30万字的长篇小说《绝顶》问世。《绝顶》被中宣部和国家新闻出版署列为向“十六大”献礼重点图书。张海迪常说：“我像颗流星，要把光留给人间”“活着，就要为人民做事。”

还有一个是创新工场董事长李开复，他2013年9月被确诊患上淋巴癌，他曾是中国大陆和台湾很多大学生和职场人士的楷模和旗帜。李开复得知自己得了绝症之后，几乎崩溃。他后来去向佛教大师问道，再坦然面对病魔，并拍摄了让人深思的《向死而生》的视频纪录片，给我的触动很深很大。他在纪录片中说：“我要在活着的每一个时刻都是全心全意地活着，我不会再花心思去臆测、追想那些还没来到或者已经远去的事。”他勇敢而坦然地与病魔进行了17个月的顽强斗争，终于战胜了病魔，重新回到了他的创新工场。

人与人的区别就在于每个人赋予自己生命的意义不同，其实质是人对为什么活着这一问题的现实回答。人为什么活着？这是一个关于人生终极意义的问题，现实生活中不同经历、不同身份、不同阶层、不同国度的人都会有不同的回答，甚至同一个人在不同年龄阶段、经历过不同事件之后也会有着不同的回答。在对自身的人生经历的反复品读和思考的基础上，结合名人、伟人的故事，结合身边各类人的故事，我从两个层面对此问题进行了探索和回答。

首先，人是为了追求幸福快乐而活着。

趋利避害，追求幸福快乐是人的本性，也是人生的终极目的。正如释迦牟尼所说：“众生本来都想得到安乐，所谓财、色、名、食、睡，凡夫无不想借此以达安乐，我也未能免俗。”

但如何实现人生的幸福快乐呢？有的人寻欢作乐，有的人沉迷于赌博，有的人以工作为乐，有的人以保持乐观的心态而快乐。但从根本上来说，实现人生的幸福快乐只有两种途径：一是“为己”而拼搏，从而实现幸福快乐；二是“为人”服务，从而实现幸福快乐，雷锋是其典型的代表。

在这个比较开放、自由、包容的社会里，没有必要去辩论“为己”和“为人”哪个对错，我们可以客观地分析比较“为己”和“为人”的过程与结果，看哪个更能让人实现幸福快乐之目的。

“为己”的人，基本又分两种情况，第一种情况是利己又利人，也就是人们说主观为自己、客观为别人，这种“为己”，社会是认可的，但这种“为己”得到的快乐仅限于自己满足，属于“独乐乐”。第二种情况是利己而损人，利己损人又要看损人的程度，当损人达到一定程度，会受法律制裁；即使损人未达到法律制裁的程度，也会受到道德的谴责。这种损人利己从最终的结果看，基本上是损人害己。事实上，极端自私自利，总是与痛苦绑在一起。所以“为己”只有在利己且利人的情况下才能得到幸福快乐。

“为人”而活着的人，在做事过程中，他们会全心全意把事情做好，做到领导满意、客户满意、自己满意，得到的是肯定、赞赏，还有获得更多的发展机会，还能学到真本领等。只要全心全意地投入做事，面对各种问题而激发自身的潜能，自然也会对事情产生兴趣，那么做事本身就是快乐的。从做事的结果看，社会上对“为人”服务的人会感恩、会肯定、会表扬，“为人”的人自然会感到幸福快乐。相比较，“为人”而活的人更容易得到幸福快乐，并且是更高层次的快乐，属于“众乐乐”。

所以，有人总结说：伟大的人都是因为对他人有价值才有自己的存在，你能成就多少人，帮助多少人，决定了你是什么人，而不是你自认为是什么人。你心里装多少人就能有多大的团队，有多大的团队就能成就多大的事业。

其次，人是为人类的延续而活着。

人主要是指“现在式”存在的人，但也兼指“过去式”和“未来式”存在的人，具有继往开来的人类使命。一方面，我们当代人不能仅把“老祖宗”当作抽象、虚幻的人。没有“过去式”的人的浴血奋斗、艰苦创业，就没有我们今天的幸福生活和继续创业的物质基础。另一方面，我们当代人也决不能仅把子孙后代当作抽象、虚幻的人，断子孙路。我们既要在前人创造的物质和精神财富的基础上继续艰苦奋斗，为后人创造和积累更多的物质、文化财富，同时又要保护环境、珍惜资源，重视承接历史。“现在式”存在的人，具有承前的接棒者、继后的交棒者的责任，是人类发展过程中的接交棒者。人为人类的延续而活着其实质还是表现“为人”和“为己”两种方式：对古人负责、对子孙负责就是“为人”活着；既忘记历史，又破坏性发展，其实质就是仅“为己”而活着。

综上分析，人是为了追求幸福快乐而活着，而“为人”活着是“众乐乐”，“为人”的过程也充满了快乐，是真正的幸福快乐，而且有利于最大限度地实现人生的意义和价值。“为己”活着是利己利人的“独乐乐”，绞尽脑汁地为自己做打算，可能会承担着身败名裂的风险。从实现人生幸福快乐的目的看，“为人”而活着远胜于“为己”而活着。所以，爱因斯坦说：“人只能献身社会，才能找出那实际上是短暂而有风险的生命的意义。”

所以，自觉地确立为他人、为社会、为国家贡献的理想与目标，并为此不断地奋斗，这样可以放大人生的意义，最大限度地实现人生的价值，并真正享受人生的幸福快乐，实现人生的终极意义。

二、理想与目标引领王者人生

姜子牙证明：王者和年龄没关系，朱元璋证明：王者和出身没关系，马云证明：王者和长相没关系，李嘉诚证明：王者和文凭没关系，拿破仑证明：王者和身高没有关系，罗斯福证明：王者和身体没关系，比尔·盖茨证明：王者和学历没关系。但他们都有一个共同点：都有清晰的目标和坚持不懈的努力！

有一个耐人寻味的故事：有三个老外，一位美国人，一位法国人，一位犹太人，被关进了监狱，而且都是被判处有期徒刑三年。

监狱长是位非常好的人，他对这三个人说：“我可以满足你们每人一个条件。”美国人爱抽雪茄，于是对监狱长说：“您给我三箱雪茄就可以了。”第二个提要求的是法国人，而这个人的爱好就是喜欢漂亮的女子，就跟监狱长说：“我想把自己的女友接到监狱里，和她一起关在同一个牢房。”最后提要求的是犹太人，他对监狱长说：“我什么要求都没有，就是想您给我这个牢房里安一部可以和外界联系的电话。”这三个人都分别提出了自己的要求。

一转眼三年的时间就过去了。出狱那天，第一个冲出牢房的是美国人，他嘴里和鼻子里塞满了雪茄，大声喊道：“给我火！给我火！气死我了，我当时光想着要雪茄了，忘记要火了！”

接着出来的是浪漫的法国人。只见这位老兄，手里抱着一个孩子，后面跟着他那位漂亮的女朋友，她手里还牵着一个孩子。女朋友挺着大肚子，原来肚子里又怀了一个，三年三个孩子！

最后一个出来的是那位犹太人，他整理了一下自己的西装，紧紧地握住监狱长的手说：“谢谢您！这三年来我每天和外界联系，生意没有一天停顿，反而增长了200%，为了感恩您对我的帮助和支持，我送您一辆劳斯莱斯。”

成功在一开始仅仅是一个选择，但是你选择了什么样的目标，就会有什么样的道路，就会有什么样的成就，就会有什么样的人生。成功人士与平庸之辈的根本差别并不是天赋、机遇，而在于目标。

（一）何谓理想与目标

1．什么是理想与目标

志向、理想、梦想、目标等概念我们每个人都不陌生，都是对未来的要达到的希望。理想可以是一个具体的、功利的工具理性目标，也可以是为了达到合理目的的价值理性目标。但实际理解上，大多数人这些概念是模糊的、不清晰的，下面看一段关于志向的对话。

晓明：妈妈，什么是志向？

妈妈：哦，就是问你将来想做什么？

晓明 ：开车，我长大了要开车。

妈妈：呃？开车？

晓明：是啊，妈妈，将来我要买一辆奥迪跑车，带天窗和倒车雷达哦，还是真皮座椅哩。

妈妈：小子，打住，打住。志向不是问你想要什么东西，是问你将来想成为什么人？

晓明：哦。将来我要做爸爸。

妈妈：儿子，你将来做爸爸是一定的，先别管这个。难道你没想过你想做什么工作吗？你看啊，妈妈是老师，爸爸是工程师。宝贝，你呢？

晓明：上大学，算不算？

妈妈：勉强算，我说宝贝，你想不想去北京上大学？或者上海？

儿子：我哪儿都不去，我就在南昌上大学，我要和爸爸妈妈在一起。

这个故事虽然没有直接告诉我们什么是志向，但至少让我们知道什么不属于志向或理想。那什么是理想或目标呢？

理想是对未来事物的有根据的、合理的并有可能实现的想象或希望，但并不是任何想象都是理想。理想是人们世界观、人生观和价值观在奋斗目标上的集中体现。

目标是人想要达到的境地或目的，或一个人为之奋斗的对象，比如奋斗目标。目标是对于你努力想在世界上做出的贡献的确切描述。

理想是一种社会意识现象，理想是各种各样、五彩缤纷的。从不同的角度，可以将理想区分为不同的种类。

第一，按照理想所属的人的范围来划分，理想可以分为个人理想和群体理想。

个人理想是一个人对未来的具有客观必然性的想象。群体理想是一定群体的人们的共同理想。例如，建设有中国特色社会主义就是全中国人民的共同理想，也就是全中国人民这个群体的理想。

第二，按照理想的奋斗时间的长短来划分，理想可以分为长远理想和近期理想。长远理想是经过较长时间的奋斗才能实现的理想。例如，建设共产主义社会就是中国共产党人的长远理想。近期理想是在较近的时期内就能够实现的理想。

第三，按照理想的内容来划分，理想可以分为社会理想、生活理想、职业理想、素质理想。

社会理想是人们对未来社会的设想。社会理想包括对未来社会的政治制度、经济制度、科学文化制度、社会面貌等等的预见和设想。

职业理想是人们对未来工作部门、工作性质以及在职业上达到的程度的追求和向往。

生活理想是人们对未来生活的追求和向往。既包括对于吃、穿、住等物质生活的追求和向往，也包括对文化娱乐等精神生活的追求和向往，还包括对婚姻、家庭生活的追求和向往。

素质理想是人们做人的目标，是做一个什么样的人的追求和向往。

在以上的几种理想之中，社会理想是其他理想的前提和基础。人们在设计自己的未来职业、生活的时候，是以未来的社会为前提和基础的。

2．理想与目标的特点

理想既不同于幻想，也不同于空想和妄想。理想是一种正确的想象，具有不同于幻想、空想和妄想的突出特点。

第一，理想具有客观性。理想的客观性就是理想作为一种精神现象，正确地反映客观实际，正确地反映现实与未来的关系，合乎事物变化和发展的规律，但它又不只是一种纯粹的主观现象和静止的精神状态，而是一种包含着行动的复合现象，是一种从精神到行动的转变过程，经过努力是可以实现的。

第二，理想具有社会性。指理想是由社会制约和决定的想象，不同社会时代的人们具有不同的理想。革命时代人们的理想具有革命性的倾向，经济建设时代人们的理想具有发展经济、争创富裕的倾向。

第三，理想具有多样性和共同性。由于人的成长环境和性格的不同、人的需求和欲望的多样性，人们会形成不同的理想信念，从而使理想具有多样性。但同时，在一定的社会中，人们各自的理想又有相同之处，从而形成共同的理想。

第四，理想具有阶级性。在阶级社会中，人们的理想在阶级社会中必然具有阶级的烙印，不同阶级的社会地位和经济利益不同，追求的目标也就各不相同。

（二）理想与目标的神奇力量

理想是支撑人生前行的最高信仰，目标是人生执着飞奔的信念。人生需要期待与希望，需要理想与目标。因为理想与目标具有神奇的力量，它影响和决定着人生的成败及幸福快乐。

1．理想与目标是人生的决定因素

为调查理想目标与人生成败的关系，哈佛大学用了25年时间跟踪调查了300多名哈佛毕业生，调查结果显示：

序号	跟踪结果	比例	人生目标状况
1	生活在社会的最底层，他们的生活都过得不如意，常常失业，靠社会救济，并且常常都在抱怨他人，抱怨社会，抱怨世界	27%	没有目标
2	生活在社会的中下层，他们能安稳地生活与工作，但都没有什么特别的成绩	60%	目标模糊
3	成为各行各业不可或缺的专业人士，如医生、律师、工程师、高级主管	10%	有清晰但比较短期的目标
4	成了社会各界的顶尖成功人士，不乏白手创业者、行业领袖、社会精英	3%	有清晰且长期的目标

少年时代的周恩来，看到贫穷落后的中国备受帝国主义的欺凌，心中就萌生了“为中华之崛起而读书”这一宏伟目标。正是向这一目标进发，他饱受困苦和磨难，刻苦地学习，忘我地工作，不倦地追求知识和真理，无私地奉献出毕生的精力，成为伟大的马克思列宁主义者，中国无产阶级革命家、政治家、军事家、外交家，新中国的主要缔造者和领导人之一，成就其无比精彩的一生。

法国生物学家、化学家巴斯德说：“立志是一件很重要的事情。工作随着志向走，成功随着工作来，这是一定的规律。立志、工作、成功是人类活动的三大要素。立志是事业的大门，工作是登堂入室的旅程，这旅程的尽头就有个成功在等待着，来庆祝你的努力结果。”

理想与目标是人生的灵魂，是人生的航标，每个想有所作为的人都应该给自己确定一个明确的理想与目标。伟大、平凡与平庸的区别从原点看应是有无理想与目标、理想与目标大小的差别。

2．理想与目标是无穷无尽的力量源泉

人生的旅程如同登山的过程，登山的高度就是人生的高度，步伐停止之处就是终

点。如果把理想与目标假定为一座山峰，在登山的过程中必然会有各种险阻，并且山越高，险阻越多越大，登山者所需要付出的努力、智力、毅力也越大。无数的事实证明，只要坚定理想与目标，就一定会有无穷无尽的力量。褚时健老人的故事充分说明了这一点。

褚时健1928年出生在一个农民的家庭。1955年27岁的他担任了云南玉溪地区行署人事科科长。31岁时被打成右派，带着妻子和唯一的女儿下农场参加劳动改造。1979年51岁的褚时健接手濒临倒闭的破烂的玉溪卷烟厂，出任厂长，他和团队经过18年的努力，把玉溪卷烟厂打造成后来亚洲最大的红塔山集团，他也成为中国烟草大王。该厂18年来共为国家创税收991亿。而就在褚时健走到人生巅峰时，在1999年他71岁时因为经济问题被判无期徒刑。一个国企红人变成阶下囚，这对一个人来说已是灭顶之灾。接下来的打击对一个老人才是致命的，他的妻子和女儿早在三年前已经先行入狱，唯一的女儿在狱中自杀身亡。这场人生的游戏是何等的残酷！入狱三年后，他因为严重的糖尿病，在狱中几次晕倒，后被保外就医。经过几个月的调理后，74岁的他与妻子上哀牢山承包了2 400亩的荒地种橙子，而橙子挂果要6年。

几年的时间，他用努力和汗水把荒山变成果园，而且他种的冰糖脐橙（又叫褚橙）一采摘就运往深圳、北京、上海等大城市，效益惊人。因为褚时健卖的不只是橙子，而是励志。

现今，经过评估，85岁的褚时健身家又已过亿。这位跌倒过并且跌得很惨的老人，是什么让他战胜一切困难，东山再起，并创造了人间的神话？正如鲁迅先生所言："凡事以理想为因，实行为果。"这位老人今日之果，正是昔日理想的结果。

曾经的美国国务卿赖斯，10岁随父亲宜到华盛顿游览，却因黑人身份，不能进白宫参观。小赖斯备感屈辱，凝视白宫良久，然后回身一字一顿地告诉父亲："总有一天，我会成为那房子的主人。"她的父亲非常赞赏她的志向，并鼓励她："改善黑人状况的最好办法就是取得非凡的成就。如果你拿出双倍的劲头往前冲，或许能赶上白人的一半；如果你愿意付出四倍的辛劳，就能跟白人并驾齐驱；如果你愿意付出八倍的辛劳，就一定能赶在白人的前头。"从那以后，赖斯数十年如一日，以超过白人八倍的辛苦发奋学习，积累知识，增长才干。普通白人只会讲英语，她除英语外还精通俄语、法语、西班牙语；白人大多只在普通大学学习，她则考进名校丹佛大学并拿到博士学位；普通白人26岁可能研究生还没读完，而她已经是斯坦福大学最年轻的教授，随后又成为该校历史上最年轻的教务长；她不仅精通钢琴，还精于网球、花样滑冰、芭蕾舞、礼仪等。白人能做到的她要做到，白人做不到的，她也做到了。她沿着自己的理想，以“八倍”的努力，获得了“八倍”的成就，她终于脱颖而出，一飞冲天，成为美国出色的国务卿。

浙江温州人是一个有理想与目标的群体，160万人中有50万温州人闯荡世界。“吃尽千辛万苦、走遍千山万水、说尽千言万语、想出千方百计” 的“四千”精神是温州人的真实写照，也是理想与目标是无穷无尽力量源泉的最好例证。

3．理想与目标是幸福快乐的内在基因

理想与目标是幸福快乐的内在基因，它可以转化为一个人乐观的精神和无限的毅力。追求理想本身就是一个无比快乐的过程。

当你全身心地投入到为理想而奋斗的事业中去时，你就会体会到孔子“发愤忘食，乐以忘忧，不知老之将至”的忘我快乐；当你和杜甫一样追求“安得广厦千万间，大庇天下寒士俱欢颜”的理想时，你自然就会产生一种“吾庐独破受冻死亦足”的宽慰；当你深刻地理解了谭嗣同追求天下为公的大同社会的理想时，你也会和他一样虽将身死他手，却仍有“快哉快哉”的坦然与豪壮。

理想是人生真正的点睛之笔，它能够化腐朽为神奇，使短暂的一生成为永恒，把原本灰暗的世界浓浓地抹上快乐的亮色。贝多芬面对失明、失聪，他没有退缩，没有悲观，音乐的理想激发了他奋发自强的意志。结果，他以超人的意志力，不仅创作了《英雄》《命运》这样充满了悲剧色彩的交响乐，而且在他生命中最艰难的那段时间里谱成了千古绝唱《欢乐颂》。海伦·凯勒虽然又聋又瞎，但她却由衷地赞叹“生命是这样的美好”。身处困境，为何还如此真诚地感慨生活的美好？理想，正是理想做明灯，照亮了她原本黑暗的生活。

理想与目标能激发人的内在动机，给人生带来活力和幸福快乐。因此，古希腊苏格拉底说：“世上最快乐的事，莫过于为理想而奋斗。”教育家徐特立说：“一个人有了远大的理想，就是在最艰苦困难的时候，也会感到幸福。”

（三）缺少理想与目标就“土气”

没有理想与目标的人，不知道自己应该追求什么，缺乏主见，缺乏思考的主观能动性，做事三分钟热度，容易自我满足和妥协，喜欢空想，生活极端无聊；既没有前进的方向，又没有持久的前进动力，有机会抓不住，有平台发挥不好。缺少理想与目标的人如同行尸走肉，一辈子“土气”。我们可以体会上帝和乞丐的故事。

一天上帝问乞丐：“我如果给你1 000元，你如何用？”

乞丐说：“那太好了，我就可以买个手机了。”

上帝不解，问他为什么，他说：“我可以用它和这个城市的各个地区联系，哪里人多，我就去那里乞讨啊。”

上帝很失望，又问：“假如我给你10万呢？”

乞丐说：“那我可以买部车了，这样以后就可以开车出去乞讨了，很快的！”

上帝感到悲哀，再问道：“假如我给你1 000万呢？”

乞丐听了眼睛都放光了，说：“那太好了，我可以把这个城市最豪华的地段买下来。”

上帝听了很高兴，这时乞丐又说：“到那时我把我领地的乞丐全撵走，不让他们抢我的饭碗。”

上帝听完，长叹了一声，黯然离去。

还有一个关于砌墙工人的命运的故事：

三个工人在砌一堵墙。有人过来问：“你们在干什么？”第一个人没好气地说：“没看见吗？砌墙。”第二个人抬头笑了笑，说：“我们在盖一幢高楼。”第三个人边干边哼着歌曲，他的笑容很灿烂开心：“我们正在建设一个新城市。”10年后，第一个人在另一个工地上砌墙；第二个人坐在办公室中画图纸，他成了工程师；第三个人呢，是前两个人的老板。

相信每个人身边都会有很多现实版的“砌墙工人”的故事，现在很多老板以前也是在其他企业做工人或做管理的，当他们掌握了技术、本领，有了一定积蓄，一有机会他们就从生产加工开始，一步一步地发展事业，而他们工厂、公司的员工很多就是原来的同事。

以上两个故事形象而鲜明地说明了没有理想与目标的人一辈子都很“土气”。没有理想与目标的人，事业无所成就，精神懈怠消沉，要么无所事事，要么嬉戏享乐，任由时间白白地浪费。结果是，有无穷无尽的抱怨，甚至干出堕落和不知廉耻的坏事。

在马路上，不管大热天还是阴雨天，每当看见孤苦伶仃、拿着碗乞讨的老人时，我会情不自禁地想起中国的一句古话：“少壮不努力，老大徒伤悲。”虽然这类老人中不一定是少壮不努力，也有可能是发生了天灾人祸。但是，这类老人当中一定有一部分是“少壮不努力”的。为什么“少壮不努力”呢？其中最普遍的原因是他们在少年壮年时期没有明确的理想与目标。

所以说，活着又没有理想的人是可怜的人。人的活动如果没有理想的鼓舞，就会变得空虚而渺小。

真正得道的人善于回到生活原点，他们富有主见，却从来不认为自己和别人有什么不一样。一个青年向禅师求教：“大师，有人说我是天才，也有人骂我是笨蛋，依你看呢？”“你是如何看自己的？”禅师反问，“如一斤米，在炊妇眼中是几碗饭；在饼家眼里是烧饼；在酒商眼中又成酒。米还是那些米。同样，你还是你，有多大出息，取决于你怎么看待自己。”

所以，没有理想与目标的人很“土气”，这样的人一生将是白活的一生、苟且的一生、可怜的一生。澳大利亚著名残疾人励志演讲家尼克·胡哲说：“人生最可悲的并非失去四肢，而是没有生存希望及目标！人们经常埋怨却什么也做不来，但如果我们只记挂着想拥有或欠缺的东西，而不去珍惜所拥有的，那根本改变不了什么！真正改变命运的，并不是我们的机遇，而是我们的态度。”

一个有理想与目标的人，自然会斗志昂扬，精神焕发，富有活力，朝气蓬勃，其人生之路可能艰难，但必然是在走上坡路；而当一个人失去了理想与目标或找不到理想与目标时，一定会精神不振、垂头丧气，感到迷茫、失落，其人生短期内并不一定会很艰难，但必然是在走下坡路，“土气”自然会向他包围、凝聚。

第二节　确立和实现理想与目标的五大要诀

古人言：“有志之人立长志，无志之人常立志。”无志之人并不是不想立志，事实上还在常常立志，可能是因为志向立得不切实际而实现不了，或者又被新的诱惑和机会所吸引而确立新的志向，生活中常立志的人可能不会少于80%。可见确立理想与目标、坚守理想与目标、实现理想与目标绝非易事。

经过大量的分析和研究，我提出确立和实现理想与目标的五大要诀。

一、真实切实的要诀

毛泽东说：“立志真实。”他又说：“十年不得真理，十年无志；终生不得真理，终生无志。”他非常强调立志的真实性，不能有任何勉强、不能有任何不良动机、不能有任何虚荣等。并且要求把志向立在对真理的认识上，只有认清了真理，才能对理想与目标坚定不移。

在革命年代，毛泽东一家为了革命事业牺牲了六位亲人，在革命时期他自己也被打倒过二十多次。但不管碰到多大的阻力、困难和挫折，他始终能够坚持志向，其根本原因就是他立志真实且笃信！

如何做到立志真实且切实呢？

第一，真实就是完全自愿，没有任何强迫，没有任何唯心，完全发自内心，愿意为之付出艰苦的努力，甚至流血牺牲。

比如毛泽东在共产党刚成立时就估计革命要成功，可能要花50年左右的时间。在50年间随时都有抛头颅、洒热血的可能，但他丝毫不退缩。在革命的过程中，他碰到了无数困难和打击，经历了无数次生命危险，忍受着亲人被杀害的痛苦，忍受着革命同志的打击和排挤，但他始终不改变自己的志向。因为他的志向是真实的，为之奋斗终生而无怨无悔。

真实的志向是理想与目标的根，没有真实作为基础的理想与目标就是没有根，就必然会漂浮、动摇，碰到困难和挫折就可能打退堂鼓。

生活中那些“跟风而动”、一时心血来潮而设定的理想都是缺乏真实基础的，都是不牢固的，也是必然不能实现的。

第二，切实就是切合实际，包括切合社会的实际，切合自身的实际等。只有做自己喜爱做且擅长做的事情，才最容易坚持，才最容易实现目标。

以前社会是“三百六十行”，现代社会“三万六千行”都不止，可供选择的方向非常多，但是每个人的时间、精力和能力都是非常有限的，一般来说，每个人只能选择其中的一两项。但属“超人”类型的，可能可以在很多方面取得突出的成就。在确立自己的理想与目标时，一定要分析清楚自己的条件，一定要分析实现理想与目标所需要的条件，预计过程中可能碰到的最大困难和所需要的时间，评估自己能不能克服和坚持等。只有这样经过冷静分析和思考而确立的理想与目标才会比较切实。

在确立理想与目标方面，新东方的总裁俞敏洪给我们提供了很好的榜样。他认为：要引人注意，就要研究一个非常专业的领域，在那个领域中，你是最顶尖的，至少是中国前10名，这样无论任何时候你都有话说，有事情可做。原来他想成为中国研究英语的前10名，但后来发现根本不可能。所以他就背单词，用1年的时间背诵了一本英文词典，成为中国单词专家，现在他出版的红宝书系列，从初中到GRE词汇有十几本，年销量100万册，稿费比他正式工资都高得多。

“有志者立长志，无志者常立志。”意思是有志向的人不会随便改变自己的志向，而朝着同一个目标去进取，不达目的决不会罢休；而没有志向的人则是一天一个志向，一天一个目标。所以，在确立理想与目标时，要注意防止陷入误区：一是水中捞月型的理想，即根本不切实际、不可能实现的理想；二是海底捞针型理想，即虽然有一点实现的可能，但实现的希望极小；三是摆钟型理想，即总是在理想与目标之间摇摆不定。

二、雄心壮志的要诀

由普通人变成能人，由能人变成英雄，由英雄变成伟人，由伟人变成圣人，这是人生理想的轨迹。人来到世界是偶然的，离开世界是必然的，并且人生非常短暂，我们一定要百倍地珍惜。立壮志，建伟业。“人之力发自于心，心旺则事盛”。只有树雄心，才可能实现“立百世功，建千秋利，留万代名”。无数的事实已经证明，有雄心壮志方可有大成。

朱元璋小时候写了一首诗：“天为罗帐地为毡，日月星辰伴我眠。夜间不敢长伸足，恐怕踏破海底天。”从这首诗中可以看出朱元璋的大气和雄心。

毛泽东写的《咏蛙》《呈父亲》《沁园春·长沙》《沁园春·雪》《水调歌头·重上井冈山》等诗词无不展示他的雄心壮志。

马云说：“我奋斗的动力并非财富，而是梦想。从大的方面讲，我真的就想做一家大的世界级公司。我看到中国没有一家民营企业世界500强，于是我就想做一家。”

戴高乐曾说：“非伟人成不了大业，伟人之所以伟大，是因为他们立志要成为伟人。”在我读初中时，我就牢记着这句话，并时刻以之鼓励和鞭策自己。

鬼谷子说：“小人谋身，君子谋国，大丈夫谋天下。”我们常说：你的心有多大，你才能做多大的事。毛泽东是因为心里装下了整个中国，整个天下，所以他能做那么伟大的事。

志有大小，为国为大志，为己为小志。人要有为国的“雄心壮志”，其中最核心的原因是符合人的成就大小与其理想与目标的格局大小成正比的规律。

中国古代有“取乎其上，得乎其中；取乎其中，得乎其下；取乎其下，则无所得矣”。意思就是说，如果一开始的期望是一流，最后达到的效果可能只是中流；如果一开始的期望只是中流，最后达到的效果只能是末流；如果期望只是末流，最后可能什么都得不到。所以，欲得其中，必求其上；欲得其上，必求上上。

格局决定布局，布局决定结局。比如盖100层的高楼，是从一开始盖的时候就决定盖100层，还是一边盖一边看，最后盖到多少就算多少呢？当然是一开始就要决定的，因为地基决定楼的高度，同理，人的格局大小决定其成就大小。

据说，在迪拜要盖全世界最高的楼，那栋楼为什么可以做到全世界最高？因为其钢箍结构设计很特别，先盖150层，一旦出现比它更高的房子就可以立刻加盖楼层，它是从一开始就决定了可以再加高，它已经有了可以加高的格局。微软目前已经有再生存300年的计划，麦当劳设定了一个500年的计划。其实比尔·盖茨可以活到300年吗？不会，但是他制定了300年的计划。这就是“一开始就透视全局”的例子。很多企业家创办企业的时候，一开始只看5年、10年，有些人却看到未来的30年、50年甚至100年。

再看看山姆·沃尔顿早年的雄心。

20世纪70年代初，沃尔玛只是一个地区性质的折扣商店。山姆先生参加了一个8家地区折扣连锁店组成的团体，并与店主定期会面，交流经营管理的理念，讨论制定关于如何对抗凯马特的策略。

1971年，一次会议结束时，一位CEO提议大家对自己商店未来10年的销售预测。第一个CEO说他当年的销售额是400万美元，他认为在10年内，他们会将这个数字增加到800万美元。第二个CEO说他的公司目前的销售额是600万美元，他估计10年内会达到1 000万美元。还有人说他的商店销售额已经达到1 000万美元，他相信10年内，他们的销售额会上升到1 600万美元。最后，山姆说，沃尔玛当年的销售额是440万美元，而他相信10年内，他们会达到20亿美元。大家都笑了，当时他们不知道山姆是认真的。10年后，沃尔玛的销售额超过了20亿美元。山姆向世人树立了一个高期望、高成就的典范。

古今中外，所有成大业者，一定是先立大志者。很多人已经功成名就，还有很多人正在成为王者的路上。我身边就有这样一位正在成为王者的人物，也是我的忘年交，博天国际管理咨询集团创始人、董事长周立波老师，他把“推动中国家居行业的健康发展，为中国家居引领世界而奋斗”作为终生志向。为此，他于2003年创办了博天国际管理咨询集团，坚持“一米宽一千米深”的精深战略，始终专注于家居领域的课程研发、营销系统培训、管理咨询与项目落地实施，形成“系统培训、管理咨询、项目落地”三大产品体系。为了他和团队的使命，他十几年如一日不停地拼搏，不停地学习和奉献，为中国家居行业健康发展已经做出了很有价值的贡献。博天国际在业界取得良好口碑，赢得声誉，被国家级、地区级单位评为“中国培训行业十大专业品牌、中国家具职业技能培训中心培训合作机构、中国营销行业协会理事单位、广东省家具协会培训合作伙伴、中央电视台家居产业转型采访关注机构”等，已发展成中国家居行业培训落地第一品牌。

年轻有为、激情四射的博天国际董事长周立波老师凭借他对中国家居行业的突出贡献，被聘为中国家居行业战略管理专家、家具总评榜顾问兼评委、华东家具产业教育学院名誉院长，获得中国家居行业十大营销培训老师等荣誉。

近年来，博天国际正顺应市场规律，凭借人才、品牌、资源优势，不断完善组织管理系统，在全国家居行业集聚的一、二线城市发展覆盖，正式迈入集团化、产业化的快速腾飞之路，其前景无可限量。

缺少理想与目标的人生就“土气”，有理想与目标就豪情。正如古人所言：“悲不过于志短，哀莫大于心死；生有壮志，死无杂念；沧海横流，方显英雄本色；大浪淘沙，才见壮志豪情。”

三、分步实施的要诀

饭要一口一口地吃，路要一步一步地走，人不可能一口吃成大胖子，也不可能一步登上珠峰。实现理想与目标同样也需要分步实施，否则就会犯急于求成的错误，导致欲速则不达。

在规划分步实施方面，施瓦辛格的人生规划堪称典范：

五十多年前，年轻的施瓦辛格给自己设定了做总统的理想与目标，他按照“要实现这项目标，就要在目标的前一段做到什么；而要做到这一点，又要在它的前一阶段做到什么”的思路，进行了这样的设定：要做总统就先要做州长，要做州长就需要财力支持，要财力支持就先要融入财团，要融入财团就先要娶一位豪门千金，要娶到豪门千金就先要成为名人，要成为名人就先要用快速办法做电影明星，要做电影明星就先要练好身体，有阳刚之气。于是他从练好身体开始努力，结果他18岁获得欧洲健美冠军，接着他到好莱坞闯荡天下，成了电影明星；之后通过他在维斯康星大学攻读商业和经济学，更是让他快速成为拥有20亿美元身价的亿万富翁。他娶了个有财团背景的老婆，据说是肯尼迪家族的后裔玛利亚。他自2003年底起至2011年担任了7年美国加利福尼亚州州长。虽然不确定他今后还有没有机会做美国总统，但总体上他的人生规划是非常成功的。

日本选手山本田一多次获得世界马拉松冠军，他的秘诀就是分段实施目标。

1984年，在东京国际马拉松邀请赛中，名不见经传的日本选手山本田一出人意外地夺取了世界冠军。当记者问他凭什么取得如此惊人的成绩时，他说了这么一句话：“凭智慧战胜对手。”

两年后，意大利国际马拉松邀请赛在意大利举行，山本田一代表日本参加比赛。这一次，他又获得了世界冠军。

10年后，这个谜终于揭开了，他在他的自传中这么说：“每次比赛之前，我都要乘车把比赛的路线仔细地看一遍，并把沿途比较明显的标志画下来。比如第一个标志是银行，第二个标志是一棵树，第三个标志是一座红房子……这样一直画到赛程的终点。比赛开始后，我就以百米赛跑的速度奋力地向第一个目标冲去，等到达第一个目标后，我又以同样的速度向第二个目标冲去。40多公里的赛程就被我分解成几个小目标轻松地跑完了。起初，我并不懂得这样的道理，我把我的目标定在40多公里外的终点线上，结果我跑到十几公里的时候就已疲惫不堪了，我被前面那段遥远的路程给吓倒了。”

个人的理想与目标需要分步实施，国家的奋斗目标也需要分步实施。

1987年，经过多年思考后，邓小平将中国实现现代化的追赶战略确定为“分三步走”：“我们原定的目标，第一步在80年代翻一番，以1980年为基数，当时人均GDP只有250美元，翻一番人均为500美元。第二步，到本世纪末再翻一番，人均达到1 000美元，实现这个目标总体看我们进入小康社会，把贫困的中国变成小康的中国，那时GDP超过1万亿美元，当然人均数还很低，但国家的力量有很大增加。我们制定的目标，更重要的还是第三步，在下世纪30～50年代再翻两番，大体达到人均4 000美元，做到这一步，中国就达到中等发达国家的水平。”

四、持志如心痛的要诀

中国古代另一位圣人王阳明说：“持志如心痛，一心在痛上，岂有工夫说闲话、管闲事？”意思就是执着于志向如同心痛一样，一心念着志向，在吃饭时、睡觉时、走路时甚至睡梦中都想到志向，这样心中就会产生强烈的愿望，则会全身心地融入实现志向之中。有理想就有激情，有激情就有紧迫感，有紧迫感就会充分调动人的潜能，把人的时间、精力、能量都聚焦到志向上，自然会加速理想与目标的实现。

为了使自己达到“持志如心痛”的状态，可以采取如下的办法：

（1）写下理想与目标，并张贴在随时可见的地方。研究表明：写下人生目标，天天在脑子里将你想得到的生活过一遍，并想象一下你已经实现目标的情形。早起晚睡都做一遍，这对你实现目标十分有利。每天早晨吃饭的时候，在可见的地方写下你的目标，然后用备忘录写下日期。如果每天都遵循这一步骤，这些目标就会进入你的潜意识中。这样，每天、每周，心灵吸引定律和自我满足的预言法则都会发生作用，帮助你实现目标。

（2）向众人宣布自己的理想与目标并请人督促。稻盛和夫在总结成功的经验时说：“人类是脆弱的，我们得找出提升自己的方法。如果我们有个卓越的目标，并能骄傲地向众人宣布，就可以大大地增强我们勇往直前的能力，而无须畏惧，更不会有罪恶感。”把理想与目标向亲人、朋友宣布，并请他们督促，有利于理想与目标的实现。

日本首富孙正义19岁时，制订了一项50年的人生规划，一直践行至今。并且在每年的新年时制订自己的年度规划。他每过几个月，都会找一次机会在白板上逐项核查自己感兴趣的某个项目或是正在进行的某个项目的问题所在。然后，他会将核查结果打印出来随身携带，在早晚上下班坐车的时候拿出来看。

五、坚持到成功的要诀

真正实现理想的人绝对是最能坚持的人。丘吉尔说，成功根本没有秘诀，如果有的话，就只有两个：一是坚持到底，永不放弃；二是当你想放弃的时候，请回过头来再照着第一个秘诀去做。

没有人能保证你成功，只有你自己；也没有人能阻挠你成功，只有你自己。在实现理想与目标的过程中，不碰到困难、不遇到挫折是不可能的，伟大是熬出来的，真正成功的人是跨越人生坎坷和挫折，并把痛苦当营养来享受的人。

现实中，我们看到有些人设定了目标，一个月达不成，两个月达不成，就放弃了。比如某人现在一个月才赚一两万块钱，但是设定目标要一个月赚100万，结果到年底没有赚到100万就放弃了。可是如果他非常认真学习销售，学习公众演说，学习领导和行销，规划5年到8年的学习期，而且持之以恒地去执行，他在8年之后完全可能一个月赚100万。

只要把时间拉长就变得容易多了，但是很多人希望在一年之间做出很大的成绩来。因为做成任何事情都需要一定的时间，越是做大事、实现大理想，就越需要更长的时间。比如一个刚参加工作的员工要成为高级技术工程师，不可能在一两年时间里就能实现的，因为需要经过学徒、助理工程师、初级工程师、中级工程师再到高级工程师的几个级别。一个刚参加工作的员工要在相对规范、大型的企业成为总经理，他所花的时间可能会更长。

社会上有不少精英人士，就是因为坚持不懈而获得成功的。被称为“追求真理的勇士”——经济学家王珏教授就是其中的一位代表，至今他已完成1 300万多字的著作。他早年就下定决心：要搞理论，就别当官。其解释是：一个学者若当官了，就有了上下级关系问题，就必须考虑上面的印象、领导的看法，必须按照上级的指示来说话，这样，理论研究就没有办法深入了。另外，人一当官，就身不由己，环境逼迫他一门心思再往上挤，从而陷入繁杂的行政事务中，很难有时间和心境从事学术研究。

在现实社会，大部分的人都高估自己一年可以做到的事情，但是严重低估自己10年能做的事情。《异类》一书通过研究成功者，发现了一个成功定律，即一个人只要在某个领域认真投入“一万个小时则一定可以成功”，这就是“一万小时定律”。该定律揭示了坚持的力量，也揭示了“水滴石穿”的道理。《金矿效应》一书，全面揭示了牙买加的短跑、肯尼亚和埃塞俄比亚的长跑、韩国的高尔夫球、俄罗斯的网球及巴西的足球，批量产生奥运会冠军的原因，根本原因是这些运动员坚持不懈地严格训练，完全符合“一万小时定律”。

《西游记》中唐僧师徒四人去西天取经，取经途中有各种阻挠、困难、诱惑，经历了九九八十一难，方取得真经。在实现理想与目标的过程中，也要有战胜九九八十一难的决心、勇气和毅力。

不要因为有新的机会诱惑而放弃最初的理想，不要因为碰到困难和挫折而放弃理想，不要因为急于求成而放弃理想，唯有坚持到底才能创造奇迹。稻盛和夫在总结时说：“回首自己这一路，其实就像乌龟一样，是一步一步慢慢爬出来的。平淡无奇的每一天持续累积下来，公司的规模不知不觉变得越来越大，而我也到达了今天的位置。”

所以，有人总结出具有下面特质的人才能成功：忍得住孤独、耐得住寂寞、挺得住痛苦、顶得住压力、挡得住诱惑、经得起折腾、受得起打击、丢得起面子、担得起责任、提得起精神。

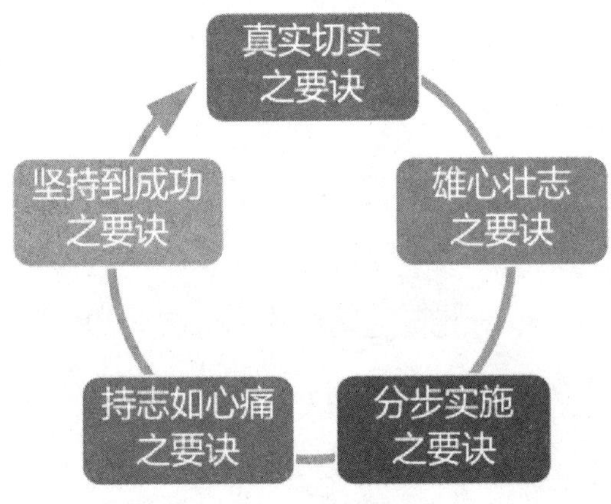

确立和实现理想目标的五大要诀

第三节　设定和实施理想与目标的方法与工具

一、设定理想与目标的方法

“水往低处流，人往高处走”，这是人性。任何一个正常的人都希望成功，希望成为王者。但现实社会中真正成功和成为王者的人只有小部分，而大部分还是比较平凡、平庸。再分析这些比较平凡、平庸的人，他们当中其实大部分还是比较努力，甚至在某个阶段还是很拼的，但为什么最终还是平凡或平庸之人呢？

人生就是一场决策的演绎和兑现。一个人起初的决策其实已经定格了其未来，只是那些眼力不够或思考不深或阅历不够的人理解不了这句话的含义。而社会上急功近利、跟风的人太多，他们对自己的理想从来没有冷静而深入思考过，只是“跟着感觉走”，走一步看一步，走到哪算到哪，而没有认真地思考和寻找属于自己的理想。我们应该如何寻找理想呢?

第一，打破金钱至上的局限。

金钱代表着财富，是幸福生活的物质基础，值得人们去追求，但金钱绝对不是人们追求的全部。人们在生活中离不开金钱，但一样也离不开知识、离不开真情，离不开健康，离不开很多很多的东西。但现实社会上金钱却上升到最重要的位置，成为衡量、影响和约束其他选择的标准。所以，在寻找自己理想与目标时，必须克服金钱是唯一目标的局限与约束，一定要让理想与目标多元化。

记住，除了金钱目标外，不同的人还有专业目标、事业目标、家庭目标、兴趣目标、健康目标、人脉目标等。

第二，从心出发，理性寻找理想与目标。

从心出发就是在夜深人静时，在内心没有一丝浮躁时，拿起笔和纸，根据SWOT分析法（即分析自己的优势、劣势，环境中存在的机会、威胁），再理性地问自己这些问题:

第一步：你一生最热切和渴求的是什么，即你的人生目标、理想是什么——你想成为怎样的人，想要从事的职业是什么，想要拥有多少资产等。

无论时间长短，直到想好，想清楚为止，然后把它写下来。接着以这个理想为基础，写一份陈述。陈述可以简单，但写的时候一定要包括以下几点:

（1）我是谁? 主要写自己的优势和劣势，长处和弱点。

（2）我要成为谁? 主要写自己的价值观、兴趣、爱好和意愿。

（3）我如何成为谁? 主要写自己愿意付出多大的努力和坚持。

第二步：从你人生的总体目标出发，找出为实现人生目标所必须达到的主要远期目标。你大概会想出2~10个主要目标。

第三步：把每一个主要远期目标分解成几个必须达到的中期目标，再把每个中期目标分解成近期一年内的目标。

第四步：评估你的目标，对每一个目标扪心自问:

（1）这真是我的目标吗? 我真的热切希望达到它吗?

（2）这个目标是否有违良心? 是否损人利己?

（3）它与其他目标有矛盾和冲突吗？

（4）我是否乐意全身心投入？

（5）能否想象达成这个目标的情形？

（6）确认实现目标有哪些障碍？制定实现目标的措施与找出解决障碍的方法。

关键性障碍应找出不低于五个解决方案，其他每个障碍都要找出解决方法。以上六个问题的答案，必须都是肯定的。否则这个目标即需要修正甚至删除。

然后再接着问自己：

达成这个目标会使我更快乐吗？更健康吗？更富足吗？交到更多朋友吗？内心祥和吗？更有安全感吗？和别人相处更愉快吗？

第五步：经过以上评估后，每一个短期目标都经过了认真的考虑及检查。把它填写到“人生蓝图一览表”。

人生蓝图一览表

日期：　　　　签名：

人生终极目标 目标陈述：	
远期目标：	3～6年
中期目标：	1～3年
近期目标：	本年度

第三，理想与目标设定得越具体、越细致则越容易实现。

经过静心思考之后，找到自己的心中理想与目标。但是你如果仅仅是简单地写出来，那是远远不够的，那只能是一个念头或想法，是比较难实现的。

当寻找到理想与目标之后，则需要根据情况制订出分阶段的目标，一般可分为终生目标、长期目标、中期目标、短期目标。再根据“目标、实现目标的条件、实施目标的行动计划、实现目标所需的资源支持、根据实施情况适当调整”的总体思路，对终生、长期、中期的目标要提出关键性条件和行动措施，对短期目标要提出切实可靠的措施，包括实现目标的条件、行动计划、资源支持等，并根据制订的措施认真执行，这样理想目标才容易达成。具体要遵循SMART原则进行。

（1）目标必须是具体的（Specific）；

（2）目标必须是可以衡量的（Measurable）；

（3）目标必须是可以达到的（Attainable）；

（4）目标必须和其他目标具有相关性（Relevant）；

（5）目标必须具有明确的截止期限（Time-based）。

举个例子：在一堂营销培训课上，有个学生问老师："我的目标是一年内赚100万，请问我应该如何计划我的目标呢？"

老师问他：你相不相信你能达成？他说：我相信。老师又问：那你知不知道要通过哪个行业来达成？他说：保险行业。老师再问：你认为保险行业能不能帮你达成这个目标？他说：只要我努力，就一定能达成。

"我们来看看，你要为实现自己的目标做出多大的努力，根据保险的提成比例：100万的佣金大概要做300万的业绩。一年：300万业绩。一个月：25万业绩。每一天：8 300元业绩。"老师说，"每天8 300元业绩，大概要拜访多少客户？"

"大概50个人。""那么一个月1 500人，一年呢？就需要拜访18 000个客户。"

老师又问："你现在有没有18 000个A类客户？"他说："没有。""如果没有的话，就要靠陌生客户拜访。你平均一个人要谈上多长时间呢？"他说："至少20分钟。"老师说："每个人要谈20分钟，一天要谈50人，也就是说你每天要花16个小时在与客户交谈上，还不算路途时间。请问你能不能做到？"他说："不能！老师，我懂了。"

所以说，确定理想与目标不是凭一时的热情和冲动，而是要按照SMART原则方法，经过逻辑推理和严密论证。只有经过逻辑推理确保成立的，再加上坚持不懈地努力，理想目标才可能变成现实。没有经过严密论证的目标一般是难以达成的，如果达成只有两种可能，一是目标定得较低，二是幸运中奖了。

二、实施理想与目标的工具

1．如何实现目标

（1）把目标写下来，并尽量将目标可视化。问自己"为什么要实现这个目标"？（实现这个目标的理由、好处和意义，并写下来。）

理由越多越好，这样做，有助于发现、认识目标的必要性和重要性，从而增加实现目标的紧迫感，获得深刻的驱动力，以充分调动自己的激情。欲望越强烈，决心越大，自己越愿付出代价来实现目标。

（2）确认达到目标所需的资源和条件，包括所需的知识、技能和团队；制订实现目标的期限。

（3）确认实现目标的障碍，为了有备无患，制订实现目标的措施与找出解决障碍的方法。

关键性障碍应找出不低于五个解决方案，其他每个障碍都要找出解决方法。

（4）制订实现目标的计划。

要制订每年、每月、每周甚至每天的计划。计划，就是目标分解的一览表。

（5）马上行动，现在就做。

没有行动，再好的计划也只是白日梦。不要拖延，不要“以后”，立即就做，现在就做。

（6）以坚定的信念支持你的目标。

不怀疑、不害怕、不胆小，决不放弃。放弃就是失败。

（7）按期评估与考核。

（8）不断地向自己提出更高的目标。

你的目标越高，你的眼界就越宽，你的世界就越大，你的思想也就越积极。更高的目标，更能催人奋进。

2．附日志表

年度目标表

年　月　日始　　年　月　日止　　日期：　　　　签名：

序号	目标内容	起止时间

目标设定表

日期：　　　　　　　　　　　　签名：

第一步 认定目标

第二步 达成此目标的好处（不要少于5条，请优先排序）

第三步 我的起点（目前境况或现有条件，请优先排序）

第四步 达成此目标的主要障碍（不少于5条，请优先排序）

第五步 达成此目标所需的知识与技能（请优先排序）

第六步 解决障碍的方法（关键障碍，不少于5种解决方案）

第七步 期限

第八步 行动计划（时间进度）

序号	时间	行动简述	完成

目标强化表一：目前的我

年　月　日　　　　星期：　　　　签名：

序号	我的现状	现况分析
1	我的主要优点	
2	我的主要缺点	
3	我曾经的成功记录	
4	我常犯的过错	
5	我目前面临的难题	
6	我目前必须具备的条件	
7	我长期必须具备的条件	
8	我目前拥有的资格	
9	我目前的健康	
10	我目前的职位	
11	我目前的月平均收入	
12	我目前的人脉资源	
13	我目前的财富	存款
		不动产
		合计

目标强化表二：一年后的我

年 月 日 星期： 签名：

序号	我的理想及目标	内容	
1	我要增加的优点		
2	我要减少的缺点		
3	我要创下的成功记录		
4	我不能再犯的过错		
5	我必须具备的关键性条件		
6	我必须拥有的新资格		
7	我必须拥有的新职位		
8	我要达到的健康		
9	我要达到的月收入		
10	我需要的人脉资源		
11	其他		
12	我要拥有的财富	存款	
		不动产	
		合计	

第一节　智慧而娱悦地生活

古希腊的柏拉图感恩四样东西：第一，有幸成为一个人；第二，有幸生在文明古国希腊；第三，有幸生为男儿身；第四，有幸遇上苏格拉底。

柏拉图是一个懂得珍惜、懂得知足的人，他应该是幸福且快乐的人。今天的我们，同样是“万物之灵”，物质极为丰富，知识、医疗、教育等都较发达，不用担心食不果腹、天灾人祸，我们可以找到更多的像苏格拉底一样的良师益友，我们应该知足!

我们要向柏拉图学习，智慧而娱悦地生活。为生活幸福快乐，我们理解、尊重和应用生活四大定律，练就生活五项本领，经营生活的两个平台，从而赢得王者的人生。

一、生活的四大定律

大学期间，我学的是中文专业，下海后从事企业管理工作，曾在一家企业前后工作了12年时间，先后负责过后勤、办公室、物流、品质、生产等10个不同部门的管理岗位，并且都取得不错的业绩。这些部门大多是问题成堆且无人解决时才找到我，当时更没有专人来指导我如何解决问题。我是如何胜任这些岗位的？关键是学习相关的管理理论知识，并结合实践使用。因为我在生活与工作中不断地有意识地应用哲学，深刻理解“理论和实践的关系”“没有革命的理论就没有革命的运动”等观点。

哲学是知识中的知识，科学中的科学，是智慧之学；它是世界观的学说，也是方法论的学说。因为我的生活和工作深深受益于哲学，所以，在写作本书时，就希望从哲学高度提炼一些生活与工作的定律以帮助读者更有智慧地去生活与工作。

生活定律是贯穿于人的生活中，普遍存在和发挥作用的规律，这些定律不以人的意志为转移。人们不能改变定律，但可以认识、尊重和利用定律，从而更好、更快地实现人生价值和目标，如果违背必然会受到定律的惩罚。人们从不同的角度总结出了很多定律，也广泛地应用在生活和工作的方方面面。在这里重点介绍与我们日常生活与工作密切相关的矛盾定律、因果定律、心灵吸引定律和习惯定律四大定律，下面分别从内涵、事例和应用三个方面予以阐述。

（一）矛盾定律

1．矛盾定律的内涵

矛盾定律是相对难懂的定律，但又是普遍存在的定律，自古至今，哲学家、思想家都在不断地研究和论述矛盾定律。毛泽东说：“什么叫问题？问题就是事物的矛盾。哪里有没有解决的矛盾，哪里就有问题。”矛盾就是指事物之间或事物的内部各要素之间的既对立又统一的关系。对立和统一是矛盾的两种基本的关系或属性。对立统一规律是唯物辩证法的根本规律，亦称对立面的统一和斗争的规律或矛盾规律。它揭示出，社会和思想领域中的任何事物以及事物之间都包含着矛盾性，事物矛盾双方既统一又斗争推动事物的运动、变化和发展。矛盾是客观的、现实的矛盾。矛盾的客观性包括两个含义：一是指矛盾存在的客观性；二是指矛盾的性质及其在事物发展过程中的地位、作用等具体情况也是客观的。对立统一规律的内涵体现在：矛盾双方的统一性与斗争性；矛盾的普遍性与特殊性；事物发展过程中的矛盾以及矛盾双方发展的不平衡性。

先秦时期老子的矛盾观点：一是提出了相反的事物相互依存的辩证关系，指出：“事物都是有无相生，难易相成，长短相形，高下相盈，音声相和，前后相随”。二是指出了矛盾的双方相互转化是一种普遍现象：“曲则全，枉则直，洼则盈，敝则新，少则得，多则惑。”“弱之胜强，柔之胜刚。”“祸兮，福之所倚；福兮，祸之所伏。”《易传》中的矛盾观点：一是“一阴一阳之谓道”，是说矛盾双方的对立统一。二是“刚柔相推而生变化”，指矛盾双方的对立统一是变化的原因。三是“在天成象，在地成形，变化见矣”，是说天地间的万事万物，都表现出无穷的变化。

宋代程颢、程颐的矛盾观点：他们明确肯定，“天地万物之理，无独必有对”，“万物莫不有对，一阴一阳，一善一恶”。这是说万事万物都是对立面的统一，矛盾是普遍存在的。朱熹的矛盾观点：进一步发展了二程的辩证法思想，他不仅认为“物第三，要学会分析解决矛盾和防范矛盾的发生。在分析矛盾时，一要全面而不要片面地看问题，要看到矛盾的两个方面，而不是一个方面。对一件事情的分析，既要看到有利的一面，又要看到不利的一面；在评判一个人时，既要看到优点，也要看到弱点；既要看到成绩，也要看到失误。二要注意把握矛盾的转化。即在顺境时，不能骄傲自满，而要更加小心谨慎，减少失误；在逆境时，不要灰心丧气，而要保持信心，相信困难是暂时的，只要想办法，付出努力，逆境会转化为顺境。

（二）因果定律

1．因果定律的内涵

因果定律：任何事情的发生，都有其必然的原因。有因才有果，有果必有因。这是宇宙的最根本定律。

佛教有因果报应说："欲知前世因，今生受者是；欲知后世果，今生做者是。"

认同因果定律的不仅是佛教，还有基督教和印度教等。古希腊哲学家苏格拉底和大科学家牛顿等人，也认为这是宇宙最根本定律。人的思想、语言和行为，都是"因"，都会产生相应的"果"。如果"因"是好的，那么"果"也是好的；如果"因"是坏的，那么"果"也是坏的。人只要有思想，就必然会不断"种因"，种"善因"还是"恶因"由人自己决定。

世上没有无缘无故的爱，也没有无缘无故的恨。爱生爱，恨生恨。以善迎恶，以爱化怒，爱能克恨；以怨报怨，则怨上加怨，火上浇油。很多时候你以为他人对你的态度不好，却不知道他人对待你的方式取决于你如何对待他人。

与因果定律相关，或者说可以进一步说明因果定律的还有两个定律，一是墨菲定律，另一个是互惠定律。

墨菲定律：事情如果有变坏的可能性，不管可能性有多小，但这种可能性总会发生。我们平时所说的"骄兵必败""贪官必抓""防微杜渐""上的山多终遇虎"与墨菲定律的本质是一致的。

互惠定律：就是指人们相互之间给予就会被给予，剥夺就会被剥夺。信任就会被信任，怀疑就会被怀疑。爱就会被爱，恨就会被恨。

君仁臣敬、士为知己者死、礼尚往来以及生意的互惠互利等都是互惠定律的体现。

2．因果定律的案例

网上有个“伏虎山区发生惨祸，一中巴摔下山崖”的故事：

山间公路上，一辆中巴正在行驶，车上三名持枪歹徒居然盯上漂亮的女司机，中途强迫中巴停下，欲行不轨。女司机情急呼救，全车乘客噤若寒蝉。只有一中年瘦弱男子应声奋起，却被打伤在地。男子气极，奋起大呼全车人制止暴行，却无人响应。任凭女司机被拖至山林草丛。半个小时后，这三个歹徒与衣衫不整的女司机归来。车又将行，女司机要被打伤流血的瘦弱男子下车。男子急了，不肯下车，说：“你这人怎么不讲道理，我想救你还错了？”女司机矢口否认说：“你救我？你救了我什么了？”引得几个乘客窃笑。中年男子气极，救人未救成，可也不该得此被驱逐下车的结果呀，他坚决不下。女司机扬起脸无情地说：“不下车，我就不开。”没想到的是，刚才还对暴行熟视无睹的其他乘客们，却如刚刚睡醒般，齐心协力地劝那男子下车：“你快下去吧，我们还有事呢，耽搁不起！”有几位力大的乘客甚至想上前拖这名中年男子下车。一场争吵，直到那男子的行李被从车窗扔出，他随后被推搡而下。汽车又平稳地行驶在山路上，女司机掠了一下头发，按响了录音机。车快到山顶，拐过弯去就要下山了，车左侧是劈山开的路，右侧是百丈悬崖。汽车悄悄地加速了，女司机脸上十分平静，双手紧握着方向盘，眼睛里淌出晶莹的泪水。一歹徒似乎觉察到了什么，说：“慢点开，慢点开，你想干什么？”女司机并不说话，车速越来越快。歹徒企图扑上去抢方向盘，汽车却像离弦的箭向悬崖冲去……

第二天，当地报纸报道：伏虎山区昨日发生惨祸，一中巴摔下山崖。车上司机和十三名乘客无一生还。半路被赶下车的中年人看到报纸哭了，谁也不知道他哭什么，为什么……

此故事发人深省。这位女司机以她的生命捍卫了道德的尊严！所有见死不救的人们都将成为无道的陪葬品，只有心存道德者才能逢凶化吉，避免天灾人祸。

北宋政治家、文学家、军事家、名相范仲淹，出身贫寒，年轻时非常穷，生活艰难，心想将来若能出人头地，定要救济贫苦者。后来他当了宰相，仍保持从前穷秀才的生活方式，而把俸禄拿出来购置义田，给贫穷无田地者耕作。看他的传记，得知他曾养活三百多家人。

有一次，已经当上宰相的范仲淹在苏州买屋居住，一位风水先生盛赞此屋风水极佳，后代必出公卿。范仲淹心想，既然此屋风水能使后代显贵不如改为学堂，让苏州城百姓的子弟入学，将来众人的子弟都能贤达显贵，较之自己一家的子弟显贵，岂不是更为有益吗？于是他立刻把住宅捐出来，改作学堂，实现了年轻穷苦时利益众生的夙愿。

范仲淹四个儿子长大成人后，均聪颖非凡、德才兼备，分别官至宰相、公卿、侍郎，范家的曾孙都贤能显贵，绵延不绝，传至今已超过八百年了，苏州一带范氏后人依然兴旺。范仲淹善心为他人谋福利，而牺牲自己的利益，其功德是无法估量的，而上天所回报给范氏子子孙孙的福禄，是范仲淹当时所付出的几十倍、几百倍。是范仲淹毫无利己之心播下了意想不到的善种，八百年来不断地开花结果，无意之中为子孙万代谋福利。范仲淹成为行善的典范，受世人的敬仰赞颂。

我们现在冷静思考一下，范仲淹的家风可以千年传承，那么现在的家庭，家风能承传多久？中国有句话说“富不过三代”，富为什么不过三代？因为有些人富有之后，不懂得爱护他人，因为有了钱，瞧不起人，伤了自己的德行，折了自己的福分。现在不只是富不过三代，现在是连一代都过不了。为什么连一代都过不了？为什么以前那些圣哲之人的后代能绵延千年不衰？这个根源就在于思想的传承不一样。我们现在传给下一代的思想是什么？是自私，只想到自己。很多家长也说自己是尽心尽力教孩子，但是不知道为什么会教得不理想。所以老子说“祸福相依”，祸福是同时存在的，为什么富不过三代？因为没有德行，只要有钱，危机就出现了。

我们要懂得积德修善，利益一切众生。聪明人会散财，散财才是真正保持财富，我们要明白这个道理。生活要讲节俭，节俭是惜福。一方面惜福，一方面修福，这个福报永远享不尽。宋朝的宰相范仲淹，便是一个最好的榜样。

当然，现在也有很多像范仲淹一样的好官、清官，原国务院总理朱镕基就是其中一个。原国家副主席荣毅仁也是这样一位好官，他一生都在为共产党和政府做事，出人、出钱又出力，个人谨慎处事，生活节俭，低调为人，一如他自己说的：“择高处立，就平处坐，向宽处行；发上等愿，结中等缘，享下等福。”

3．如何应用因果定律

因果定律是变化、发展的世界上又一个定律，现实生活中很多事情就是因果定律的不断再现。我们应如何利用因果定律，实现我们智慧的人生？在此，仅说三点：

第一，相信和敬畏因果定律。我们要相信因果定律在现实社会中是普遍存在的，相信“善有善报，恶有恶报，如若不报，时间未到”。在日常生活中，要谨记因果定律，时刻提醒自己“勿以恶小而为之，勿以善小而不为”。一旦不顺或不幸的事发生在自己的身上，不要去抱怨，不要去逃避，可以根据因果定律去找到原因，然后努力改正。商人们请敬畏因果报应，不要再互相残害骨肉同胞和自己。己所不欲，勿施于人。卖猪肉的人夹着瘦肉精猪肉挣来的钱，兴高采烈地出来买馒头，没想到馒头被别人染了色；然后卖染色馒头的人出来给孩子买奶粉，但没想到牛奶里面有三聚氰胺。每一个骗人者也必将是被骗者，这也叫恶人自有恶人磨。

第二，行善戒恶。种什么因得什么果，善因善果，恶因恶果。我们所思所想的“因”，就是在创造将来的“果”。别忽略我们的一思一想、一言一行，那些我们所思所想，所说所做的，都在创造我们的将来！对个人而言，我们要一心向善，时时行善，我们的命运方向也会随之往好的方向转变。戒绝向恶，如果一心向恶，时时行恶，自己命运的方向也必然会向坏的方向转变。

积恭敬别人的因得受尊敬的果，积健康的因得健康的果，积生气的因得生病的果，积骂人的因得挨打的果，积财布施的因得发财的果，积法布施的因得聪明智慧的果，积孝敬老人的因得长寿的果。

第三，善善恶恶。从个人对社会行为反映而言，我们既要善善，即对善的人和善的事，要表示肯定、赞赏、奖励；又恶恶，即对恶的人和事，要果断地批评、否定、处罚等。从而营造良好的健康的社会生活环境。

因果定律是佛教的根本定律，也是矛盾定律在佛教中的体现。佛祖虽然法力无边，但也改变不了因果定律。

第一，因果不可改：自因自果，别人是代替不了的；

第二，智慧不可赐：任何人要开智慧，离不开自身的磨炼；

第三，真法不可说：宇宙真相用语言讲不明白，只能靠实证；

第四，无缘不能度：无缘之人，是听不进你的话的。

（三）心灵吸引定律

1. 心灵吸引定律的内涵

1）心灵吸引定律

所谓吸引定律，又称吸引法则，是指世间万物皆由能量或者振动频率组成，相同的振动频率相互吸引，并引起共鸣。心灵吸引定律是吸引定律在心灵、意识领域的体现和应用。人类的意识也是能量的一种，正面的思想会促成积极的结果，反之负面的能量则会吸引不好的结果。

科学研究证实了哲学家的发现，负面的想法制造并释放压力荷尔蒙，从而产生负面的感受及负面的结果。积极、乐观、开心的想法释放恩多酚及其他有益大脑的化学成分，从而制造美好的感受以及美好的结果。

神经心理学上说，系统不能分辨真正的失败和想象的失败。当你想象失败时，你的神经系统会以为你真的失败了；当你拥有必胜的心态时，你的内部机制就已经在成功的方向上定向了。

2）心智模式

“一念天堂，一念地狱”，“念”即长久以来形成的“心智模式”。

心智模式：就是一个人对待这个世界的套路，是一个人将自己心中世界的样子，通过具体行动映射出来的过程。心智模式一旦形成，便会牢固地占据人们的心灵，具有很强的惯性，它不仅影响我们的外在表现，也决定着未来在关键时刻我们会采取怎样的行动。

心智模式的反作用有两种：反噬和反哺。

反噬：就是错误的心智模式进驻了内心，虽然我们没有变成魔鬼，但却会让我们的想法如同魔鬼，仇视一切，憎恨一切。

反哺：就是正确的心智模式进驻了心里，将心中的魔鬼驱散。我们虽不是天使，可是却学会了像天使一样去考虑这个世界，热爱一切，宽容一切。

心智模式就像我们心中的一面镜子，正确的会明亮干净，能照见真实的自己和他人；错误的是布满灰尘的哈哈镜，照出的是虚假的自己和扭曲的别人，不仅变形，而且肮脏。

正确的心智模式：积极的、向前的、上升的。

错误的心智模式：消极的、后退的、下降的。

修正心智模式——五条黄金法则：

（1）忠于事实。即从真实的自己中挖掘出我们的天赋和天性。

（2）自我激励。相信自己可以拥有美好的未来。

（3）承担责任。担负构架自己未来的使命。

（4）平衡取舍。义无反顾地执行。

（5）推迟满足感。勇敢走出心理舒适区。

3）期望强度

心理学有一个叫“期望强度”的概念：一个人在实现自己的期望达成的预定目标过程中，面对各种付出与挑战所能承受的心理限度，或曰期望的牢固程度。期望强度越强，则期望实现的可能性越大。

期望强度与期望结果的对比表

期望强度	定义	表现	结果
0%	不想要	真的不想或不敢要	当然得不到
20%~30%	瞎想要	空想，随便说说，只说不练，不愿付出，不知从何开始	很快就会忘记自己曾经还这样想过
50%	想要	有最好，没有也罢。3分钟热度，遇困难就退却，想天下掉馅饼	十有八九不成功
70%~80%	很想要	有真正的目标，但决心不够，特别是改变自己的决心不够，等靠思想严重，经常认为曾经努力过，没实现就算了，很快改变目标	有可能成功，因为运气成功，也因为运气失败
99%	非常想要	潜意识中那一丝放弃念头，决定其不能排除万难，坚持到底，直到成功，付出100%比不成功更痛苦	一步之遥，99%与100%的差别不是1%，而是100%
100%	一定要	不惜一切代价，不到黄河心不死，不成功便成仁，目标达不成比死还难受	一定能寻找到成功的方法并达成目标

糟粕思想、负面情绪都会影响身心健康。

你越是关心消化不良和你的风湿病，它们就越严重；你担心亲人存在危险，亲人真的可能就不安全。如果你心里只有悲伤和不公平，你就会遇到更大的挫折；你越是想不景气，你的业务就会越差。正如《圣经·腓立比书》四章八节说："你所思虑的一切，会得到成长。"

让大脑与贫穷、负能量等不良东西绝缘。如果你脑海里塞满了贫穷、负能量的图像，你就不能在其中留住让你富有和高贵的图像。清除贫困和负能量所要做的并不是在你的脑海中塞满贫困和负能量的图像，而是让脑海中出现富有和高贵的图像。

不要谈论贫穷和负能量的东西，不要研究贫穷和负能量的东西，也不要让自己过多关注贫穷和负能量的东西，更不要介意什么原因造成你的贫穷，因为你与此毫无关系。你应该关注的是如何致富和高贵。因此，不要阅读那些告诉你这个世界即将毁灭的宗教书籍，也不要阅读讲述丑闻的刊物和悲观主义的著作，因为它们会告诉你这个世界将变成地狱。

每当你想到或谈到那些贫穷的人们时，要想象他们正在变得更富有和更高贵，把他们作为应当被祝贺而不是被同情的人。不要去谈论你的处境如何艰难，或者你的内心如何挣扎，永远不要对自己表示失望，不要流露出任何暗示自己会失败的信息。

据研究，每个人80%的压力，都源自身边的负能量人群。一般来说，负能量人的表现，有爱责怪、爱大惊小怪、喋喋不休、喜欢攻击他人、爱挖墙脚、容易伤感等。与之交往中，让你会有举止失措，受到限制或攻击的感觉；或让你从直觉上感到不安全，紧张或时刻处于戒备状态；让你会感觉到剧烈的刺激，对其避之唯恐不及；或你自我感觉不适。这样的人容易消耗你的能量，属于"吸血鬼"类，应该立刻避开，尽量与这样的人群绝缘。

成功学大师拿破仑·希尔说："只有自己把自己当作大人物，并且努力向大人物看齐，你才有希望成为真正的大人物。"

（四）习惯定律

1．习惯定律的内涵

美国心理学家威廉·詹姆士说："播种一种行为，收获一种习惯；播种一种习惯，收获一种性格；播种一种性格，收获一种命运。” 这句话表达了习惯定律，其内容主要是以下三点：

1）重复形成习惯，习惯成为自然

据科学家证实，任何行为和事情连续重复21次，即可成为习惯，成为习惯即可成为自然，直至终生。行为学家揭示，人的行为95%是一种习惯。人是如此，动物界也是如此。

有一个“爹，转弯啦！”的故事：

父子俩住山上，每天都要赶牛车下山卖柴。山路崎岖，弯道特多，老父较有经验，坐镇驾车。而儿子眼神好，总是在要转弯时提醒道：“爹，转弯啦！”

有一次父亲因病没有下山，儿子一人驾车。到了弯道，牛怎么也不肯转弯，儿子用尽各种方法，下车又推又拉，用青草诱之，牛一动不动。到底是怎么回事？儿子百思不得其解。

最后只有一个办法了，他左右看看无人，贴近牛的耳朵大声叫道：“爹，转弯啦！”牛终于听话地转弯了。

这头牛习惯了在转弯的时候被提醒一句“转弯啦”，形成了条件反射。可见，习惯一旦形成，就会变成自然。

2）习惯决定命运

良好的习惯，是一切成功的钥匙；坏的习惯，是通向失败的滑梯。习惯的好坏决定了人的命运。

成功的人通常都保有失败者不喜欢的习惯，因为他们愿意做自己不十分愿意做的事，以获得成功的果实。比如经常审视解剖自我，是一件痛苦的事情，但却是一项最好的成功习惯之一。然而失败者却只愿意做自己喜欢的，最后只能接收令人不甚满意的结果。

成功者有成功的好习惯，失败者有失败的坏习惯。通过一个人习惯的好坏，基本上可以判断一个人的成败。

比如，失败者一般都有马虎、拖拉、推诿、消极等不良习惯。成功者的习惯基本是一致的，美国著名管理学大师史蒂芬·柯维经过研究，写了《成功人士的七大习惯》一书，现摘录如下，供读者参考。

习惯一：主动积极——个人愿景的原则；

习惯二：以终为始——自我领导的原则；

习惯三：要事第一——自我管理的原则；

习惯四：双赢思维——人际领导的原则；

习惯五：知彼解己——同理心交流的原则；

习惯六：统合综效——创造性合作的原则；

习惯七：不断更新——自我成长的原则。

3）凡事变成习惯就容易做

习惯成型后，我们的大脑进入活力模式。如果你能发现自己的“习惯模式”，你就能彻底改变自己的事业和生活。一个好的习惯，由于经常反复地练习就会运用自如，熟能生巧。而一旦一个习惯变得容易的时候，你就会喜欢去做。你一旦喜欢去做，就愿意时常去做，这是人的天性。

人们形成了某种习惯，就好比走了一条“不归之路”，惯性的力量会使这一选择不断自我强化，并让你不能轻易走出去，这个现象就是“路径依赖”。

所以说，成功并不难，只要用心去养成成功的习惯，成功的习惯一旦养成，成功就是水到渠成的事情。

2．习惯形成的规律研究

3天一小习惯，7天一大习惯。

21天以上的重复会形成习惯。

90天的重复会形成稳定的习惯。

心理学研究表明：21天以上的重复会形成习惯；90天的重复会形成稳定的习惯。即同一个动作，重复21天就会变成习惯性的动作；同样道理，任何一个想法，重复21天，或者重复验证21次，就会变成习惯性想法。所以，一个信念如果被自己验证了21次以上，它一定已经变成了你的信念。

习惯的形成大致分三个阶段。

第一阶段：1～7天。此阶段的特征是“刻意，不自然”。你需要十分刻意提醒自己改变，而你也会觉得有些不自然，不舒服。

第二阶段：7～21天。不要放弃第一阶段的努力，继续重复，跨入第二阶段。此阶段的特征是：“刻意，自然”。你已经觉得比较自然，比较舒服了，但是一不留意，你还会回复到从前。因此，你还需要刻意提醒自己改变。

第三阶段：21～90天。此阶段的特征是“不经意，自然”，其实这就是习惯。这一阶段被称为“习惯的稳定期”。一旦跨入此阶段，一个人已经完成了自我改造，这项习惯就已经成为他生命中的一个有机组成部分，它会自然而然地不停地为人们“效劳”。

做一个有计划的成功者，去有计划地为自己塑造好习惯。当然，因为与之相对应的坏习惯已经十分顽固，因此要形成某些好习惯时，你可能需要花更多的力气去克服坏习惯。

中国有句古训：江山易改，本性难移。这句话的含义有两层：人的本性是很难改变的；人的本性虽然很难改变，但并非改变不了，只是难了一点而已。

记住：关键在头三天，决定在一个月。

3．习惯定律的应用

我们在谈到企业问题时，一般人都会停留在问题层面上。其实企业大多数问题的背后都是人的问题，根源是管理人员的问题，是管理人员的行为习惯问题，要改变习惯很不容易。人也是如此，有些人为什么不成功、不进步，表面看起来是一次、两次的失误，其实质还是习惯问题。要让人改变，实质上还是要改变人的习惯。那么如何利用习惯定律来改变人的习惯？在此主要提出如下几点建议：

（1）客观、全面、深入剖析个人的习惯，区分生活与工作中存在的好习惯和不良习惯，对有危害或有潜在危害的习惯要坚决改掉。

比如上班时开门窗、下班时关门窗的习惯。上班时开门窗是为了空气新鲜，保持良好的工作环境。下班时关门窗是为了安全，避免因为门窗未关而导致不良分子入室盗窃，避免给公司和个人造成损失。

比如布置工作任务，事后检查的习惯。工作布置了，如果不检查，一般是很难落实的，甚至会误事。

只要发现不良的习惯则下决心改正之。

（2）用有效的方法改变不良习惯。

生活告诉我们，改变习惯很难。比如烟友，明知吸烟有害健康，也多次想戒掉，甚至也采取过戒烟行动，但最终没有成功。如何用有效的方法改变不良习惯呢？每个人可以根据自身的实际情况去寻找。下面“清除野草”的故事值得参考。我们知道野草的生命力非常强，“野火烧不尽，春风吹又生”。彻底清除杂草最有效的办法就是在草地上种上庄稼。这件事启示我们：要改变不良习惯，可以用新的好习惯来代替它。有些戒烟成功的人，为了戒烟，给自己准备好自己喜欢吃的东西，比如水果糖或瓜子；当想抽烟时，就吃水果糖或瓜子。

（3）改变他人习惯关键三步。

要改变他人的习惯不要过分地从思想、心态上下手，而要从动作、行动上改变。讲一句话不如做十个动作。还要注意，领导或上级一般是习惯的“传染源”，所以，改变他人习惯应注意以下关键三步：

第一步，改变自己；

第二步，改变别人所做的事；

第三步，改变别人。

4．养成十大好习惯

性格决定命运，习惯形成性格。所以，要有好的命运，关键是要有好的习惯。我们可以在分析自身习惯的基础上，借鉴名人、伟人、成功者的经验和做法，尽量养成好的习惯。我根据多年的经验，建议读者养成如下习惯，希望能起到抛砖引玉的作用。

（1）养成实事求是的习惯。一是一，二是二，对就对，错就错；一切从实际出发，讲真话，做实事，做真人。这样人就会变得简单、轻松，不会太累。

（2）养成说到做到的习惯。做不到的不说，说了的一定要做到；既要三思而后行，也要三思而后言，不轻诺。

（3）养成每天看书30分钟的习惯。读书习惯是成长、成功的发动机，最好每月阅读一本成功者的传记。李嘉诚每天晚上睡前看书至少半小时，值得学习。

（4）养成分享的习惯。分享是传播智慧、分享快乐，也是减轻压力的有效方式。

（5）养成每天运动一小时的习惯。生命在于运动，身体是奋斗的本钱。

（6）养成倾听的好习惯。

（7）养成谦虚谨慎，不骄不躁的习惯。现在，社会发展一日千里；山外有山，天外有天，强中更有强中手。

（8）养成定期自我检查的习惯。检查是成功之母，检查一次进步一次。史玉柱没有巨人集团倒下后的深刻检查，就不会有今天的史玉柱。

（9）养成与优点连接、与缺点断开的习惯。常看别人优点，自己的优点会变多；总看别人缺点，自己的缺点会变大。学会让自己的优点与世界连接，习惯让自己的缺点与世界断开。

（10）养成积极暗示自己的习惯。比尔·盖茨每天早晨起来都对自己做正向的暗示，值得借鉴。

二、生活的五项本领

生活的本领就是生存与发展的能力，会想、会做、会说、会写、会玩是人的生存能力，是最基本的能力，也是最重要的能力，是成就事业的能力，也是享受人生的能力。每个人都需要不断地学习，不断地提高。

（一）会想

1．一切都是思想的结果

人是思想创造者，现在所有的一切，都是思想的结果。一切成功的人都是因为曾经想对了；一切失败的人都是因为曾经想错了，因为“一时糊涂”或“一时冲动”。想对了，结果就对了，个人如此，企业如此，国家亦如此。中国改革开放的正确决策，使中华民族迎来了伟大的复兴。平心而论，个人发展史、企业发展史、社会发展史，其实质、其背后都是思想发展史。

人的行动是由其动机支配的，是“想好了”，制定出“决策”后，自主、自动的行为。这种想了干，干了想的往复循环，就构成了人自己的人生。中国第一位决策学教授、世界著名学者张顺江教授，通过研究“想一想”，创立了中国决策学。研究“想一想”的科学，就是研究人生之路规律的科学，研究“想一想”所得到的规律，就是人生之道，就是个人决策与自我管理。张顺江教授指出：“我们活着的时候想做什么和怎么做的问题必须提高到理性思维的高度，也就是提高到个人科学决策和自我管理的高度。”他还指出“决策学的产生是人类的一大进步，是人类由不自觉到自觉的进步”。有兴趣的读者可以读一读张顺江教授的《人生决策学》等著作。

2．如何思维

“三思而后行”“先谋而后动”“凡事预则立，不预则废”“不妄取，不妄予，不妄想，不妄求”，这些观点和要求多数读书人都了解，关键是如何思维呢？我结合马克思主义哲学、张顺江教授的观点及自身的实践，从思维的状态、思维的目标、思维的原则与方法、思维的程序、思维的验证等五个方面进行阐述，期望对读者有所帮助。

1）思维的状态

古人提出：“正心、诚意、格物、致知”，其中“正心、诚意”就是比较理想的思维状态。人只有在平心静气时，才能静心思考。“宁静致远”，只有内心宁静才能树立远大的目标，才可能得到真知灼见。

从20世纪80年代起，比尔·盖茨每年都要进行两次为期一周的“闭关修炼”，就是为了达到静心思考的状态。很多企业高管每年都在环境安静的地方连续召开数天的“闭关会议”，其实也是这个用意。

当今社会比较浮躁，特别是年轻人浮躁不安，很难静心思考。长辈和他们讲道理，长辈还未讲完，他们就说明白了。事实上他们不是真明白，而是没有听长辈讲道理的耐心。我还认识一些年轻的优秀创业者，其公司发展还挺不错，他们佩服我能静心著书，说自己能静心看几页书已经不容易了。

2）思维的目标

思维的目标因人、因事而异，在此提出两点最基本、最重要的目标。

（1）弄清事实真相。弄清事实真相才不会人云亦云，才不会没有立场、原则，才不容易犯错误。因为个人所接受的各种信息有真有假、有对有错，自己需要经过思考之后才能弄清事实的真相。

（2）有先见之明。每个人都在不断地和未来打交道，我们必须看到时代前进的方向，把握时代变迁的趋势，有分析判断人和事的办法，并沉下心来培养自己的先见性，对人对事都有先见之明，制定相应的策略与方案。

3）思维的原则与方法

思维的原则与方法有很多专著进行研究，我结合自己的实践，提出实用原则与方法。

（1）思维的原则：一切从实际出发的原则，实事求是的原则，具体问题具体分析的原则。

（2）思维的方法：主要有逻辑思维方法和辩证思维方法。

对思维的原则与方法，在此不做专门的阐述，读者有兴趣可阅读相关书籍。

4）思维的程序

参考张顺江教授的《人生决策学》，一般思维模式的程序是：问题源—分析问题—制定对策—审校对策。

（1）问题源：主要是指在决策目标制定后，为实现这个目标而产生的主观与客观之间的矛盾。这种矛盾可能产生于三个方面，即主观、客观、主客观之间的联系。

主观方面是指，理想、目标是否脱离实际，空想成分是否存在，存在程度有多深；

客观方面是指，客观环境条件是否具备，其中包括天时、地利、人和等条件；

主观和客观之间的联系是指，自我管理、操作、控制、观察等行为实践是否正确和准确，并产生良好的影响力。

（2）分析问题：就是分析主观、客观与主客观之间的联系三个方面产生问题的性质，关键环节有无变化等。通过分析，抓住主要矛盾，抓住关键所在。通过分析，明确问题是什么，问题产生于何处，应当采取什么样的方法解决。

（3）制定对策：包括目标分析、环境分析、功能分析—制定对策—优选对策—对策优化—决策方案。

目标、环境与功能分析：主要是分析自己在环境中的地位，自己的主要功能，优点、缺点、强处、弱处与环境分析相结合，能最大限度地发挥自己的哪些功能，形成有利条件；与自己的弱处相作用，可能产生哪些不利因素，如何控制；限制不利因素，与目标分析相结合，可能在哪些目标上形成优势，从而形成了目标——环境——功能对策体系。

制定对策，在目标、环境、功能三者分析与综合中形成自己的对策，考虑这样的对策可能有几个，按上、中、下分类，分析各自的利弊。

（4）审校对策：主要包括科学性研究，是否符合决策检验准则，是否具备可行性、现实性；进行风险性研究，有无风险，有无应变措施，有无万全之策；进行后果评价，有无不良后果，如出现有何对策；有无漏洞。

（5）决策结果：决策的结果包括硬结果（如大楼、厂房和产品等）和软结果（如图纸、文件、计算机软件等）。

我们已经清楚，思维极为重要，但人们通常的决策一般都是比较随意的，因而决策的质量不高。而要有高质量的决策，有能预见结果的决策，就一定要严格遵循思维的程序，详细收集资料，踏实进行思维分析，方能保证决策质量。

5）思维的验证与调整

决策——实施（结果）——决策——实施（结果）……这一往复循环的过程，无论是从实施（结果）过渡到决策，还是从决策过渡到实施（结果），都是人类的实践过程，都是思维验证的过程。“实践是检验真理的唯一标准”，根据实施的结果我们可以及时检验决策的正确性，如果有偏差，则要及时分析，找到偏差的原因，并根据需要调整决策，保证最终目标的实现。

3．浅思维与深思维

1）混沌局面与“浅思维”

当今社会有显著的特点，就是混沌局面。其原因主要有两个：

第一个要素是变化的速度。我们生活在一个快速多变的社会里，这是一个日新月异的社会。

第二个要素就是复杂性增加。加速现象遇到了不断增加的复杂性就会引起大面积的混乱。

复杂性的增加使事情的变化方向和速度越来越难以评价和把控。所以，虽然我们能够学到的知识和接触的信息越来越多，但做一个明智的决定变得越来越难。即使我们学习得再多，也还是赶不上这个世界变化的速度和幅度。于是，很多人要么放弃思考，认为“信息这么多，不可能去思考啦”；要么依赖思考，“因为领导是这样说的”“社会上都是这样的”，从而“浅思维”越来越普遍。

“浅思维”越普遍，人们就越浮躁，越浮躁则越受伤受挫，内心也就越烦躁了。多年来，成功学之所以那么流行就是人们的“浅思维”、普遍浮躁和急于求成的结果。

这个自由、开放的时代，本来是最好的时代，但对于浮躁、急于求成的“浅思维”人群来说，是最容易受到伤害的时代，因为多少有企图心的人把这些“浅思维”的人群当作猎物，猎其钱财、猎其美色。所以，受伤害的人群心里诉说：这是最坏的时代。但是，这些因为“浅思维”受到伤害的人们，又有谁不是“自愿”掉入陷阱的？当然，我毫不怀疑害人者把“浅思维”的人群当作猎物一样而精心地“设圈套”“挖陷阱”“放诱饵”。

可爱的年轻人，沉下心，不要浮躁，不要急于求成，不要异想天开，牢记“天下没有免费的午餐”“天上永远不会掉馅饼”。要提高警惕，保护自己！特别学会“深思维”，透过现象看清背后的本质和趋势，理性而稳妥地把握自己幸福的人生。

2）深思维的案例

我作为一个后知后觉的平凡人，约20年前，我一样贫困，借钱下海，为养家糊口奔波。当时我下海的主要目的就是挣钱。在1999年，我在东莞一家家具企业做后勤主管，其中包括负责食品的采购。因为企业有500多名员工，每月用的米、油量不少。那里，采购拿回扣几乎是公开的秘密。一次我去采购大米，米店老板直接问我：要多少回扣？我说不要回扣。她问我：你是不是老板？我说不是。她又问我：是不是老板的亲戚？我说不是。她说她开米店5年来第一次见到我这样的人。之后，我又碰到过几个老板问我要不要回扣。

“要不要拿回扣”不断在我身上出现，我当时确实非常需要钱，自己也有过犹豫，在当时，我对“要不要拿回扣”一事进行了深思维。

如果拿回扣会怎样？如果不拿回扣会怎样？我从两方面进行比较分析：

（1）拿回扣的三个结果：

第一，贪心无限，越拿则越多——自然食堂搞不好——员工会投诉——自己则会心虚——而供应商又换不了，还担心供应商告密——自然要与供应商搞好关系——可能会一起吃喝嫖赌——走上一条亏心堕落之路——自己丧失道德和人格。

第二，食堂做不好——整天提心吊胆——无心学习——影响身体健康，也影响学习成长。

第三，食堂做不好——没有业绩——在公司得不到重视——自然无提升机会和发展前途。

（2）不拿回扣的三个结果：

第一，食堂一定可以搞好——员工满意、上级认可——自己心安高兴——在公司有提升机会和发展空间。

第二，食堂搞好了——积累了管理经验——利用工作之余的时间安心学习管理知识——为自己晋升做好准备。

第三，食堂搞好了——身心健康——抵制了诱惑，升华了自己的人格——让自己更加自信和阳光。

经过深入分析，我当然选择坚决不拿回扣。当时的食堂做得非常好，我的领导说在整个东莞找不到第二家。我在该公司刚做满一年，公司领导对我特别认可，并准备提拔我。

后来，我到深圳一家中大型家具企业工作，先做办公室副主任。因为我坚持不拿回扣的原则，所以又深得领导和老板的信任。在深圳这家企业前后工作了12年，我做了十个不同的管理职务，最后做到执行总裁。

20年前的深思想决定了我今天的事业。今天我站在新的起跑线上，再次进行深入思想，坚信我一定可以赢得王者人生。

亲爱的读者，人是万物之灵，我们当珍惜。另一方面，人能平平安安地过好一生确实不容易。“诸葛一生唯谨慎，吕端大事不糊涂”，智慧的化身都如此小心谨慎，我们又怎么能粗心大意呢?

事实上，决定和影响人生只有关键几步。我们在个人的学习成长、婚姻家庭、工作事业等几个方面深入思考清楚，做好决策，人生就会比较顺利如意。在人生的大是大非面前，比如财、权、色、气四关，克服自己的冲动和贪心，三思而后行，就可以避免大的遗憾和失误。

（二）会做

人生在世，一是做人，二是做事，学会做人才会做事。这里讲的会做，就是既会做人，又会做事。

1. 如何做人

会做人的人赛过神仙，不会做人的人如入“地狱”。做人是门大学问，每个人都需要用心学习、体会和修炼。对如何做人，我着重提出两个观点。

第一，一定要修炼品德，这是做人的基础。

品德是处理人与人关系的准则，一个没有品德的人，任何人都不会喜欢与之共处共事。

本书第四章第三节就是“如何做一个有道德修养的人”，值得读者认真品读和践行。做人最重要的是心地善良，善良是本源之德，是其他道德的本源。做人要正直、诚信、明智，这三者是立身之德；做人要礼敬、勤俭、勇毅，这三者是修身之德。持节而不无耻是底线之德，自省而不自负是精进之德，宽和而不任性是境界之德。

第二，一定要明确自己的角色，并扮演好自己的角色。

人的角色随环境不同而不同，在家庭是父母的儿子，是妻子的丈夫，是小孩的父亲；在单位是上级的下属，是下级的领导；在亲友圈都会有不同的角色。自己在不同的环境，一定要明确自己的角色，并用心扮演好自己的角色。

一个人有品德修养，又明确自己在不同场合的角色，这样做人就不会有大的失误和偏差。

2．如何做事

做事是每个人的天职，每个人要吃穿住行，就需要生活物资，所以就必须劳动和做事。我对如何做事简要地提三点：

第一，要自觉主动地做事。因为人要生存就要消耗食物和物资，而生存食物和物资要通过劳动而获得，所以每个人都要做事，做事是人的天职。任何好逸恶劳或不劳而获的人都是违背天职，都会被蔑视。

第二，要怀感恩之心去做事。做事可以展示自己的勤劳和智慧，通过做事可以获得他人的认可和尊重，体现自己的价值。做事的过程是学习、成长的过程。做事中我们不断学到新东西，不仅知识在成长，心智也在成长。做事就是学习，学习促进成长，成长带来幸福。

第三，要养成一次做对、次次做对的习惯。做事一般都是团队分工协调进行的，往往一个人做的是其中的一小部分，在分工协作中如果一个做错了，则团队的事情都做错了，这将导致团队其他人员劳动成果为零。做错了，不但误了自己，还害了团队。

一个优秀人才的“四事”标准：想做事，会做事，做成事，不出事。更详细的如何做事，在本书第三章第二节“卓越者的工作态度与方式”中写得比较详尽，读者可认真领悟。

（三）会说

古训：一言以兴邦，一言以亡国。一人之辩重于九鼎之宝，三寸之舌强于百万之师。美国人的三大法宝：70年前，口才、金钱和原子弹；50年前，口才、金钱和手机。可见口才的重要性。

嘴，是表达内心思想的机关，“舌头是一把利剑”。关于演讲、口才类的书籍很多，从不同的角度总结了说话之术。

“多言不如少言，少言不如良言。”“有道德、信义、智谋者，必不多言；惟小人、狂人、妄人者，必会多言。”“君子一言当百，小人多言取厌，虚言取薄，轻言取侮。”所以，说话一定要把握分寸，不当说绝对不说。清代曾国藩提出：“立言有六禁：不本至诚，勿言；无益于世，勿言；损益相兼，勿言；后有流弊，勿言；往哲已言，勿袭言；非吾力所及，勿轻言。”

苏格拉底曾说：“上天赐人以两耳两目，但只有一口，欲使其多闻多见而少言。”但当说时，又一定要说到位。“言不中理，不如不言，一言不中，千言无用。”日常生活中的“会说”，其实质就是真、善、美三个字标准，能把握这三个字基本上就是会说。

第一，真。真就是说准确、说清楚，并让听者听清楚。说话之前，都该先想想自己想说什么，该说什么；该怎么说，在怎样的环境下说。如果没有表达清楚则会造成很大的误会。有个请客的故事，就是因为未说准确而产生误会的。

老李请了三个朋友，结果有一个客人迟迟未到。老李就说了句“该来的怎么还不来”，所以已到的其中一个客人误以为老李说自己不该来，于是就走了。老李一看咋走了一个呢，就又口误地说了句：“不该走的又走了。”另一位客人一听就以为该走的是自己，所以也走了。当迟迟未到的客人总算到了的时候刚好听见老李说不该走的又走了，正在好奇纳闷之时，老李看他总算到了，再一次口误说：“我说的不是他们。”迟到了的这位客人以为说是自己不该来……所以也走了。

说真话，有些人是由于没有表达清楚而失真，另外，还有些人睁眼说瞎话，或胡说八道，或夸大其词，或说假话，这都违背真字标准。

第二，善。善就是善意表达，表达善意，让听者舒服。每次说话之前先问自己两个问题：我要说什么？我怎么说？俗话说：“良言一句三冬暖”“一句话使人笑”，往往是因为清楚了说什么和怎么说而起到的效果；而“恶语伤人六月寒”“一句话使人跳”，往往都是因为没有把握好说什么和怎么说而造成的。

在车上，小孙女跟奶奶说：“奶奶，我累了，你跟这位阿姨说，让我坐一会儿吧。”奶奶说：“阿姨不是不给你让座，因为阿姨也很辛苦，也很累。奶奶知道你是一个懂事的孩子，等阿姨休息好了会给你让座的。”没过一会儿，这位阿姨就把位让给了这位小女孩。

还有一个例子，几位年轻干部一同去慰问一位退休老干部。

有一个人问道：“您老今年高寿了？看起来身子还真硬朗啊！”
老干部说：“我今年都81啦。”
“到目前为止，厂里就数您最长寿了吧？”
“还不算，B车间的老邢活到了87啦。”
“那您老也能称得上长寿将军了。”
“那倒是，老邢去年患了急性脑溢血，不幸去世了。”
“哟，那这回就该轮到您了。”

第三，美。美就是说得精练、有技巧，或幽默深刻，入脑入心。

1999年4月8日，朱镕基和美国总统克林顿联合召开记者会，记者问及“中国威胁论”时，朱镕基说：“你们美国是世界上最大的发达国家，你们拥有的核武器数量是中国的几百倍，武器也是世界上最精良的，高科技是世界上最发达的，手段也是最先进的，你们还担心什么？”话到此处，麦克风突然出了点小毛病，朱镕基风趣地说：“可是你们美国的麦克风不是最先进的。”

陈毅回答记者“如何把美国的U-2侦察机打下来的”的提问时，说：“我们是用竹竿子捅下来的。”

著名连锁咖啡公司星巴克只做了一件事，只讲了一句话：如果我不在办公室，就在星巴克；如果我不在星巴克，我就正在去星巴克的路上。

当然，说与听是相对应的，一个善于说话的人，一定是一个善于倾听的人。只会说而不会倾听的不算是一个真正会说话的人。

（四）会写

会写越来越成为生活中必不可少的技能，管理工作离不开写作，自媒体时代更离不开写作。还有一部分人对写作存在畏难情绪，认为写太难了，因而不愿写、不敢写，结果就不会写。关于写作方面的专业书籍很多，这里仅简述写作的重要性和如何提高写作水平。

1．会写的重要性

（1）会写是工作必备技能，也是传播自己，赢得机会的工具。

会写是工作必备的技能之一，工作中的计划、方案、报告、总结等都离不开写。计划、方案、报告、总结写得好，既体现个人的才能，也是极好的总结。这些人文案写得好会得到同事的羡慕，会得到领导的欣赏，让领导了解和认识你，从而获得培养、晋升的机会。如果不会写，不仅不能很好地完成工作任务，也会失去学习成长和晋升提拔的机会。

（2）会写可以记录人生的精彩，留下美好的回忆。

生活记录离不开写，把自己生活中的故事写下来，把生活工作中的烦恼写下来，可以很快释怀。好的文字记录可以留给自己回忆，还可以日后查阅，甚至可以留给子孙看，可以成为一种精神财富。很多成功人士的传记都是通过整理日记而成的；有些人的日记本身就是非常有价值的资料，比如《曾国藩日记》。

（3）会写有利于个人宣传，有利于事业的发展。

在自媒体时代，每个人都可以积极地宣传自己。你把自己的思想、心得、故事写下来，通过微信、QQ、博客等分享出去，只要你的文章有内容、有价值，很多人会阅读、会传播，你的名气都随之扩展，你的客户可能就在你身边，你的事业也将因此而获得更好更快的发展。

2．如何提高写作水平

（1）坚持养成写的习惯，写作水平自然会提高。

写可以从易到难，从日记开始，记录所见、所闻、所感，进而写博客、写报道、写文章，再可以投稿。

（2）多读书，多做笔记。

写作需要积累，需要有思想。多读书，读写作方面的书，读文学、历史、哲学类作品，边读边品，体会书中文字功夫和写作技巧，并且记录笔记，写读书心得，这样坚持不懈，写作水平一定不断提高。

（五）会玩

由于科学技术的发展和广泛应用，生产效率大大提高，除了学生比较忙之外，农民、工人及公务员等都有比较多的空余时间，多数人往往会觉得生活比较平淡、无味。所以，不少人业余就沉浸在游戏、麻将、扑克之中，甚至寻求赌博、吸毒等刺激。尤其是中老年人，空余时间就更多了。如何让生活富有意义、丰富多彩？关键是要会玩，而培养兴趣爱好正是会玩的上上之策。

1．有益的兴趣爱好给人带来好处

（1）丰富了生活的内容，增加了阅历，增加了知识，提高了素养。

一般来说，兴趣爱好很少、单一的人，就会觉得大部分业余时间都很难打发掉，认为时间过得很慢，不是认为人生短暂时间很少，而是认为人生的时间太长，整天无所事事，感觉生活过得很无聊。人们如果兴趣爱好广泛，工作之外总有一些有益的活动要参加，有益的事情要做，那么，生活就会增加内容，过得充实、丰满，不寂寞，同时也会增加阅历、知识，提高自身的素养，使生活五彩缤纷。

（2）拓展了人际沟通的平台，扩大了人际交流沟通，带来了友谊，增加了机会。

拥有广泛的兴趣爱好，自然要与相同兴趣爱好的人学习交流、切磋提升，在交流过程中会相互增进了解，带来友谊。随着交流的深入，兴趣爱好圈会越来越大，交流的信息也将越来越丰富，这样不但会不断提高兴趣爱好，而且还会增加发展与合作的机会。

（3）增加了生活乐趣，陶冶了情操，又排解了心中的烦恼，有益于心理健康。

在日常生活中常发现有一些人没有什么兴趣爱好，工作回到家里后除了吃饭、看电视、睡觉三部曲外，就没有什么兴趣爱好了。别人约他（她）们去运动锻炼身体等也不愿去，成天待在家里，生活模式很封闭，结果是他（她）们性格孤僻、身体状况不好，朋友少、人缘差，整天过着十分单调乏味的生活，遇到不顺心和心烦的事情，不能找到排遣和释放情绪的地方。久而久之便会得抑郁症、神经错乱。生活中有些人的兴趣爱好很广泛，对接触到的新鲜事物会表现出强烈的兴趣，有兴趣才能有爱好，有爱好才能有乐趣，有乐趣才能生活得有滋有味。这样能排解心中的烦恼，有益于心理健康。

（4）促进家庭的幸福快乐，使工作保持良好的状态。

广泛的兴趣爱好会调节个人的心理，愉悦情绪，这种良好的情绪会促进家庭的幸福快乐和使工作愉悦轻松。夫妻间相同的兴趣爱好还能促进夫妻间的感情，还能赋予人生机与活力，使之少生心理上和身体上的疾病。

（5）广泛的兴趣爱好，有益于事业的成功与人生的幸福。

因为不同的兴趣爱好对我们的身心健康有不同的作用，多一些兴趣爱好能弥补有些兴趣爱好的不足：如有的兴趣爱好能陶冶性情，有的能提高文化素养，有的能驱除忧愁和烦恼，有的能放松紧张的神经，有助于心理的健康。兴趣爱好广泛者，人际关系好、朋友多，容易驱走忧愁和烦恼，促进爱情的发展，使婚姻更牢固、家庭更稳定，时常感觉到人生是多么的充实、美好、幸福和快乐。

（6）用自己的兴趣爱好为集体和社会服务，体现个人价值。

丰富多彩的业余兴趣活动，能丰富自己的生活经验，能尽情发挥你多方面的才艺，挖掘和开拓你活动的深度和广度。你还能用自己的兴趣爱好（比如书法、文艺等）为集体和社会服务，体现个人价值。

2．如何培养兴趣爱好

会玩就要乐在其中，就要培养兴趣爱好。如何培养兴趣爱好？培养兴趣爱好的方法很多，主要有以下几种：

（1）选择自己喜欢的项目，不要有功利性目的。

兴趣爱好可供选择的项目非常多，比如，学习方面，有读书、看报、弹琴、绘画、写作和摄影等；运动方面，有游泳、跳舞、打拳等；娱乐方面，有玩电脑、旅游、唱歌、打麻将、扑克、下棋等；交友方面，生活中有一两个好友还不够，要拥有一帮老友，友情能滋润生活，使生活过得有声有色，有滋有味。

兴趣爱好就是兴趣和爱好，关键是要喜欢，不要一开始就有功利性目的。你就是用它来陶冶情操，怡然自乐的，那么培养起来，当然就比较容易了。先搞明白你自己的爱好是什么，一旦决定下来，就要坚持下去。目标不要定得太大，应先易后难，从稍微努力就能实现的开始，这样成功后你就会加强信心，不至于被困难吓倒。每一分收获都会给你带来愉悦，一步一步走下去，持之以恒，你会得到回报的。

（2）每天拿出一个小时来培养兴趣爱好。

先要知道你会的和不会的，在会的里面找你最喜欢的事情。搜索寻找关于你喜欢的事情的相关消息，列张表格写你的计划，然后专心投入你感兴趣的这件事情里，坚持成习惯，不要半途而废。

有这样一句话：每天拿出一个小时来做自己喜欢的事情，用不了三年你就是这方面的专家。很多事情不是你不想，而是你没有很想，当想到要发疯的程度，什么都不会成为你的困难了。良好的兴趣爱好都是健康的，多看书，如果不喜欢读长篇大论的东西，可以看些寓意深刻的期刊，比如《读者》《青年文摘》《意林》《健康与智慧》等，找个自己喜欢的运动，长期坚持。

（3）增加知识储备，培养兴趣的基础。

循序渐进地培养一项兴趣，从易到难才能体会到快乐，才不至于打消积极性。知识是兴趣产生的基础条件，因而要培养某种兴趣，就应有某种知识的积累。一是先通过克制的方法，逼着自己学习这个领域的知识，学会了一部分，你自然就会对其他部分产生求知欲。二是想一些轻松的方法来接触这个领域的东西，接触后或许就能引起你在这方面的兴趣。三是利用自己的欲望，将其转化为学习的动力。比如要培养写诗的兴趣，就应先接触一些诗歌作品，体验一下诗歌美的意境，了解一点写诗的基本技能，这样就可能诱发出诗歌习作的兴趣来。可以说，知识越丰富的人，兴趣也越广泛；而知识贫乏的人，兴趣也会是贫乏的。

（4）开展有趣活动，培养直接兴趣。

直接兴趣是对活动本身感兴趣，因而要培养这种兴趣，应使活动本身丰富而有趣。例如，有趣的游戏活动，能引起人们群体参与的活动，体验社会角色的兴趣活动；新颖的教学内容和有趣味的教学方法，能激起学生学习知识的兴趣；生动的课外实践活动，能培养学生实践操作、动手动脑、发明创造的兴趣；开展劳动竞赛、体育比赛、文体活动，能激发学生对劳动、学习、体育、文体活动等的热情与兴趣。

（5）寻找并加入有相同兴趣爱好的朋友圈。

一个志趣相投的人很重要，他的一些行为可能对你影响很大，在一起的时间长了，他的兴趣也就变成了你的兴趣了。同样的道理，培养多种多样的兴趣和爱好，可以多开发一些拥有这类优点的朋友，慢慢地你无形中会被其所感染。

三、生活的两大平台

人的一生都离不开家庭，在父母组合的家庭中出生、成长，与恋人组成新的家庭一起生活，再生育子女，一直到老，如此循环往复。一般来说，成年人除去八小时工作时间之外，大部分时间都在家庭度过。家庭一向被称为社会的大减震器，是每个人同世界搏斗，被打得遍体鳞伤后的栖息地，是日益动荡不安的环境中一个稳定点。家庭是每个人劳逸结合和休息娱乐的地方。家庭是人生密不可分的平台。

（一）家庭

1．家庭——幸福的源泉

著名歌手潘美辰的《我想有个家》，歌词朴实、真切、委婉而感人。歌中唱出家庭的价值和意义，唱出了年轻人对家庭的寄托、期盼和渴望。《辞海》中给家庭下的定义是：家庭是以婚姻和血缘关系为基础的一种社会生活组织形式。现实生活中，家庭就是乐园，一个充满天伦之乐的乐园。家庭是每个公民的求生地，是孩子成长的摇篮，是年轻人幸福的港湾，是勤俭途中的加油站，是成人休养的缓冲地，是老年人欢度晚年的归宿地。

在英国，有位孤独的老人，无儿无女又体弱多病，他决定搬到养老院去。老人宣布出售他漂亮的住宅，购买者闻讯蜂拥而至。住宅底价8万英镑，但人们很快就将它炒到了10万英镑，价钱还在不断攀升。老人深陷在沙发里，满目忧郁，是的，要不是健康问题，他不会卖掉这栋陪他度过大半生的住宅。一个衣着朴素的青年来到老人眼前，弯下腰，低声说：“先生，我也好想买这栋住宅，可我只有1万英镑。可是，如果您把住宅卖给我，我保证会让您依旧生活在这里，和我一起喝茶、读报、散步，天天都快快乐乐的——相信我，我会用整颗心来照顾您！”

老人颔首微笑，把住宅以1万英镑的价钱卖给了他。在这个老人的价值观里，再多的钱也没有他的家重要，虽然他无儿无女，但家却是一种精神的寄托。

我一位好朋友把老母亲接到深圳，我看到我的朋友手拉着他母亲的手，我脑子里即刻回想到我自己拉着我母亲手的往事。我知道他是多么的幸福，他老母亲又是多么的幸福。这是一种天伦之乐。

我每次打电话回家，听到儿子叫一声“爸爸”，心里都不知有多甜蜜。与小孩在一起，小孩的每一个笑容都会让大人有说不出的愉悦；看到小孩成长、成人，都会从心底感到高兴。这也是天伦之乐。

每当我们工作中碰到不顺心的事情时，每当我们工作感到疲惫不堪时，只要回到了家，家庭快乐的氛围让这些不快、疲劳似乎都烟消云散了。

家庭是幸福的源泉，取之不尽，用之不竭。当然，幸福的家庭是幸福的源泉；而不幸的家庭其中的不幸又像魔鬼一样缠身，让人摆脱不了，挥之不去。所以说，幸福的家庭如人间天堂，不幸的家庭如人间地狱，组合家庭时要慎之又慎！冷静的人们看看现在有多少夫妻离婚，有多少家庭在勉强地维持着，就会清楚这句话的内涵。

2．恋爱与婚姻

恋爱与婚姻有两种主要方式：一是介绍婚姻，二是自由恋爱。毫不讳言地说，恋爱与婚姻都应包括性的要求、心理的满足等动因，目标是组合成家庭。

正如上述所言：幸福的家庭如人间天堂，不幸的家庭最终如人间地狱。这不是危言耸听，而是金玉良言。家庭是人之所向往，而避免组合出不幸之家又是人们所规避的，关键是如何才能组合成幸福的家庭？

家庭幸福与否，其实在恋爱与婚姻时期已经有定数了，其中最核心的是有没有爱情基础。什么是爱情?

黑格尔说："爱情确实有一种高尚的品质，因为它不只停留在性欲上，而且显出一种本身丰富的高尚优秀的心灵，要求以生动活泼，勇敢和牺牲的精神和另一个人达到统一。"爱情是一种真挚、专一的高尚的情感，不是一般朋友之间的相互倾慕，相互奉献，而是发端于人的性需求，通过谈情说爱（恋爱），以及人类的智慧和理智，克服自私自得，达到相互尊重的"欲己达人"的境地。

爱情的三个基本要素：性爱、理想与责任。性爱是爱情发生的胚芽，理想则是爱情成长的阳光雨露。由性爱特别是理想派生出来的责任，又反过来制约着性爱和理想，它是使爱情得以巩固和不断深化的社会基础。

所以，恋爱阶段，不只是感性地注意"才"和"貌"，而是理性地注意到双方的志同道合，然后发展到情投意合（这"情"和"意"包括生活习惯和情趣爱好等）。爱情的内容，毫不讳言地说，应包括性的要求、心理的满足、对方大脑的思维能力、对家庭的责任心、处事的自制力及工作上的其他品质。爱情是婚姻家庭的道德基础，而家庭则是爱情的产物。只有这样才可以说：婚姻不是爱情的坟墓，而是更亲密的、灵肉合一的爱情的真正开始。两性关系是必然发生的，这是天道，体现的社会利益就是奉献出第二代生命，就是社会的延续，就是欲己达人。

年轻人天性有恋爱的冲动，只可惜，懂得恋爱之道者不多。我在演讲时经常表达一个观点：女孩子挑选一件衣服，尚需要跑上十个八个店，试上十件百件衣服，才会最终决定购买。而在选择有可能将与自己终生相伴的男朋友时，却又是那么心不在焉和轻易就决定终身大事!

恋爱是关系一生幸福快乐的大事，关系子孙后代的大事，不可不高度重视！当然智者一定会重视。恋爱没有固定的公式和模式，但恋爱一定要正心、诚意，需要细心、耐心，需要多思考，更需要真诚付出。"没有革命的理论就没有革命的运动"，要谈有水平的恋爱，建议还未谈恋爱或者正在谈恋爱的读者看一些恋爱方面的理论专著。

恋爱的核心目标有且只有一个：找到自己真心爱的对象。组合家庭后的一切因果都在包含其中，今后的家庭生活就是爱情逻辑的演绎。

爱的本质是无私的奉献，爱情到一定程度就要开花结果。有人总结幸福婚姻的四大标志：

（1）要有相应的生活基础；

（2）要有一份相对体面的工作；

（3）家庭氛围好一些，寻求共同语言；

（4）双方互相尊重和理解。

3．家庭经营

家庭是爱情的必然归宿，但家庭不是爱情的结束，而是爱情新的起点。如果不能在家庭的基础上巩固和发展爱情，家庭就成了爱情的坟墓。“毕业后不再读书，结婚后不再恋爱”，是很多毕业生和成家新人的写照，这正是家庭成了爱情坟墓的内在原因之一，爱情需要不断地培养和浇灌。家庭成为幸福的乐园，还需要夫妻双方一起用心经营家庭。如何经营好家庭？事实上，经营好家庭是一门很深的学问，年轻人结婚成家之后，没有经营家庭的指导，一般靠自己摸索着前行，难免会出现各种各样的家庭问题。为让有幸的读者在经营家庭方面少走弯路，少吃苦头，我结合自身的体会，借鉴幸福家庭的经验，总结关键五点，以飨读者。

第一，用理想去引领。

家庭是一个有机的组织，是一个生态系统，所以，家庭经营要有明确的发展方向，这就要求家庭要有明确的理想与目标。夫妻作为家庭的主体，要结合自身、家庭和社会的实际情况，结合双方恋爱时期的梦想，切实确定家庭的理想，既可以有长期的理想目标，也可以有短期的理想目标，这样可以使家庭充满活力和激情，使家庭充满阳光和爱。

没有理想与目标，家庭就会迷茫，慢慢就会失去激情和动力，就会变得平庸，就会感到无聊，就会产生厌烦，就会产生矛盾，就会慢慢滑向不幸。

第二，用忠贞去坚守。

人生阶段，恋爱时期是最美好的。结婚之后，事情不会像恋爱时期设想的那么顺利和美好。恋爱阶段，“情人眼里出西施”，一般都比较难看到对方的弱点，甚至把弱点、缺点也看成了优点。一旦结婚成家一起生活了，“骨感”的现实往往使夫妻感觉与恋爱期有很多不一样，夫妻之间的矛盾就会逐渐产生和积累。面对现实，理性、成熟的夫妻会怎么做?

有一句话很值得思考和借鉴——“婚前择己所爱，婚后爱己所择”。恋爱、婚姻都是自己的选择，都是双方自愿的，结合后碰到矛盾和问题，就埋怨和责怪对方，或者轻易变心而放弃自己的选择，这既是对自己的不负责，也是对对方的不负责。轻易放弃自己的选择和决定，其实不但是否定对方，也是否定自己。

本书在“生活的定律”一节中首先讲到矛盾定律，这个世界是一个矛盾的世界，没有矛盾的事物是根本不存在的。往往越是接触密切的地方，越容易产生矛盾，矛盾也越多。夫妻之间朝夕相处，矛盾必然不可避免，并且还会比较多。所以，智慧的夫妻会明白，家庭一定会有矛盾，会坦然地接受矛盾，甚至在家庭碰到天灾人祸时，仍能用忠贞之心去坚守爱情。在这方面“感动中国的100位道德榜样人物”之一的罗映珍用她的行动生动地诠释了忠贞的爱情，为当今世人做出最好的榜样。

罗映珍，女，汉族，中共党员，1980年生，云南省临沧市公安局民警。2005年10月，她陪同丈夫罗金勇（云南省永德县公安局民警）回老家探望父母。途中，罗金勇发现3个提着塑料袋的男子形迹可疑，便掏出证件责令3人接受检查，缴获海洛因1 150克。而罗金勇遭到袭击，致使全脑挫裂伤，变成了“植物人”。

罗映珍不离不弃，用自己满腔的爱履行他们夫妻“执子之手，与子偕老”的誓言。1 000多个日夜默默地坚守，默默地付出，用饱含着真情和热泪的日记呼唤着丈夫的苏醒。

她每天都会写一篇日记，第二天拿到病房念给丈夫听。“老公，我是不是像个单恋的小姑娘？还是我们之间的感情本来就是一种灵魂之恋？如今我唯一的愿望就是等你病好了，我们能相互陪伴过完余生，所以你一定要快点醒过来。”“老公，用你的毅力创造一个奇迹吧，你一定要站起来，像原来一样乐观生活。等你好了，我们就生个孩子，一家人快乐地生活。”

后来，果然奇迹出现了。罗金勇神智、肢体、吞咽和言语功能障碍均得到不同程度的改善，在旁人的辅助下，可行走50米，能完成进食、洗漱等日常生活行为，并能进行简单的交流。

在这1 000多个日日夜夜，罗映珍放弃了自己的爱好，放弃了原来的工作，放弃了正常人的生活。年轻的她再也没有穿过裙子，没有化过妆，脸上出现了黄褐斑，头上出现了白发。

古话说：“百年修得同船渡，千年修得共枕眠。”既然结为夫妻，相互之间就是托付终身，所以彼此要百倍珍惜，视为一体，白头偕老，忠贞永不渝。

第三，用勤俭去持家。

家庭需要爱情，也需要财富。任何一个家庭都有家庭责任，要赡养老人，又要抚养小孩，还要购房和应酬，一切都需要财富。而这些财富当然靠夫妻双方勤俭持家，特别是男方更要自觉地承担家庭的重担。

夫妻双方，特别是男方要认真、努力地工作，还要用心学习，提升自己的能力。事实上，男方越是勤俭，女方则会越珍惜，夫妻的感情则会越来越深。“夫妻同心，黄土变金”，家庭必然会富有。

如果双方不勤俭，或依赖父母过日子，坐吃山会空，还会养成懒散、赌博等陋习，家庭经营不好，还有害于子孙后代。

第四，用家规去护航。

婚姻不是一朝一夕，而是一辈子相伴。牙齿也有咬舌头的时候，人与人之间相处，天长地久，矛盾是难免会发生的。对于各种各样的矛盾，分原则性问题和非原则性问题，原则性问题一点不含糊，非原则性问题就要学会包容，不包容绝对不行。所以，夫妻组合家庭之后，也需要订立原则，用原则为家庭护航。

“国有国法，家有家规”，其实家规就是原则。中国古代家庭有很多非常有名的家规、家训，家规主要便于全家人统一标准，统一行动，有利于教育子女和建立民主、和睦的家庭。家规一般可包括如下内容：家庭关系道德，其中包括夫妻关系道德、对老人的关系道德、对子女的关系道德、兄弟姐妹之间的关系道德等。其核心内容就是中国传统“忠、孝、悌、忍、信”等人伦规则。

在这方面中华人民共和国第一任总理周恩来与其妻为我们做出了最好的榜样，他们夫妻制订了“八互原则”。

一是互爱。作为革命夫妻，互爱是基础。

二是互敬。古人说相敬如宾，这一点在新婚时是可以做到的，越到后面越要注

家规家训严遵守，利国利己光门庭。

2016年，我在俞董事长家里看到过他的家规，深有感触。这次本书修订时，我提请他介绍为什么要制订家规、如何落实家规、家规执行的效果等情况，他欣然答应，并提供了详细资料。在此我对俞董事长深表感谢，并衷心祝愿锦腾木业集团事业蒸蒸日上，家族兴旺！

第五，用包容去谅解。

任何人都会犯错误，任何人都会有缺点，只要相处在一起，互相之间产生一些意见分歧、矛盾都是正常的。两个人朝夕相处，时间一长，就“原形毕露”了。如果斤斤计较，那就非得砸锅掀床不可。多忍让，多包容人，是明智的夫妻之道。在婚姻问题上，宽容点、厚道点、糊涂点，夫妻之间的爱情要用包容去谅解。

英国女王伊丽莎白的包容和大度很值得我们学习。一次，女王参加应酬很晚才回家，发现卧室的门紧关着。女王站门外敲门。丈夫问：“是谁？”女王回答：“是女王。”丈夫没有开门。她又敲，丈夫又问，女王回答说：“是伊丽莎白。”丈夫还是没开门。伊丽莎白女王似乎意识到什么，最后，她回答道：“亲爱的，我是你的妻子伊丽莎白啊！”听到这话，丈夫才打开门。

女王意识到自己的错误，也谅解了她的丈夫；另外，女王的丈夫也很幽默。

幸福家庭是每个人的向往和追求，越是美好的东西越需要付出和栽培，所以，家庭需要用心去经营。除了上述五点外，夫妻双方还需要培养共同的兴趣和爱好，这样家庭会更加美满和幸福。

有人说：婚姻像围城，没有进去的人想进去，进去的人想出来；还有人说“婚姻是爱情的坟墓”。这些看法，有人说有人传，恰好证明说的人和传的人婚姻就像围城、像坟墓。如果从对社会负责的角度看，说和传这些看法的人，应该加上定语，说“我的婚姻像围城”“我的婚姻像坟墓”。这样才不会误导那些涉世不深的青年男女，不会让他们对婚姻产生恐惧，也不会给他们的婚姻之路蒙上一层阴影。

“幸福的家庭都相似，不幸的家庭各有各的不幸。”幸福的家庭像温馨的天堂，充满快乐与欢笑；而不幸的家庭，特别是夫妻互相猜疑的家庭，家庭好像有一个随时看管自己的警察、一个随时指责自己的敌人、一个随时警惕的叛徒，这样的家庭就像四分五裂、失去自由的地狱。

包容则家和，计较则伤心。爱有多少，包容就有多少。夫妻是家庭关系的核心，夫妻和则家庭和，“家和万事兴”已是千古真理。

第六，用基金助发展。

我们知道有各种各样的慈善基金，也知道很多企业有互助基金，但从未听说过家族基金。2017年6月，我非常有幸拜访了深圳市西勒实业发展有限公司董事长古叶辉先生，在2003年，他就设立了“育仁园家族基金”。

他是广东蕉岭人，他的家族曾出过三个黄埔学生。他外祖母生前是蕉岭县佛教协会会长，他随外祖母长大，深受外祖母影响。在孙辈中他年龄最大，外祖母特别看好他。外祖母担心她去世后家族会像其他家族一样，因为不团结而散掉，生命弥留之际她殷切期望古叶辉设法经营好家族，不要让家族产生矛盾冲突等不快的事情。

在外祖母去世后，他的家族矛盾果然出现了，主要是因为三个舅舅年龄相差较大，外祖母在世时对大舅、二舅子女教育支持较大，而对三舅子女帮助少些。所以，在处理外祖母留下的财产时，大舅二舅提出平分，而三舅母希望多分一些，以利于其子女教育，这样矛盾就产生了。当时，也就是2003年，因为矛盾焦点在下一代教育问题上，于是古叶辉主动拿出30 000元基金，作为帮助下一代教育的基金，这样舅辈之间的矛盾就化解了。但仅靠古叶辉一个人的力量不够，于是他又动员已经参加工作的表兄妹们一起捐钱，100元起捐，多则不限，对长辈没有捐钱的要求。第二年捐钱的开始多了，有200元、1 000元，而且长辈也开始捐赠基金了。后来参加工作的弟妹逐年增多，家族里的长辈也慢慢老了。大家商量该替老人考虑，开始给老人做体检，并给这个家族基金起名叫“育仁园基金”。开始老人们还有些不赞成，但晚辈要求老人们必须去体检。结果查出了有些老一辈身体上确实存在一些问题，古叶辉母亲右肾已坏死79%就是体检时发现的。若肾坏死80%就要割掉，就会得尿毒症，当时幸亏发现得及时。后来，他们还利用基金组织家族老人旅游，帮助家族里比较困难的家庭。

“育仁园基金”成立了由三人组成的理事会，一人管钱、一人管账、一人负责监事。现在每年年初他们会开家族会议，一是捐钱，二是对晚辈进行奖励。晚辈排队，从大到小，先自我介绍，讲取得的成绩和进步，幼儿园的小孩也一样进行自我介绍和汇报取得的成绩。这样做对晚辈是极好的锻炼、教育和激励。

十多年来，他们家族基本没有矛盾和冲突，因为有更多的家族集体活动，家族越来越团结，他们家族已成为令人尊重、令人羡慕的大家族，整个家族形成了敬老爱幼、积极进取、幸福兴旺的良好氛围。

古叶辉先生没有辜负其外祖母的期望，他的家族氛围越来越团结、越来越兴旺。他自己也心情舒畅，事业也蒸蒸日上。他组建成立的深圳市西勒实业发展有限公司，是中国第一家引入绝缘穿刺线夹的公司，该类产品是电缆、电线连接革命性产品，既解决最大的火灾安全隐患，又大量地节省电缆、电线等材料，还节省大量的人工，是利国利民利世的好产品。

非常感谢古叶辉先生分享家族经营宝贵经验，当然希望更多的家庭、家族能借鉴他的家族经营经验，使家庭、家族幸福、美满、兴旺。

4. 中西家庭现象的对比与反思

1）“性革命”与“性解放”对中国家庭的毒害

在中国封建社会，“父为子纲，夫为妻纲”的影响很深。资产阶级的家庭关系，纯粹是一种金钱关系。在社会主义制度下，建立了男女平等、团结互助的新的家庭关系。

本来，中国家庭普遍具备建立幸福家庭的条件，但是由于多年来“性解放”的毒害，已经给中国家庭带来了严重的后果。第一，严重冲击了婚姻家庭制度。诸如婚前同居、婚外通奸已司空见惯。很多人根本不想结婚成家，承担家庭义务；已结婚的离婚也非常随便，给下一代造成了悲剧；婚外性生活随便放荡，使得私生子数量大增；群居家庭、同性恋婚姻更是层出不穷。第二，败坏了社会风尚和伦理道德，引起日益严重的社会问题。色情活动猖獗，妓女和男妓公开或半公开地活动，“情人”“二奶”“小三”“小四”已经成为社会普遍的问题，严重影响了社会风气。第三，夫妻关系直接面临危机，离婚率年年攀升。

2）深受“性毒害”的西方在反省

国外家庭状况：家庭成员少，不完全型家庭多，离婚率高，再婚率高；青年人对婚恋不严肃，两性关系乱；两代人之间有代沟，老年人无人照顾，普遍感到孤独。

现代“性革命”发源地美国，在深受“性开放”之害后，已经普遍意识到“性开放”的危害，转而对家庭越来越重视。其政府官员或企业高管的办公室中央一般摆放着其全家福就是一个很好的例证。另据调查，美国当代青年对放荡、轻率、没有爱情的性行为都普遍感到厌恶。

家庭是社会的细胞，是国家和社会稳定的基石，是民族和国家未来人才成长和培育的摇篮，是中国社会发展和传承的纽带。现在家庭品格问题正在动摇着中华民族赖以生存的基础、存在的根基。每个家庭好比一砖一瓦，一个民族好比一座大厦，一砖一瓦纷纷解体，意味着大厦将倾，一切有良知的中国人不可不警惕，不可不防范啊！

5．家庭、家教、家风的典范

世人仰慕、敬重的习近平主席非常重视家庭，他在孝敬父母、关爱妻子、传承美德、教育后代方面堪称世人典范。

他很孝敬父母。2001年，家人为父亲举办88岁寿宴时，当时习近平作为福建省一省之长，公务繁忙，实在难以脱身，于是抱愧给父亲写了一封深情款款的拜寿信。母亲齐心如今也年过90岁高龄，习近平每当有时间陪她一起吃饭后，都会拉着母亲的手散步，陪她聊聊天。

他很关爱妻子。妻子彭丽媛作为军旅歌唱家，那时经常要接受任务奔赴外地慰问演出。习近平总是十分牵挂，只要条件允许，无论多晚，他每天都要跟妻子至少通一次电话。过去每逢除夕，彭丽媛总要参加春晚演出，在外地工作的习近平只要回北京过年，就总是边看节目边包饺子，等她演出结束回家后才煮饺子一起吃。

他知道，家庭和睦，益于事业。过去，母亲齐心竭尽全力营造一个温馨的家庭环境，使得他父亲习仲勋能够集中精力工作。现在，妻子彭丽媛对习近平也非常关心体贴。早年夫妇俩聚少离多，一有机会团聚，彭丽媛就想法子变花样给他做可口的饭菜。

孝敬父母、爱护妻儿，习近平对家庭幸福看得如此之重。在他看来，这不是只关系一家一户的普通小事。“家庭和睦则社会安定，家庭幸福则社会祥和，家庭文明则社会文明。我们要认识到，千家万户都好，国家才能好，民族才能好。”“广大家庭都要重言传、重身教，教知识、育品德，帮助孩子扣好人生的第一粒扣子，迈好人生的第一个台阶。”习近平对家教的重要性深有感触，他对国家的责任感与使命感，从其幼年时的家庭中便开始孕育形成。

他曾经回忆，“记得我很小的时候，估计也就是五六岁，母亲带我去买书。”

"我偷懒不想走路，母亲就背着我，到那儿买岳飞的小人书。""买回来之后，她就给我讲精忠报国、岳母刺字的故事。我说，把字刺上去，多疼啊！我母亲说，是疼，但心里铭记住了。'精忠报国'四个字，我从那个时候一直记到现在，它也是我一生追求的目标。" 习近平曾坦言，"从父亲这里继承和吸取的高尚品质很多"。他曾在给父亲习仲勋的一封拜寿信中详细列举：一是学父亲做人；二是学父亲做事；三是学父亲对信仰的执着追求；四是学父亲的赤子情怀；五是学父亲的俭朴生活。

在2015年春节团拜会上的讲话中，习近平提出要"注重家庭、注重家教、注重家风"。2016年12月12日，习近平在会见第一届全国文明家庭代表时说："无论时代如何变化，无论经济社会如何发展，对一个社会来说，家庭的生活依托都不可替代，家庭的社会功能都不可替代，家庭的文明作用都不可替代。"

习近平曾说：圣人是肯下功夫的庸人，庸人是不肯下功夫的圣人。他坚持不懈地下功夫，知行合一，值得所有有良知的人学习。

（二）人脉圈

人脉是人所认识、所交往、所凝聚的人际关系的集合，人脉包括亲戚圈、朋友圈、同乡圈、同事圈、同学圈等。已故国学大师季羡林老先生曾在《谈人生》中写道："人类是社会动物。一个人在社会中不可能没有朋友。任何人的一生都是一场搏斗。在这一场搏斗中，如果没有朋友，则形单影只，鲜有不失败者。如果有了朋友，则众志成城，鲜有不胜利者。"人的一生不能没有朋友，读好书，交高人，乃人生两大幸事。

1．人脉的价值

人脉的价值的本质就是互相利用。双方都有需要，才能互相利用，这就是人脉的价值。从己方来说，自己被利用的价值，决定了自己在别人心目中的层次，同时也决定了别人愿意与自己交往，并对自己提供帮助。经营人脉的实质不是你主动认识更多的人，而是提升自身的价值，从而"让更多的人认识你"。那些不用心提升自身价值而只顾结识人脉的行为，其实是浪费时间、精力和人生。

1）有人脉更有力量

一个人本事再大，也不能保证完成所有的工作，纵然浑身是铁，也打不了几根钉。一个人永远无法解决所有事情，他需要助手，甚至需要敌人，否则他不但是孤独的，也是无力的。每个人都要靠不同的人的协助，才能获得更多的资源和财富。

对于个人来说，专业是利刃，人脉是秘密武器。如果光有专业，没有人脉，个人竞争力就是一分耕耘，一分收获；但若加上人脉，个人竞争力将是一分耕耘，数倍收获。改变世界最有效的方式就是联合一切志同道合的人，人越多力量越大，办的事也就越多。这也就正如前人所说“有贤推举方显圣，能人帮衬方为王”。

2）有人脉更有机会和舞台

多个朋友多条路，多个敌人多堵墙。人生路上，有些运气是白给的，例如中福利彩票，但它只有十万分之一的概率；有些运气是时势造就的，但这需要具有超人的眼光；而有些运气则是他人给的，这就需要广结善缘。朋友越聚越多，机会也越来越多，舞台也就越来越大。

比尔·盖茨在20岁时的第一份合同来自IBM，而据说是因为他母亲本来是IBM董事，是她把比尔·盖茨推荐给IBM董事长，才赢得这份具有里程碑意义的合同，这个故事可谓人尽皆知，也常常被人提起来证明人脉关系的重要性。

3）有人脉更有智慧

朋友的知识广、视野宽、人际脉络多、人生经验充实。贵人可向你传授知识、经验和智慧，可帮你指点错误，可教你方法，为你指引方向，使你的成功来得更快。你遇到的贵人越多，你在各方面获得的帮助也就越多，成功的概率就会越高。

有一份调查表明，凡是做到中高级以上的主管，有90%都受到过栽培；自己创业当老板的，竟然全部都曾受到过贵人的指点和帮助。

4）有人脉更有口碑

人脉，是口碑宣传的平台。人脉处理得好，上司、同事甚至扫地大妈都会是你的贵人；处理得不好，上司、同事、扫地大妈都是你的敌人。这些人不能提携你，但是他们可以用自己的方式在你的职业道路上设路障、扔石头。

开发和经营人脉资源，不仅能为你雪中送炭，在“贵人”多助之下更能为事业发展锦上添花。

5）有人脉就有更多的快乐和支撑

与人共其忧者，人必忧其忧；与人共其乐者，人必乐其乐。人脉之间可以互相分享成功与快乐，可以使快乐倍增；又可以相互分担失败与痛苦，使失败与痛苦减半。

在受挫折的时候，有人脉可以为你支撑，帮你渡过难关。没有朋友的人迟早会惨遭失败，会像拿破仑一样，在生命的尽头发现自己被囚禁在圣赫勒拿岛。

所以，罗斯福说："成功的第一要素是懂得如何搞好人际关系。"洛克菲特说："与太阳下所有能力相比，我更关注与人交往的能力。"

2. 拓展人脉的基本逻辑与方法

当今社会谁都清楚人脉的重要性，谁都想建立自己的人脉圈，既有人得到人脉的帮助，也有些人因为人脉而受累、受害、受苦。其中关键是发展人脉的正确思路。建立强有力人脉的基本逻辑是：寻找和建立自己的价值，再把它们传递给身边的朋友，并且促成更多信息和价值的交流。其具体方法是：用魅力去吸引、用事业去规划、用渠道去拓展、用忠诚去播种、用关爱去浇灌、用宽容去护理等。

1）用魅力去吸引

在建立自己的人脉圈之前，就要想一想，我拿什么来吸引"朋友"？如果把朋友比作蝴蝶，那我是去"追求"蝴蝶，还是去"吸引"蝴蝶呢？

小张为了得到美丽的蝴蝶，便买来一双跑鞋、一个网袋，穿上运动服，追逐奔跑，终于在气喘吁吁、满头大汗中抓到几只。可是蝴蝶在网袋里恐惧挣扎，丝毫没有美丽可言。一有机会，蝴蝶就飞走了。

老李也很喜欢蝴蝶，他买来几盆鲜花放在窗台，然后静静地坐在沙发上品着名茶，望着蝴蝶翩翩而来，老李心情惬意、悠然自得，乐在其中。

小张获得蝴蝶的方式叫"追求"，是从自我的角度考虑，忽视了事物内在的微妙规律，所以常常事与愿违。

老李获得蝴蝶的方式叫"吸引"，则是从完善自我、奉献自我出发，顺应了天理，投其所好，因而皆大欢喜。

建立人脉的道理也是相通的，有的人像小张一样，努力去"追求"人脉，结果花了不少时间和精力，而人脉并不理想。有的人像老李一样，努力去"吸引"人脉，结果心想事成。所以，建立人脉关键是"吸引"，用自己的人格魅力去吸引。

孔子的一段话生动地说明人格魅力的重要性："人不敬我，是我无才；我不敬人，是我无德；人不容我，是我无能；我不容人，是我无量；人不助我，是我无为；

我不助人，是我无善！”

所以，要建立个人的人脉圈，最主要的是修炼自己的人格魅力，只要有人格魅力，人脉圈也就自然而然地建立起来了，并且越是有魅力就越有磁场，魅力越大磁场就越大，吸引的人脉资源也就越多。

要修炼自己的人格魅力主要从四个方面进行。

第一，要不断提高自己的道德修养，这是人格魅力的核心。

人与人交往一般都比较慎重，一般都愿意与有道德的人交往，而不会甚至回避与没有道德的人交往。如何修炼自己的道德修养，可以参照本书第二章“六德十条”“如何做有道德修养的人”进行修炼。其中最根本的要求有诚信和自信等。

与诚信的人交往——省心省力省时还踏实！相反，与没诚信的人交往耗时耗力耗心还不踏实。韩国企业家郑周永在他的《我的现代生涯》中说：“在你刚刚起步的时候，不要因为自己每走一步都不容易，做每一件事情都很难，就动了投机取巧的心思。尽管小人物没有资本，赢得起却输不起，该坚持的东西必须坚持。”

与自信的人交往——会给自己带来正能量。你不自信，别人如何能信你？人们关心你现在在做什么，未来有什么可能性，要合理展示自己的优点，让别人相信你是金子、是金矿。

第二，培养自身优势。

有道德与修养则具备了吸引人最本质的内核，在此基础上，还需要有自身的优势，这种优势就是个人的专长、特长，是服务社会、服务他人的技能，是个人为社会和他人服务的潜在的价值。优势越突出，价值越大，吸引力也越大。

这也就是那些大企业家、大思想家、大明星等身边总是自然地吸引着大量人脉的原因。

要培养自己的优势，首先要结合自身的实际，分析和认清自己具备哪方面的优势，然后根据具体情况，集中时间精力，专攻一项，始终如一，全力以赴，坚持不懈，最终培养出自己突出的优势。

第三，要善于赞美他人和推销自己。

当自己具备了吸引他人的道德修养和优势时，人们会自动聚过来。这时，你要善于赞美他人和推销自己。在推销自己时，从外表来看你一定要很吸引人，要敢于出风头，要注意一言一行。

第四，要善于控制自己的弱点。

我们知道“一俊遮百丑”，同样“一丑遮百俊”，在与人交往时，一定要防止自己“一丑遮百俊”，要善于控制自己的弱点。控制自己弱点的通用方法有：可用你的超强优势来掩盖住你的弱点；寻找一个能和你进行优缺点互补的伙伴；当发现自己做不好时，马上停止。

2）用事业去规划

人脉规划是对自己的人脉之路进行量身定做，实现有序经营和按计划发展。在制订人脉规划时，有三个前提条件。

第一，了解自己的使命，并形成自己的人生信仰和价值观。

第二，必须明确自己事业规划。即明确现在和将来的事业发展方向是什么；准备从事什么行业和进入什么类型的公司，是否准备自己创业，事业生涯大体应该分为几个重要阶段。

第三，必须明确自己真正的人脉需求。

在制订人脉规划时，应该注意三个问题。

第一，人脉结构要有合理性，不能混乱（包括性别、行业、学历与知识素养，高低层次结构，现在和未来的结构，核心关系、紧密关系、松散和备用关系的结构等）。

第二，人脉储备必须兼顾事业和生活两个方面的需要。

第三，人脉储备必须平衡财富和心灵两方面的共同需求。都是基于名利，那么就等于忽视了人际的本质；真性情的朋友，只是心灵的交流。

根据自己当前和未来事业方向和规划，制订人脉发展计划，包括人脉分布的领域、人脉网的层次和规模等。

人脉网的领域：人脉需要健康、理财、家庭、学习、休闲、工作、心灵等领域，所以设计人脉时可包括企业界、文坛、娱乐圈、政界、广告圈、影视圈、时尚圈和讲师圈、旅游圈等。尽量做到各种不同的圈子里都要有1～2个自己最知心、最了解的朋友，因此，不管你遇到什么困难，要办什么事情，都有圈子里的朋友能帮助你。

人脉关系网的层次和规模：有人总结了“1—5—10—20”层次与规模的同心圆，即1人是自己；5人是老师圈，即能指导自己人生的老师、高人；10人是贵人圈，即能帮扶自己的贵人；20人是发展圈，即拥有大量的人脉资源，拥有较多的信息渠道的人，他们能为自己提供有价值的机会或线索。

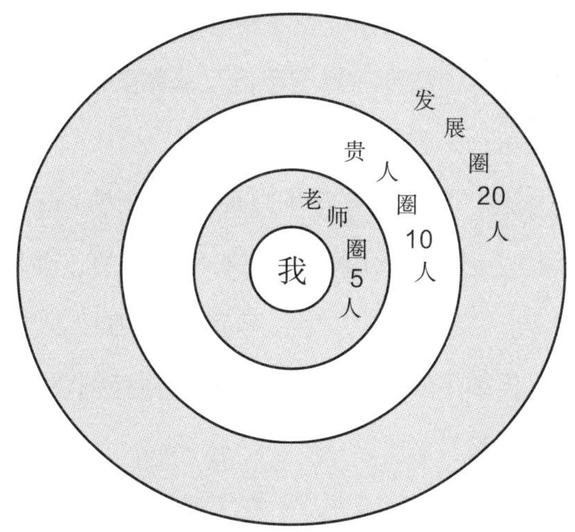

3）用渠道去拓展

只要有人的地方就是人脉渠道，老乡、同学、同事、战友等都是人脉资源，也都是再开拓人脉的渠道。除此渠道之外，这里介绍几种渠道。

第一，交际绝佳场所。如健身房、慈善机构、高尔夫球馆、重要人物演讲会等，这些都是有一定素养的人聚集的地方。

第二，网络平台。这是一个廉价而高效的渠道，如发博客、发电子邮件，有效利用公共邮件列表，使之成为集结的重要场所。

操作方法是：公示平台的目的和面向的人群；招募愿意一起经营的人；以论坛的形式提出各种话题；定期举办网上会议；积累信息，在网上公开或整理成书出版；举办“星期六集会”等。

在网络平台上关键是给予信息、给予信息，再给予信息，甚至不要考虑是否有回报，你只要专注于向他人提供信息就可以了。

第三，利用参加各种活动的机会。比如参加婚宴，你可以提早到现场，那是认识更多陌生人的机会；参加活动，要多与他人交换名片，利用休会的间隙多聊聊；在外出旅行过程中，善于主动与他人沟通等。

第四，参加某个社团组织，借助“虚拟团队”的力量。最好能谋到一个组织者的角色，理事长、会长、秘书长更好，这样就得到了一个服务他人的机会，在为他人服务的过程中，自然就增加了与他人联系、交流、了解的时间，人脉之路也就在自然而然中不断延伸。

在用渠道进行人脉拓展时，特别容易忽略但又非常关键的三点：

第一，要建立良好的第一印象。

首次见面往往决定成败，所以，一定要以最佳的状态、最好的表现建立良好的第一印象。据调查，50%以上的第一印象与内在的气质无关，而与外表和穿衣的关系更大。80%的人认为是外貌，13%的人认为是声音，7%的人则认为是人格。这一点说明表层的衣饰、表情、言谈举止的重要性，交往时需要特别注意。

第二，要进行充分的准备。

“成功者事前准备，失败者事后后悔。”在人脉开发时这句话也同样适用。在与人交往时，要去了解交往对象的背景、需求、渴望、能力和动机，以便给予适当的反应。交流的话题尽量以对方为中心，说话之前，都该先想想自己想说什么，该说什么；该怎么说，在怎样的环境下说。

第三，适当展示自己，留下联系方式。

要善于推销自己，否则，即使你有登天的本事，别人也看不到。不要吝惜对自己的赞美，否则会让人觉得你是个无足轻重、可有可无的人。最后，别忘了和对方交换联系方式，方便进一步的沟通。

“跟什么人学什么艺，跟黄鼠狼学会偷鸡。”“跟着苍蝇会找到厕所，跟着蜜蜂会找到花朵，跟着千万赚百万，跟着乞丐会要饭。”“近朱者赤，近墨者黑。”所以，在拓展渠道时，要特别注意人脉的选择，永远和正确的人在一起。人生最大的成本，就是在错误的人际圈里，不知不觉耗尽一生，碌碌无为度过一生。人生最大的财富，就是遇见彼此的那一盏灯！点燃你的激情，点燃你的梦想，照亮你的前途，指引你走过黑暗的旅程。你我，彼此是贵人，相互成就！“善人同处，则日闻嘉训；恶人从游，则日生邪情。”交上益友，一生幸福；交上损友，一生祸害。那么如何交到益友，而又不被损友所累呢?

孔子说：“益友有三：友直，友谅，友多闻；损友有三：友便辟，友善柔，友便佞。”意思就是，使人受益的朋友有三种，使人受损的朋友也有三种：正直不阿的朋友、宽宏大量的朋友、见多识广的朋友对我们有帮助，使我们快乐；而脾气暴躁的朋友、优柔寡断的朋友、心怀不轨的朋友让我们痛苦。

以反腐为主题的电视剧《人民的名义》告诉我们：5种人请交一辈子。

一是吵架后先道歉的人，不是因为错，而是懂得珍惜；

二是合作时愿意让利的人，不是因为笨，而是知道分享；

三是工作时愿意主动多干的人，不是因为傻，而是懂得责任；

四是喜欢主动买单的人，不是因为钱太多，而是把你看得比金钱重要；

五是愿意帮你的人，不是欠你什么，而是把你当真朋友。

正能量人的表现，有明确理想与目标的人、感到幸福且乐于助人的人、富有激情且不断拼搏的人、和你有心灵感应的人、愿意分享和主动帮助你的人、在你痛苦和迷惘时愿意支撑和点拨你的人。这些人可能都是你生命中的贵人，会给你力量和信心，应该好好地珍惜。

4）用忠诚去播种

忠诚就是真心诚意，没有二心。经过选择确定交往对象者，就要忠诚待之，重情义，轻利益。古语云“交友无贫富，情义重千金”。 富兰克林曾说：“人与人之间的相互关系中，对人生的幸福最重要的，莫过于真实、诚意和热情。”

唐朝大将军薛仁贵贫困时，与老婆住在一个破窑之中，衣难遮体，食难果腹，全靠他朋友王茂生接济，后来他跟随唐太宗李世民征战，立下汗马功劳，被封王加爵。众人纷纷登门拜访，送礼无数，但是全被薛大将军拒绝。某日王茂生挑着担送来两坛美酒，大将军很开心，命左右收下，并且请属下一起分享。打开坛子，众人面面相觑，不敢说话，因为坛中装的不是美酒而是清水，大家正要问罪王茂生，岂知大将军丝毫没有怪罪，当众饮下三大碗清水。薛大将军说：“以前贫困时，全靠王兄接济。如今我立下军功，飞黄腾达了。王兄家境贫寒，送来两坛清水，那也是王兄的一番心意。在我眼里，远超过那些金银珍宝。此乃君子之交淡如水。”从此，这个典故便流传了下来。

用忠诚去播种，就是对朋友要尊重和信任，重情义，轻酒肉，轻利益，不背叛、不出卖朋友的秘密；在交往中主动做朋友的“镜子”，愿意指出朋友的缺点和不足，必要时给予诚实的劝教、提醒和责备，并帮助其改善，只真心希望朋友越来越好。著名演员陈道明说：“朋友，我就有骂他的责任，他也有骂我的责任。在事业上、感情上、人生上就有着互相的义务，每次见面都应该有收获，彼此对对方的存在感到一种愉快，而不是整天厮混在一起。”在朋友失意、心情沮丧、举步维艰之时，鼓励和力挺朋友，给予朋友继续前行的勇气和力量。

古人言：“以利相交，利尽则散；以势相交，势败则倾；以权相交，权失则弃；以情相交，情断则伤；唯以心相交，方能成其久远。”交友以心，以忠诚之心，这样的朋友才能久远。

5）用关爱去浇灌

“三年不上门，当亲也不亲。”人与人之间的交往还需要定期而不间断地用关爱去浇灌，人脉才能开花、结果。用关爱去浇灌就是双方经常保持联系和聚会，通过联系和聚会等活动，给对方以关心、鼓励、感恩等信息，也可以对彼此事业的进展和未来的规划等进行沟通和交流等。

为保证沟通联络的有序性，逐步建立可信任的人脉圈，在此介绍一些成功的经验。

第一，进入“贵人网”序列。

原美国总统克林顿的经验值得借鉴，他说：“每天晚上睡觉前，我都会在一张卡片上列出我当天联系的每一个人，注明细节、时间、会晤地点以及与此相关的一些信息，然后输入秘书为我建立的关系网数据库中，这些年来，朋友们帮了我不少。”

借鉴克林顿先生的方法，我们可以每天晚上或每周确定一个时间，将当期结识的人记录到自己的“贵人网”中。在“贵人网”中，对人脉关系按层次进行分级：泛交层次，利益层次，朋友层次，知己层次和兄弟层次。根据不同层级进行分级管理。

第二，保持日常沟通联络。

“平时多烧香，急时有人帮。”友谊、朋友绝不能和金钱相提并论，它和时间一样一去不复返，这种缘分一定要珍惜。因为它难能可贵，就算工作再忙，生活再累，也别忘了常联络朋友，沟通沟通感情，交流交流思想。

沟通的频次、方式可以根据人脉关系的等级进行安排，每人自己决定。长期维护关系的实质：就是你必须跟他们经常保持联系，坚持不懈，才能维护良好的人际关系。有时候，一次关心和问候只需要3秒钟。

只要坚持浇灌，就可以逐步建立可信任的人脉圈，人脉圈就属于你的事业群体，将伴你同行。一个可信任的人脉圈像《水浒传》的英雄一样，有各路好汉，个个身怀绝技。一般来说，成功人士的可信任人脉圈一般包括：智囊人物、专业领域的专业人物、人脉引路人等。

用忠诚去播种，用关爱去浇灌，有时候是有规划的。但有时候是突发的，只要遵循忠诚和关爱的原则，一样可以赢得最有价值的人脉。

在英国，有一个名叫弗莱明的农夫。一次他在田地里干活，忽然听到附近沼泽里传来了呼救声。于是，农夫放下手中的农具向沼泽地奔去。他看见一个小孩正在泥潭中拼命挣扎，眼看就有生命危险了。农夫不顾自己的安危，救起了那个小孩。第二天，农夫劳作的田边停了一辆豪华马车，一位英国贵族优雅地从车里走出来，自我介绍说是被救小孩的父亲，现在特地来向农夫道谢。农夫连忙说这件事并没有什么。

贵族说：“我要给你一笔钱，作为你救我孩子的报答。”农夫回答说：“我不想要报答，因为这是我应该做的。我不能因为这样的事接受酬金。”

正当这个时候，农夫的儿子走出家门口。“这个孩子是你的儿子吗？”贵族问道，“我有一个建议，让我把你儿子带走，我要为他提供最好的教育。如果他像你一样，他一定能成为了不起的人。”农夫同意了贵族的建议。

时间过得很快，农夫的儿子后来上了医学院，顺利地毕业了，并成为当时享誉世界的医生。又过了几年，贵族的儿子得了肺炎，经过注射青霉素得以康复。

那个英国贵族的名字是伦道夫·丘吉尔，他的儿子便是在第二次世界大战期间领导英国人民战胜纳粹德国的英国首相温斯顿·丘吉尔，农夫的儿子就是青霉素的发明者亚历山大·弗莱明。

因为一次偶然的邂逅，改变了农夫儿子的命运，也改变了贵族父子的命运，可见人脉对生活是多么重要。

6）用宽容去护理

“人非圣贤，孰能无过。”“以责人之心责己，以恕己之心恕人。”在发展人脉的过程中，要“严以律己，宽以待人”。

世界上没有完全相同的两个人，与我们相处的人，年龄大小不一，经历不同，性格各异，为人处世的风格也不一样，因此总会存在分歧和矛盾。特别是现代讲究个性的社会，人的个性越来越强，并且丰富多样，如果没有宽容之心，不但难以建立自己的人脉圈，可能自己都要被气死。宽容是互赠的礼品，苛求是对刺的尖刀。

“人低为王，地低为海，海纳百川。”遇事多宽容，做到明他人之长，知他人之短，容他人之过。愿意做“垫脚石”“出气筒”。当然，一切宽容都是在不触犯原则的前提下，得饶人处且饶人，以宽广的心胸去面对别人，与人为善。

人心是相通的，人们对好人品的需要是永久的，人们的内心真正敬佩、尊重和渴望报答的，永远都是那些具有高尚品德和良好声誉的人。所以，不要抱怨自己没有朋友，不要先想交什么朋友，而是问自己是什么人；不要先问别人能为我做什么，而是问自己能为别人做什么。

只要遵循人脉拓展的逻辑，认真按照以上要求和方法去做，坚持不懈，相信一定可以建立自己的可信任、有价值的人脉圈。在这个人脉圈中有事业的好帮手、信念的支柱、最无私的引路人，还有送来好心情的使者。

最后，一定要记住：你的人脉圈最终取决于你付出真心的多少，取决于你慷慨帮助过多少人。在人生和事业的旅途中，遇见理解你的内心和事业，与你拥有共同或相似的价值观的人，愿意慷慨帮助你的人，你一定要百倍地感恩和珍惜。

第二节　感恩而卓越地工作

当今，我们不但生活在和平时代，而且是中华民族的伟大复兴时代，不再需要为工作而求人、找关系，像广东、江浙沿海城市常缺劳动力，是工作在找人，而不仅仅是人找工作。其实工作是非常珍贵的礼物，今天人们已习以为常了，以致根本没有考虑过工作的意义，有些人根本不在乎工作，甚至有的人把工作当成是一种压力、负担和无奈。

社会上，把广大从农村解放出来的务工者统一称为“打工仔”，人们也习以为常了。但是，因为“打工仔”的称呼，致使90%以上的人深深地刻下了“打工”的烙印，自然干什么都是以“打工心态”对待，认为所干的活根本不是自己的事，只是为了谋生与养家而被迫的事情。使工作失去了其应有的意义，工作变得单调、乏味、无奈，甚至惹人厌烦。

按此道理，如果现在社会上称务工者，不是叫“打工仔”，而是叫“干事业”，这些务工者的工作心态不知会好多少，他们必将能更多地体会到工作的乐趣，取得更大的成绩。我常说：中国文字如此丰富，而用得最打击人、最损减GDP的三个字就是“打工仔”。“打工仔”三个字不知道影响了多少年轻有为的年轻人，不知道降低了多少国民生产总值。

“德国人敬业，中国人敬钱。”感性的中国人本来对工作的意义缺乏思考，再加上“打工仔”的烙印，特别是现在“打工仔”普遍已经没有“打工”的紧张感和压力感的时候，如果不能对工作的意义有一个比较全面、理性、深刻的认识，他们可能会普遍抱怨工作、马虎工作、厌恶工作甚至逃避工作，这样对中华民族的复兴都将是灾难，对每个务工者也是灾难。

最高的情商，就是满怀感恩地去工作！如果认为工作是平淡乏味的，当你满怀感恩之心去工作时，你就很容易成为一个品德高尚的人，一个更有亲和力和影响力的人，一个有着独特的个人魅力的人。因为工作是人最好的礼物，工作具有八个层次的意义，世界上唯有工作可以同时满足马斯洛提出的五个层次的需求。

一、工作的八层意义

第一层：履行天职

正如马可·奥勒留在《沉思录》中追问的那样，“你的存在是为了获取享乐、好吃贪睡还是尽职尽责呢？你没有看到小小的植物、小鸟、蚂蚁、蜘蛛、蜜蜂都在工作，从而有条不紊地尽它们在宇宙中的职分吗？”

“工作是人的天职。”社会得以前进、生活得以继续，是因为有人在田间劳作，有人在工厂做工，有人在商场卖东西，有人在学校教书，有人在救死扶伤，有人在驾驶公交车，有人在为花草浇水，有人在站岗放哨保卫边疆。我们生活在一个由众多工作组成的世界中，每一份有着积极意义的工作，都为世界增加了一份美丽，为他人增添了一份幸福。工作给了我们每个人创造幸福的机会，也是每个人与生俱来的本能和天职。

唐朝百丈禅师倡导“一日不作，一日不食”的农禅生活，并立下了一套极有系统的寺园规矩，这就是有名的“百丈清规”。他每天除了领众修行外，必亲执劳役，勤苦工作，要求自己与其他僧众过自食其力的生活，对于平常生活中的琐碎事务，尤不肯假手他人。

后来，百丈禅师渐渐老了，但他每日仍随众上山担柴、下田种地，因为农禅生活，就是自耕自食的生活。弟子们不忍心让年迈的师父做这种粗重的工作，因此恳请他不要随众劳作，但百丈禅师仍以坚决的口吻说：“我无德于人，人生在世，如果不亲自劳动，那不成了废人吗？”

弟子们阻止不了禅师劳作的决心，只好将禅师所用的扁担、锄头等工具藏起来，不让他做工。百丈禅师无奈，只好以不吃饭的绝食行为抗议，弟子们焦急地问道：“师父，您为何不饮不食？”百丈禅师说：“既然没有工作哪能吃饭呢？”

弟子们没办法，只好将工具又还给他，让他随众劳作。

劳作是我们获得生活资源的唯一途径。我们不仅要学习百丈禅师“一日不作，一日不食”的思想，更要明白不劳而获是一种耻辱。

人生每天都在生产和消费，我们每天都要进行物质和精神两方面的生产和消费。教育家陶行知说：“淌自己的汗，吃自己的饭，自己的事自己干。靠天靠人靠祖宗，不算是好汉。”

第二层：谋生与养家

工作能赚钱，有钱就可以谋生、养家，这是常识。为了加深些印象，我们可以体会一下一个失业者的家庭是如何生活的。

有一个中年男子，他是家庭唯一一个上班挣钱的，他40多岁，无学历、无技术，没有什么积蓄，没有做生意的经验，上有父母要赡养，下有两个儿女要教养，恰巧碰上了企业改制被裁而失业了。如果这个人就是你，你的心情和生活可能会怎样?

（1）经济紧张，每天生活要精打细算，每天吃的是白菜、稀饭，甚至饿肚子;

（2）给父母亲、妻子和儿女增加了生活压力和忧虑，家庭不再有欢笑;

（3）你本人心里后悔原来没有好好工作，没有学技术，心情痛苦、焦虑，对找工作逐渐失去勇气和信心;

（4）邻居和熟悉的人背后议论，甚至嘲笑;

（5）待在家里心里不舒服，出去找工作又像个乞丐，好像成了多余的人;

（6）变得懒散、心里烦躁，爱发脾气;

（7）觉得生活空虚无聊，甚至产生轻生、倒霉、怨恨、报复等不良的念头和行为;

（8）认为自己无用，产生自卑心理，对未来充满担忧，甚至失去生活的热情。

如果碰上家庭成员不理解、不体谅，而是责备、辱骂及催促，该失业者的心情将会更烦。

每个人都应该有危机意识，不要以为失业不存在，近年来我国城镇登记失业率为4%左右，平均每年的失业人数在800万左右。西方一些国家，近年的失业人数在不断地增加，有的达到10%以上。

作家胡炎讲过一个收破烂的女人的故事，促使我们每个人都应该重新审视工作的意义。

收破烂的女人每天都会来我们楼下，很洪亮地叫：“谁家破烂拿来卖啦！”楼上的人，几乎都和女人打过交道。

收破烂的女人挺脏，一身旧衣服常常污着尘垢，脸上也蹭得黑一块灰一块的，大家对她的脸都不怎么注意，倒是她的声音蛮悦耳的，大家印象很深。

有时没有破烂收，女人就握着自制的耙子，到垃圾道里翻拣，也小有收获。这时的女人，就像只觅食的老鼠。

这是底层人的生活方式，偶尔会得到我们些许麻木的怜悯，而更多时候，我们几乎把她忽略了，就像那些破烂、垃圾一样，她只是一个微不足道的存在。

我女儿是最讨厌这个女人的，每逢女人来我家收酒瓶、报纸之类的废品，她都下意识地捂着鼻子，躲得远远的，孩童的目光里竟有深深的鄙视。现在的孩子们，优越感太强。

“这女人真脏！”女儿说。

我未置可否。

对于女儿，我的心思都在学习上。女儿七岁，算得上聪明，可就是贪玩、粗心，成绩只是中上等。我问她：“你们班谁的成绩最好？”

“刘亚非。”

“他各方面都很优秀吗？”

“对，他还是我们的学习委员呢。”

看得出，女儿对这个刘亚非是很佩服的。女儿说，刘亚非没有父亲，妈妈也下岗了，是个不幸的孩子。我感叹，穷人的孩子早当家啊，人穷志不短，往往有一种奋斗精神超越了现实的苦难。

“你要向刘亚非学习呀！”我说。

一向倔强的女儿没有反驳。

这天中午，我去学校接女儿，带她到附近一个小菜馆吃饭。忽然，女儿惊喜地朝邻桌喊：“刘亚非，你好！”

我抬头望去，一个小男孩，很干净，在他的旁边还坐着一个女人，同样干净、漂亮。刘亚非礼貌地回应着，并介绍旁边的女人：“这是我妈妈。”那个女人也转过脸看着我，像是遇到的熟人，莞尔一笑：“你好，这么巧也来吃饭呀？”

我懵懂地点着头。这女人我不认识，但她的眼神又似乎在哪里见过……

下午我没事，一直待在家上网。近五点钟的时候，收破烂的女人又来了，照例用着她的“女高音”：“谁家破烂拿来卖呀……”

我提了些废品，走下楼去。女人一如既往，衣服脏着，脸黑着，见了我，笑了：“今天可太巧了，咱们的孩子还是同班同学呢！”

我忽然明白了，那个眼神，那个柔弱中透着坚强和乐观的眼神……

“是呀，真荣幸，你的儿子太优秀了！”我说，我的声音第一次充满敬意。

在这个世界上，有多少挣扎在底层的人栉风沐雨，忍着饥寒，为生存奔波。但他们有韧性，有信念，有常人难以想象的承受力。在许多优越者的视线之外，他们的人格依然像苍松挺立、生长……

是的，在我眼前，就有这样的一个女人，一个很干净、很漂亮的女人。

捡破烂的母亲为自己和儿子的幸福辛苦劳作着，她用自己勤劳的双手，撑起了一片天空。

无论是收垃圾还是坐办公室，只要是努力工作幸福生活的人，其人格是可敬的。他们用自己的双手撑起了自己和家庭的一片蓝天，打造了一方净土，尽到了做人的责任，经营着属于自己的幸福。这种幸福是踏实的、干净的、纯洁的，让人感动和尊敬。

上面的故事告诉我们，收破烂、拾垃圾同样可以养家糊口，可以教育子女，可以赢得社会的尊重，也比失业强百倍千倍，这就是工作的意义。正如林肯所说：“只有卑下的人，没有卑下的工作。”

活着，不是靠泪水博得同情，而是靠汗水赢得掌声！这世界很公平，你想要比别人强，你就必须去做别人不想做的事；你想要更好的生活，那么你就必须去承受更多的困难。不吃拼搏的苦，就会吃生活的苦。努力到无能为力，拼搏到感动自己，才能赢得王者人生！

第三层：学技术与练本领

“良田万顷，不如薄技在身”“真正的铁饭碗不是在一个地方吃一辈子饭，而是一辈子在哪儿都有饭吃。”技术本领是立身之法宝。岗位就是最好的课堂，把工作岗位当课堂，把生产实践当教材，把设备故障当作课题，把身边拥有一技之长的工友当作老师，勤奋学习，刻苦钻研，那么我们每一个人都能成长为某一方面的专家。

企业无法提供终身就业的岗位，但会尽力培养员工终身就业的能力。人才必须具备开放的心态，以及和企业共同成长的学习热情。工作是最好的一个学习机会，在工作中，我们可以不断积累经验，学到知识，增进本领，不但不用交学费，还能得到工资。在工作中学习，不但有真刀真枪的锻炼平台，而且还能以前人和巨人肩为梯子，攀上技术高峰。

“三百六十行，行行出状元。”法国人讲“打铁方能成铁匠”，多少人就在工作中不断学习、不断研究，练就了真本领，成为行业的专家、状元。

许振超，青岛港集团集装箱有限公司桥吊队队长，2005年4月被全国总工会评为全国劳动模范，2008年3月当选十一届全国人大代表。他已经成为一个符号，即工人们的典范，他是新时代的“金牌员工”。

许振超参加工作30多年来，一直以“干就干一流，争就争第一”的精神，立足本职，务实创新，干一行，爱一行，精一行。他自学成才，苦练技术，练就了“一钩准”“一钩净”“无声响操作”等绝活，并创造了“天啸飞燕”“显新穿针”“刘洋神绳”等一大批具有社会影响的工作品牌。他带领团队按照“泊位、船时、单机”三大效率的标准要求，深入开展比安全质量、比效率、比管理、比作风的“四比”活动，先后六次打破集装箱装卸世界纪录。“振超效率”令世人赞叹，令“振超精神”名扬四海。“10小时保班”服务品牌为顾客提供了超值服务，吸引了全球各大船运公司纷纷在青岛港上航线、换大船。2002年青岛港集装箱达到770.2万标准箱，位列世界第11强。

许振超还积极响应建设节约型社会的号召，按照青岛港“管理挖潜力”的要求，多方试验在冷藏集装箱上加装节电器，仅2005年就节约电缆600万元，投资回报率达到80%。2006年，他领衔组织实施了轮胎吊“油改电”技术改造，填补了这一技术的国际空白，在全部77台轮胎吊投入使用后，年节约资金3 000万元以上，噪音和尾气污染也大为降低，接近为零。

青岛港集团董事局主席、总裁常德传说：“为什么会有‘振超效率’？许振超能够将下面的一帮子人带领起来。在许振超的带动下，他的‘振超效率’，80%以上的人都已能熟练地掌握，许多工人还掌握了新的绝活。世界纪录不断被刷新，这已不仅仅是许振超一个人的力量，更是许振超带动下的团队力量。”

许振超在工作中创造了非凡的业绩。他没有辜负这个职位，在自己的岗位上不断学习、创新，发明了多种工作方法和技术，在工作中做出了显著的成绩，为社会和公司的发展做出巨大的贡献。

当然，在工作中学到的技能和本领与在学校的学习是不一样的，工作中的学习要特别用心，要耐得住寂寞，要深入到每一个细节中。比如总经理助理工作，能够应聘上此岗位的人综合素质都不错，有的人因为不断进步而走向更重要的管理岗位，有的人却没有成长而止步不前。

网上有篇文章叫《我的助理辞职了》，富有启发。该文的作者是一位总经理，早年也做过总经理助理，他在挽留他的助理时有段对话：

他问她（助理）：“辞职的原因主要是什么？”

她直言说：“本科四年，功课优秀，没想到毕业后找到了工作，却每天处理的都是些琐碎的事情，没有成就感。”

他又问：“你觉得，在你现在所有的工作中，最没有意义的最浪费你的时间和精力的工作是什么？”

她马上答：“帮您贴发票，然后报销，然后到财务去走流程，然后把现金拿回来给您。”

他再问她：“你帮我贴发票报销有半年了吧？通过这件事儿，你总结出了一些什么信息？”

她答：“贴发票就是贴发票，只要财务上不出错，不就行了呗，能有什么信息？”

他说：“1998年，我从财务被调到了总经理办公室，担任总经理助理的工作。其中有一项工作，就是跟你现在做的一样，帮总经理报销他所有的票据。本来这个工作就像你刚才说的，把票据贴好，然后完成财务上的流程。其实票据是一种数据记录，它记录了与总经理乃至整个公司营运有关的费用情况。看起来是没有意义的一堆数据，其实它们涉及了公司各方面的经营和运作。于是我建立了一个表格，将总经理在我这里报销的数据按照时间、数额、消费场所、联系人、电话等记录下来。我起初建立这个表格的目的很简单，我是想在财务上有据可循，同时万一我的上司有情况来询问我的时候，我会有准确的数据告诉总经理。通过这样的一份数据统计，渐渐地我发现了一些上级在商务活动中的规律，比如，哪一类的商务活动，经常在什么样的场合，费用预算大概是多少，总经理的公共关系常规和非常规的处理方式等等。后来，总经理布置工作给我的时候，我会处理得很妥帖。有一些信息是总经理根本没有告诉我的，我也能及时准确地处理。总经理问我为什么，我告诉了总经理我的工作方法和信息来源。基于这种良性积累，越来越多的重要工作被安排给我。再渐渐地，一种信任和默契就此产生，我升职的时候，总经理说我是最好用的助理。”

不管是工人还是文秘人员，学技能、练本领都一定要用心、认真，保持学习的热情，与企业共同发展。罗曼·罗兰曾说："成年人慢慢被时代淘汰的最大原因不是年龄的增长，而是学习热忱的减退。"

在儿子踏入社会前，有位睿智的父亲这样告诫儿子三句话："遇到一位好领导，要忠心为他工作；假如第一份工作就有很好的薪水，那算你的运气好，要努力工作以感恩惜福；万一薪水不理想，就要懂得在工作中磨炼自己的技艺。"

第四层：磨炼意志，塑造人格

工作不但让人学会技能和本领，还让人体会流汗的辛苦与畅快，让人懂得珍惜。工作会碰到困难和挫折，当面对困难，迎接挑战时，会激发人的潜能，让人的性格意志变得坚强、稳健、成熟。在工作中，还会碰到诽谤、中伤、打击、报复等责难，而谴责给予我们的寒风冰霜，有利于我们心智的成长和人格的成熟。

《西游记》中的孙悟空，经过一段漫长曲折的取经之路，经历了九九八十一难，他不得不屈服于"紧箍咒"的魔力，在不知不觉中改变了自己，结果赢得了团队的共同成功。《西游记》所讲述的，其实就是孙悟空从"改变世界"到"改变自我"的一段成长、成熟的历程。

在元朝时期，一个地主家里有两个做工的男孩子，一个男孩子强壮，另一个男孩子弱小，地主分配强壮的男孩放马，分配弱小的男孩放羊。可是强壮的男孩欺负弱小的男孩，非要弱小的男孩去放马，而自己去放羊。于是那个弱小的男孩每天骑着马去放马，而强壮的男孩则把羊圈到附近的山上去放，自己躺在山上睡大觉。弱小的男孩因为放马需要练习骑马，身体越来越强壮，学会了很多骑马的本领，变得身体强壮；而强壮的孩子每天睡大觉，身体越来越弱。最后放马的男孩成了将军，这个孩子就是成吉思汗的护卫将军虎哲。虎哲后来说，人要吃苦，不吃苦是不能锻炼自己的精神和能力的，如果自己也想偷懒，现在也许还继续在地主家放羊。

人生和炼铁一样，在水与火的夹击中磨炼自己。没有艰苦锻造，不可能打出好铁。百炼成钢，工作中的问题、困难就是千锤百炼，成熟的人才就是钢铁。

第五层：收获情谊，拓展人脉

工作要和同事、上级领导、客户等相关方人员接触和交往，通过交往自然会进行工作技能和经验的沟通交流，有利于提高业务。同时，彼此之间自然会相互了解、相互帮助、相互关心，人与人之间的情感也逐渐建立，于是工作圈逐渐成为人脉圈，可以结交良师益友。工作承担的责任越多，工作圈会越大，人脉圈自然也越大。

被称为“打工皇后”的吴士宏就是通过工作获得了友情、得到帮助，并走向成功的一位代表。二十多年前，她刚到IBM（中国）工作时，在公司打工的只有两名北京本地人，一个是司机，一个就是专门打杂的她。

她喜欢这份“一仆多主”的工作，每天被白领们呼来唤去的，她并不觉得委屈自己，从早到晚腿都快跑断了，她的脸上始终挂着快乐的微笑。

也许正是因为她的勤快和乐观，公司白领们都很喜欢她，公司也因为她的存在而变得更加和谐、更加团结。每个人都快乐地对待周围的人，见面时也不像以前那样冷冰冰地默不作声，而是微笑着互相打招呼。

而她不同于一般员工的表现引起了IBM高级员工、美国人丽莎的好感和亲近：“你不是一个普通的打工者，告诉我，你为什么与所有人都相处得那么好？”

她说：“什么原因也没有，我真的就是喜欢IBM，喜欢这里的工作环境，尤其是这里的人，如果有朝一日，我也成为这里的一位高级白领，我将会感到万分荣幸！”

“你会的！我们美国人说，爱会创造奇迹。而且你和我们大家良好的合作关系已经为自己打下了坚实的基础，我们每个人都愿意帮你实现这个愿望！”丽莎鼓励道。

从那时开始，这个勤务工不但在白领们下班后可以向他们学习电脑，而且还在丽莎等人的帮助下不可思议地通过了考试，成了一名助理工程师！当她满怀感激地对丽莎说“谢谢”时，丽莎回答：“不用谢我，是你自己做到的，你对这个团队的热爱，使你产生不顾一切的激情，它确实能使你战胜一切！”

真正成为IBM的白领之后，她不但注意和所有同事的合作，而且对自己要求更加严格，凡是对IBM有利的事情，不管是分内分外，是苦是累，她都乐于抢在前头。她常说的一句话就是：“我以IBM为荣，我要通过自己的努力，让IBM也以我为荣！”

她说到也做到了，从1985年打工时算起，12年后的1997年，她成功出任IBM中国销售渠道总经理。

么意思？”校长笑着说：“这是我们的土话，就是下午的意思。”“这孩子怎么教？”查文红激动地说：“我热爱我的事业，自愿来当一名编外教师，就是想尽自己的一点微薄之力，为农村孩子做点什么，可他们……”校长表情有些凝重，叹了口气说：“以前来了几个教师，都没坚持几天就走了，你再想想吧！”她想到农村的落后与闭塞，如果这些孩子长大后还只晓得“狠狠”，他们将永远走不出这贫瘠的土地，也将永远不能与外界对话沟通。此刻，她明白了老校长的用意。她决定倡导用普通话教学。为了让学生能听懂她讲课的语言，她开始刻苦学习当地土话，一有机会便向村民们学习。上课时，她总先用普通话讲，再“翻译”成学生能听懂的土话。在她的推动下，普通话渐渐成了校园里“时髦”的语言。

查文红为了让启蒙阶段的孩子在愉快的氛围中接受知识，通过讲故事与编顺口溜的方式进行教学，深受学生的欢迎。孩子们的学习热情高涨，期末考试时，全班的语文成绩平均达到了91.87分，名列全镇第一。家长们闻讯，纷纷买来鞭炮，到学校放了起来。一位家长激动地说：“这么好的成绩，我们多年没见过了，感恩查老师！”面对此情此景，查文红激动得哭了，她庆幸自己的努力终于有了回报。

春节临近，学校照顾查文红，让她把剩下的课集中讲完，好早点儿回家过年。孩子们听说老师要走，心里都很难过，竟不能集中精神听课。查文红有些生气，正要批评他们，一个名叫丁丽的小女孩站了起来，很失落地说：“老师，你不走行不行？”

“不行啊，老师要回家过年。”

“那你到我家过年，行吗？”

“不行，因为上海的家里还有一个姐姐正等着老师回去呢。”

听到这里，小丁丽哭着说：“那，那你亲我一下好吗？”

查文红眼圈红了，走过去亲了亲小丁丽，止不住流下泪来。这时全班同学不约而同地站起来，都说：“老师，你也亲亲我吧。”于是，班上47个学生，她一一亲到。亲完最后一个学生，全班同学放声大哭起来。孩子们觉得，查老师这一去就再也不会回来了。

47个孩子一起大哭，那该是一种什么样的情景！哭声传出，全校师生以为发生了什么事情，纷纷跑了过来，附近的村民也闻声从家里赶来了。哭声是如此具有感染力，一时间全校学生都哭了，面对如此感伤的场面，一些老师和村民也不知不觉地流下泪来。

“那惊天动地的哭声，我从未听到过，至今还在我心中回荡，这一辈子我忘不了那感人的哭声。”查文红每忆及此，还是感动得双眼湿润……

4．敬业之乐

敬业者可以心无旁骛地工作，这种内心的专注让我们心无杂念，身心和谐。拥有这种状态是我们内心最纯洁、最纯净的时候，也是最幸福的时候。敬业精神让我们的精神摆脱世俗的烦扰，得到真正的幸福。

敬业的人对工作的意义和价值有更深刻的认识，他们知道自己在干什么，知道自己的工作对他人的影响，时常为自己的工作感到骄傲和欣喜。会把工作当作享受，会全身心地投入工作中，发掘工作给自己带来的乐趣。

因为敬业，会对工作产生情感。106国道东明段刘楼道班养路工王青云，养路28年，他说：“对公路有了感情，就会感到路边的树木、途中的桥梁和黑色的路面都是活的，处处让人牵挂。只有把路管护好了，自己心里才踏实。”28年中，他被车辆碰倒过，被大雨淋病过，因为不让羊群啃树皮被牧羊人骂过，因为阻止村民在路上偷土被人打伤过。但他从来没有动摇过“做一辈子养路工”的信念。

《圣经》上也说：“你看见辛苦敬业的人么？他必站在君王面前，因为敬业的人才可以得救，敬业是通向天堂的通行证。”

第八层：实现人生价值，铸就人生丰碑

德国著名剧作家克雷洛夫说：“现实是此岸，理想是彼岸，中间隔着湍急的河流，行动则是架在河上的桥梁。”在这里，行动就是工作。

人生的价值就是对社会的贡献，人们通过劳动给社会创造财富，满足社会需求的过程，就是实现人生价值的过程，也是成就人生的过程。给人类历史做出重大贡献的，都是那些充分实现了人生价值，铸就人生丰碑的人。

中国和世界都有这样杰出的代表，“水稻之父”袁隆平就是这样一位代表。

2010年，袁隆平向世人宣布了第三期超级稻目标：在2010年，亩产要达到900公斤，同时要把杂交水稻推向世界。袁隆平设想，在2010年将杂交水稻在世界

范围内推广到1 500公顷，按照每公顷增产2吨粮食计算，就能多产3 000万吨粮食，多养活1亿多人。

这一年，距离他与杂交水稻携手之始已有45年。

袁隆平77岁那年，仍然雄心不减。年过古稀，本该含饴弄孙、颐养天年，袁隆平却依然坚守在一线，每天准时上班，准时下田，上午9点半到10点半，下午3点半到4点半，是他固定到试验田的时间。袁隆平办公室的门也永远向学生和助手敞开着，有想法、有问题，随时可以去探讨，去争论，办公室里常年放着草帽、毛巾、长筒雨鞋，这对他们又是一种无声的催促：到田里去，到实践中去。

每天必须到田里去，因为不管是毒日头，还是狂风雨，只有站在稻田里，才能更好地认识水稻，了解水稻，要熟悉到一打眼一片稻田就能分辨是哪个品种，它有什么样的"脾气"，一如区分自家的和别家的孩子，这是袁隆平对学生的要求。要知道一亩稻田里会有1万多到2万株禾苗，这种了解是非常不容易的。

育种时，如果一个组合有奇数粒种子应该怎么播？要对称播两排，最后一粒播在两排中间，这也是袁隆平的要求，目的是让秧苗对称，条件均衡，缩小试验误差。要知道育种一季类似的组合要做1万多次，因为弯着腰在田间工作，有些学生也和袁隆平一样患上了腰肌劳损。

凭借这样一种精神和态度，在近半个世纪的时间里，袁隆平在杂交水稻攻关的每一个关键时刻、每一个困难面前，都始终坚守目标，锲而不舍地进行科学探索；在杂交水稻领域的每一个发展阶段，每一项重大技术创新，都贡献了非凡的经验、智慧和学术思想。袁隆平赢得了全世界人的敬佩和爱戴，他最大限度地实现人生价值，铸就人生丰碑。

社会上，像袁隆平这样的人很多，就是在这些人的推动和带动下，我们的社会，我们的国家不断走向新的辉煌。

二、卓越者的工作态度与方式

工作本身没有贵贱之分，但是工作的态度却有好坏之别。看一个人是否能做好事情，就要看他对待工作的态度。其实，所有合法的工作都是值得尊敬的。《福布斯》杂志创始人贝蒂·查尔斯·福布斯曾经说过："做一个一流的卡车司机比做一个不入流的经理更为光荣，更有满足感。”

一个人的工作态度折射着人生态度，而人生态度决定了一个人一生的成败。你的工作态度，就是你的生命的投影。视工作为鸡肋者，食之无味，弃之可惜，结果做得心不甘情不愿，于公于私都无益。

卓越工作者视工作为神圣的事业，不管是在重要岗位，还是做烦琐的工作，都会认真负责，爱岗敬业，全力以赴，专注卓越。

（一）认真负责

负责是一种伟大的品格，是人性的光辉体现。一个人是否成熟，不是看年龄有多大，而是要看能担起多大的责任。越是优秀的人，承担的责任越大，负责任的范围也越广。要负责则必须认真，不认真就不可能负责。

浙江传化集团徐冠巨总裁对社会责任感的阐述十分深刻，他说：“社会责任感包括对自我、对家庭、对他人、对企业、对社会五个层面，这五个层面责任感的统一称为社会责任感。对自我负责是将自我融入企业和社会中发挥出自我潜能、实现自我价值，是将一滴水汇入大海中形成波澜壮阔的人生；家庭是社会细胞，对家庭是否负责是检验责任感的试金石，一个对家庭都不负责的人是难以做到对他人、对企业、对社会负责的；对他人负责就是对同事、朋友、企业员工负责，这种责任体现在关心、支持、帮助和理解各方面；对企业的责任感就是事业感通过工作实现良好的经济效益；对社会的责任感包括对国家、对政府、对公众负责，实现良好的社会效益。”

认真负责是卓越者首先应有的态度和精神，也是最基本的态度和要求。认真负责是成事的必要条件之一，卓越者正是因为认真负责，所以成为家庭的顶梁柱，成为公司的骨干，成为社会的中坚力量。现实社会中，认真负责而成功的例子很多。2013年度感动中国人物，“中国核潜艇之父”黄旭华就是这样一位代表。

黄旭华，著名船舶专家，核潜艇研究设计专家。1964年研制出我国第一艘核潜艇，各项性能也均超过美国1954年的第一艘核潜艇。1994年当选为中国工程院院士。

为保守国家最高机密，黄旭华在研制核潜艇的30多年间，淡化了和家人之间的关系，隐姓埋名30年。

面对栏目和本报记者的采访时，谈起往事，他说："为祖国的核潜艇事业隐姓埋名，我无怨无悔。"

（二）爱岗敬业

爱岗就是干我们喜欢的工作，另一种是喜欢上我们干的工作。爱岗是一种境界，爱上自己的工作，把事业和工作当作恋人，对工作充满激情，即使你从事的是最平凡的清洁工、维修工、服务员，也会把工作做到极致。早晨上班，当作赴约会；工作时，当作谈恋爱；下班时，当作与恋人的暂时小别，恋恋不舍。这样，工作会让你燃起激情，激情又使工作和事业蒸蒸日上，工作和事业就会变成你生命中的有机组成部分。

朱熹说："敬业者，专心致志以事其业也。"敬业就是敬重自己所从事的事业，它是对工作满怀激情，并对自己提出比别人更高的标准，是更专心致力于工作，千方百计地把工作做好的一种追求。

稻盛和夫把人分为三种类型：自燃性的人、可燃性的人、不燃性的人。自燃性的人能激励自我、燃烧激情，就是那种失败了我再来，失败了我再来，失败了我再来，不达目的决不罢休的人；可燃性的人就是通过他人激励而奋发努力的人；不燃性的人则是无论他人如何激励都无动于衷的人。

正如美国石油大王洛克菲勒说："如果你视工作为一种乐趣，人生就是天堂；如果你视工作为一种义务，人生就是地狱。"

卡内基钢铁公司的创始人安德鲁·卡内基："一个人如果不能在工作中找出点'罗曼蒂克'来，这不能怪罪于工作本身，而只能归咎于做这项工作的人。"美国一个鱼市演绎着"把抱怨的鱼市变成了欢乐的鱼市"的故事。

在美国西雅图有个特殊的鱼市，在那里买鱼是一种享受。那里充满了欢声笑语，鱼贩们面带笑容，像合作无间的棒球队员，让冰冻的鱼像棒球一样，在空中飞来飞去。有人问鱼贩们为什么那么快乐，鱼贩告诉他，前几年这里是个最没有生气的地方，大家整天都在抱怨。后来，大家一致认为与其每天抱怨沉重的工作，不如改变工作的品质。于是，他们开始试着把卖鱼当成一种艺术。从此以后，一个创意接着一个创意，一串笑声接着一串笑声，他们的鱼市成了附近生意最好、工作场面最热闹的地方。这种工作氛围甚至吸引了附近的上班族，他们常到这儿来和鱼贩用餐，感受他们乐于工作的好心情。

工作的乐趣不在别处，它就在你的身边，在你的手里和心里。与其抱怨工作枯燥无味，不如努力去发掘工作的乐趣，甚至主动创造工作中的乐趣。日本人为什么对工作有极高的热情？日本管理学家中谷彰宏这样精辟地解释：“工作对我们而言究竟是有趣的还是枯燥乏味的，全要看你有没有热情努力地去做好它。再枯燥的工作，努力去做也会变得有趣；再有趣的工作，如果兴味索然地做都会变得无趣，不信你把自己装成没有兴趣的样子去玩游戏机看看。一个人不能从工作中找乐趣那不是工作本身枯燥的缘故，而是他自己不懂得工作的艺术。”

（三）全力以赴

各类组织中，常见三种状态的人：一是试试看的人，二是尽力而为的人，三是全力以赴的人。平凡的是工作岗位，平庸的是工作态度。如果不想平庸一生，就需要拿出拼搏的精神，在工作岗位上做出不平凡的业绩来。伟大人物对使命全力以赴可以谱写历史，普通员工对工作全力以赴则可以改变自己的人生。

姚明说过：“篮球就是竞争，没有游刃有余的取胜方法，要拼尽全力，连滚带爬地争取胜利。”杰克·韦尔奇办公室里贴的一张画画着一只狮子和一只鹿，意思是不管你是强是弱都要全力以赴。

其实成功没有捷径，如果说有捷径，那就是全力以赴；成功其实也没有约束，如果说有约束，那就是从不全力以赴。只要全力以赴，就是功德圆满；如果还有所保留，就是失败；只要你发自内心地相信自己在拼搏精神上胜过对手，那么你就很难被打败。不能在必要时拼死拼活工作的人是不会获得成功的。松下公司有个标语牌，上面写了三句话：“如果你有智慧，请你贡献智慧；如果你没有智慧，请你贡献汗水；如果你两样都没有，请你离开公司。”成功的因素可能有许多，但是无论有多少因素，有一个因素必不可少，那就是全力以赴。

我结合自身的体会，认为全力以赴有三个层次：第一个层次是每天把所有的力气都赴出去了，即精疲力竭了，没有精力去娱乐、游玩了，到了宿舍就要睡觉了。第二个层次是夙夜在公，即不管白天、晚上都在想着工作，甚至做梦也想着工作的事；第三个层次是领导整个团队都能做到第一、第二个层次，并成就一番事业。

（四）专注卓越

“专注”就是全神贯注，专心致志，专注是一种精神，也是一种境界。“咬定青山不放松，不达目的不罢休”。有骆驼一样的耐心，才能找到事业沙漠中的绿洲。

活了90岁的荷兰科学家万·列文库克看了60年的门，也磨了60年的镜片，这个只有初中文化的业余的磨镜片者，凭着自己磨出的镜片，突破了人的视力局限，看到了微生物世界，被巴黎科学院授予院士头衔。

笛卡儿患病时躺在床上，无意中看见天花板上的蜘蛛网，他便琢磨其中的奥妙，创立了新的数学分支——解析几何。

伽利略看着被微风吹拂而轻轻摇摆的吊灯，发现了摆的等时规律。

牛顿看到苹果从树上掉到地上，思考为什么苹果不能从地上自由地飞到树上，从而悟出了“万有引力”定律。

“感动中国的100位道德榜样人物”中有一个人物叫张秉贵，他是北京人，生前是北京王府井百货的一个售货员，他给自己定下坚持热情服务的三条守则：即进入柜台就是进入战斗岗位，必须全神贯注，眼、耳、口、手、脚、脑这六部“机器”同时开动，任何原因都不得懈怠；不把个人的麻烦事和不愉快的情绪带入柜台；以热对冷，化冷为热。他坚持不懈，练就了“一抓准”和“一口清”的过硬本领。

他的售货艺术被人们誉为“燕京第九景”。有一位拄着拐杖的老人经常来欣赏他售货，这位老人说：“我是个病人，每天来看看你站柜台的精神劲儿，为人民服务的热情劲儿，我的病也仿佛好了许多。”一位音乐家看他售货后说：“你的动作优美，富有节奏感，如果配上音乐，是非常动人的旋律。”

1987年，张秉贵患癌病住院期间，探望他的人络绎不绝，有党和国家领导人，也有教授、专家，更多的是热爱他的顾客。

张秉贵去世十几年后的2000年，北京王府井百货推出了一种“张秉贵糖”，被放在糖果柜台最抢眼的位置。花花绿绿的糖纸上，印着张秉贵的头像。

洗马桶就要“洁净如新”，其中日本野里圣子的故事给人启发。

野里圣子大学毕业时，进入了渴望已久的东京帝国大酒店，向往自己未来在五星级酒店的白领生活。在新人受训期间，她被分配到卫生部门负责清洁厕所，每天必须完成让马桶“洁净如新”的工作要求。

娇生惯养的她，从未做过如此低下的工作，因此第一天在接触马桶的一刻，她几乎快呕吐出来，此时的她开始萌生离职的念头。基于自己的不甘心和意志力驱使，她坚持地工作下去。

有一天，野里圣子因为工作被主管责难而委屈哭泣，这时一起工作的老前辈过来帮她清洁马桶，完成后居然伸手拿出一个杯子往马桶里盛水，并当着她的面一饮而尽，她告诉圣子这就是公司要求“洁净如新”的标准。野田圣子当时的心境有如“拨云见日，阴霾扫净”，非常开心。她决心调整自己的工作态度，同时默默勉励自己：“就算一生要洗厕所，也要做个洗厕所里最出色的人物。”她洗厕所达到了“洁净如新”的要求，也饮过马桶里的水。后来，她得到东京帝国大酒店的正式工作，成为被提拔最快的员工。后来，她成为日本邮政大臣。

在当今社会，由于科学技术的进步，社会分工越来越细，人们无须为温饱操劳，完全可以集中时间、精力专注于钻研自己的事业。当今的社会条件，为无数人取得卓越业绩创造了条件，但其中最关键的是工作时不要三心二意，不要左右徘徊，不要三分钟热情。到今天为止，没有谁知道自己工作的能力到底有多大。正如佛祖所说：“制心一处，事无不成。”在人生和事业上，只要持久地专注，就一定卓越！

三、做“苦工”的主要原因

梁启超认为天下有两等“苦人”：第一等苦人，莫过于无业游民，不知把自己的身子和心子摆在哪里才好。第二等苦人，便是厌恶自己本业的人，这件事分明不能不做，却满肚子里不愿意做，结果还是皱着眉头，哭丧着脸去做。

现在社会就业和谋生的机会很多，加上社会的保障机制，第一等苦人虽然没有绝迹，但比较以前任何时代都少了很多。但第二等苦人可能非常多，并且原因也复杂得多。

本文的做“苦工”者，不是指做苦力，而是指不能真正理解工作与生活的意义，不能体会工作与生活的快乐而抱怨工作与生活，工作消极被动并常被催促、被批评的群体。除不能真正理解工作与生活的意义外，做“苦工”的主要原因有以下五点。

（一）不良环境因素的影响

正面的环境因素促使人们倾向于正面的行动，负面的环境因素促使人们倾向于负面的行动。“一勤交十懒，不懒也要懒；一懒交十勤，不勤也要勤。”就是典型的环境对人的影响。

“破窗理论”指出，如果一座房子的窗户破了，但是没有人去理会它，那么不久之后，其他的窗户也会被人打破。如果一个地方扔了很多垃圾，没有人去打扫的话，那么就会有更多的垃圾扔在那里。还有“酒和污水理论”指出，如果一杯酒倒进一桶污水中，则这杯酒变成了污水；如果一杯污水倒进一桶酒中，则这桶酒也变成了污水。污水可代表负面的环境因素，一旦负面环境因素产生，负面影响将比较深远。“破窗理论”和“酒和污水理论”都揭示了不良环境对人的负面影响。好的环境一样会促使人们产生好的行为，比如在五星级酒店里，一般就看不到人随地吐痰和扔纸屑。

不良环境因素，既有社会环境中的不良因素，也有单位环境中的不良因素。只要这些不良因素比较严重地存在，就一定会影响人们的行为。

一个单位如果形成了“会做的不如会说的，会说的不如会忽悠的，会忽悠的不如会搞关系的”“干多干少一个样，干好干坏一个样，干与不干一个样”“能推则推，能拖则拖，能踢则踢”这样的氛围时，则这个单位做事的会感到压抑苦闷，不干事“混日子”的反而潇洒。

如果单位形成了任人唯亲、帮派严重、互相怀疑、消极、勾心斗角和内耗严重的氛围，内部管理混乱，是非不分，奖罚不明，形式主义、官僚主义严重，则该单位的效率会比较低，员工普遍会比较消极。

在全社会共同环境之下，有些企业内部环境积极健康，员工勤劳上进，奋力拼搏，实现企业和员工共同成长、共同成功。海尔、华为、联想等大型企业是其中的代表型企业。而有些企业员工消极懒惰，纪律松懈，勾心斗角，企业发展艰难，员工虚度年华，那些发展缓慢而艰难的企业大多存在类似的问题。环境氛围关键靠高层持之以恒地主导和推动。

（二）不良思想观念的误导

人的行为是受思想观念指导的，有什么样的思想观念就会有什么样的行为。社会上，有些思想观念看起来比较实际，容易被接受，所以对人误导和影响很深。

第一，极端自私的观点。

奉行“人不利己，天诛地灭”，不管做什么事都斤斤计较，不能吃半点亏，不愿意做任何克己利人的事情。即使同事或单位非常急需其做某事，他也一定要先谈好价再做事。更有甚者，为了自私的目的，不择手段，干出损人利己、损公肥私的事情。

极端自私的人，看起来最聪明、最会算，但该类人一定是不受欢迎的，一定是比较孤独的，得不到朋友的帮助，也得不到单位的重用。

第二，认定自己就是打工仔。

既然认定自己是打工仔，则必然是以打工的心态工作，打工的心态缺乏主动、缺乏干劲，内心总觉得出于无奈、被迫，总想逃避工作。

这样的人既发现不了工作的乐趣，也做不好工作，反而经常因为被动、拖延而被批评、被处罚甚至被辞退等。

第三，认为工作的目的就是赚钱。

这个观点很现实，自然也很有“市场”，被不少人信奉。当人把工作与赚钱画等号时，其实工作者已经变成了“钱奴”。

人的时间、精力和心思应该主要放在工作上，努力把工作做好，钱只是工作的回报，也是自然的回报。

有一个种果树的农民，他天天唠叨着：果树怎么还不开花？怎么还不结果？果子怎么结得这么少？我们都会觉得这个果农太累了，甚至太傻了，果树开花、结果都是有规律的，急是白费时间和精力，他只要把肥、药、水等施好就行了。

冷静想一想，那些把自己当“钱奴”的人和这位果农又有什么区别呢？把自己当“钱奴”的人，就是盯着钱，特别是盯着发工资，并想方设法要搞清楚每一分钱是如何算出来的。

色就想谈条件，未来已远离你；一合作就想自己如何才能不吃亏，事业已远离你；成功的秘诀就是“我愿意多付出，不计较”。

（四）不良习惯和嗜好的影响

不良的工作习惯有多种形式，比如随意、差不多、找借口、拖延、推诿、马虎等等，形成的原因也多种多样，有社会文化和家庭成长环境的影响，也有单位环境的影响，还有个人因素。不论何种形式的不良工作习惯，不论其形成的原因如何，对工作都是有害无益的。下面简单分析一些普遍存在的不良习惯，以提醒读者检讨与纠正。

第一，随意的工作习惯。

典型就是自由散漫，无拘无束，不守纪律，不遵守规章制度，不遵守工艺纪律等。这种自由散漫与农耕社会遗留下来的风气有一定关系，也与中国人“差不多”的习惯有关系。但进入现代工业社会后，很多企业的工业流程、工业产品要求员工必须有一丝不苟、精益求精的精神。

第二，拖延的习惯。

几乎每个人都有拖延的经历，一方面是人们整体的时间观念不强，还有一方面是完成一件事往往需要多单位、多部门配合，只要其中一个单位、一个部门出现延误，整件事情就给拖延了。

“世界上有93%的人都是因为拖拉的陋习而一事无成，因为拖拉能杀伤人的积极性。”这是美国哈佛大学人才学家哈里克的结论。

现实是无情的，拖延对工作、对人的心情和性格的影响都是有害的。曾经辉煌的爱立信就是因为T28型手机在质量和服务问题上处理得不及时，而失去了中国市场的头把交椅，销售额由占全国市场的33%下降到2%。

1998年，《广州青年报》从8月21日起连续三次报道了爱立信手机在中国市场上的质量和服务问题，引发了消费者及知名人士对爱立信的大肆批评。而且，爱立信的768、788C，以及SH888型号手机居然没有取得入网证就开始在中国大量销售。当时，不轻易表态的电信管理部门的声明，证实了此事。爱立信手机存在的问题浮出了水面。但爱立信一如既往地采取掩耳盗铃的方式来解决问题。据当时参与报道的记者透露，爱立信试图拿出几百万广告费来封媒体的嘴。爱立信广州办事处主任还狡辩：

我们的手机没有问题。

2001年，一位消费者说：“我的爱立信手机坏了，送到爱立信的维修部门，问题很长时间都没有解决。最后，他们告诉我是主板坏了，要花700元换主板。而我在个体维修部那里，只花了25元就解决了问题。”

在错误面前诡辩的人，就等于重犯了一次错误，甚至比重犯错误更危险，因为错误已在他脑子里扎了根。

第三，找理由和借口的工作习惯。

中国人是很聪明的，但很可惜有些人把聪明用到找理由和借口上。有一件事未完成或出现问题，他们可以找出十个甚至一百个理由和借口。多数人都有不自觉地找理由和借口的习惯。下面是个寓言笑话，也说明找借口是要吃苦果子的。

有一只猫，总爱寻找借口来掩饰自己的过失。

老鼠逃掉了，它说：“我看它太瘦，等以后养肥了再吃不迟。”

到河边捉鱼，被鲤鱼的尾巴打了一下，它说：“我不是想捉它——捉它还不容易？我就是要利用它的尾巴洗洗脸。”

后来，它掉进河里，同伴们打算救它，它说：“你们以为我危险了吗？不，我在游泳……”话没说完，它就沉没了。

“走吧，”同伴们说，“它又在表演潜水了。”

最后，这只猫被淹死了。

有些不良嗜好对工作的影响也是致命的，比如赌博、上网玩游戏、吸毒等。人只有一颗心，当一心迷恋于某些事情时，就变成了嗜好，就上瘾了，这时人就无心工作，要么经常性迟到，要么上班时没精打采，要么干脆旷工。

牛津大学研究出一个人没出息的九大根源及其所占比率：总找借口（22%）、恐惧（19%）、犹豫不决（13%）、拒绝学习（11%）、拖延（9%）、三分钟热度（8%）、害怕拒绝（7%）、自我设限（6%）、逃避现实（5%）。这九大根源中，大部分是不良习惯。而不良习惯对人的影响深入人的灵魂，潜意识地制约着人的行为。想要赢得王者人生，一定要克服自己的不良习惯。

（五）不良人际关系的影响

费孝通谈到人际关系时，对我国的人际关系做了一个比较形象的比喻，他说：“中国的人际关系就像一块石子扔到水里一样，溅出好多好多波纹，一圈一圈地向外扩散，由近及远，互相交错，利益关系复杂。比如，一个有着三个人的小单位，构成了三种人际关系，如果增加一个人，就变成六种关系了，如果加入的人越多，那么形成的关系也就越复杂。因为每一个人都像投入水中的石块一样，以自己为中心，形成了一圈一圈的波纹似的由亲而疏的关系网，在相互交错中，形成了错综复杂的关系。复杂的人际关系，对团队绩效产生了很多负面的影响，因为人们耗费在人际关系方面的精力太多了。而人的精力是有限的，这方面花费得多，用在工作上的就少了，就必然会影响团队的整体绩效。所以，团队一定要创造一种和谐的人际关系氛围，使团队成员可以在简单的人际关系中，轻松而全力以赴地开展工作。”

由于中国是一个讲人情、讲面子的社会，人与人之间的关系有上下级关系、同事关系、朋友关系、夫妻关系等等，人们在处理人际时要花不少时间和精力，如果处理不当，产生猜疑等问题，导致关系紧张时，必然也会影响工作与生活。

所以《德胜员工手册》中写道：简单、纯洁的同事关系是公司健康发展的保证，君子之交淡如水是公司推崇的同事关系法则；互相之间要坦诚相待，有矛盾冲突及时沟通，以免猜疑。

当然，以上五点是影响工作与生活的主要原因，但不是全部原因。对于工作态度和方式存在问题的人来说，切实需要认真检讨、客观分析原因，以便对症下药，有效地克服和解决。

第三节　释怀自在、惬意优雅的活法

人之最大的不自由，是心灵的不自由，是无休止的忙、盲、茫。如果心灵没有达到自由的境界，无论身到何处，也是不自由。我们如何才能摆脱这种心烦意乱、迷茫劳累的生活，而找到一种自在、惬意的活法，这正是本节所重点阐述的内容。

一、释怀自在

人类社会经过多年的发展，心理学家、哲学家等在深入研究之后，发现人生最深层的秘密——“心像造我”，也就是中国成语所说的“心想事成”，西方所罗门所说的“心中所想皆会成为现实”，《西游记》中所言的“心生则种种魔生，心灭则种种魔灭”。

冷静细想，当代人们“忙、盲、茫”“烦、躁、闷”皆是出于心，心被牵制能不迷茫吗？心披重负能不累吗？中国圣贤曾提出“我命由我不由天”，中国心学大师王阳明就一直践行“心向光明”，而成为一代圣人。

人生要幸福快乐就得有好心情，而要拥有好心情，就需要把握情绪的“闸门”，需要具有认知情绪、调整情绪、驾驭情绪的能力，进而需要让心出“狱”，偿还心债，心造幸福，从而释怀自在。

1．让心出“狱”

俗话说：“野花不种年年有，烦恼无根日日生。”人生充满快乐、充满机遇，但从另一角度看，人生是一个“过关”游戏，有名声关、利益关、权力关、责任关、色情关等。这一道道雄关横亘在人追求终极人生的道路上，又相互交错打结，让人觉得有太多的东西踩着自己的“心”，被一道道绳索捆着“心”，让人觉得“心”在狱中。要赢得王者的人生，我们首先就要让心出“狱”，让心释怀自在。

综合分析，心“狱”主要有三大类十四种。

第一大类：本源性的烦恼。

主要有：

（1）贪欲。即将财、色、名、利等一切据为己有的贪念。贪欲太强大会让心永远不得满足，永远不得安宁，永远处于浮躁、不安状态。

出“狱”之法：要淡泊名利，常“忘我”，不贪、不恋、不走极端，才能“过关斩将”。要知足常乐，要自律持戒。

（2）愤怒。即因为个人的骄慢肤浅而引发愤怒的言行。愤怒是心理的瘟疫，“冲动是魔鬼”“愤怒以愚蠢开始，以后悔告终”。

出“狱”之法：可以立即离开现场，进行活动转移，如欣赏音乐；或进行心理暗示，提醒自己制怒；或深呼吸60秒等，即可控制愤怒。

（3）痴愚。即不思考、迷信、封闭而听不进正确的意见。表现为固执己见、怀疑真理。

出“狱”之法：贪婪用喜舍对治；嗔忿用慈悲对治；愚痴用智慧对治；傲慢用谦虚对治；疑虑用正信对治；邪恶用正道对治。

第二大类：倾向于由外向内而引起不良心情。

主要是因为环境的压力、不利等因素，而引起心中的烦恼等不良心情。主要有：

（1）恐惧。即面临外在的威胁而产生的害怕心理，恐惧有时是短暂的、突然的，有时是长期而持久的。

（2）压抑。即面临强大的对手和无解的环境，而产生的压抑而无奈的心理。

（3）焦虑。即外在环境的变化性和不确定性，使人产生种种忧虑。憔悴皆因心绪乱，从来忧虑最伤神。

（4）沮丧。即对外在环境感到无能为力，内心产生自卑和失落等心理。

（5）嫉妒。嫉妒是由于别人胜过自己而引起抵触的消极的情绪体验。当看到别人比自己强时，心里就酸溜溜的不是滋味。

第三大类：倾向于由内向外引起的不良心情。

主要有：

（1）悲哀。即侧重于内心的哀愁。

（2）强迫。即给他人施加压力使之服从自己，或迫使自己达到某种目的和状态。

（3）抱怨。即因为事情不如意而对自己认为原因所在的人或事物表示不满。老婆对老公抱怨道：“每天早上你一起床就说‘困死了’，叫你做点家务你说‘累死了’，饭做得晚了些你说‘饿死了’，乘公共汽车上下班你说‘挤死了’，骑自行车你又说‘冷死了’……你这一天到晚要死几回呀？”老公道：“烦死了！”

（4）浮躁。即轻浮急躁，不沉稳。表现为杂念多，变化快。东方禅师总是把人心比作“猴心”，因为它总是不易固定，飞扬跳脱。

（5）悔恨。即懊恼过去做得不对及为做不到或做不好而内心不安。一个人有悔恨改过之心是完善自我道德的良药，但一味地悔恨于事无补，反而容易产生罪恶感，变成苦行以折磨自己，这种悔恨对自己的杀伤力很大。

事实上，没有哪个人在任何时候百分之百地正确。每个人都是通过行动、出错、纠正错误这样的过程不断成长的。

（6）寂寞。即一种介于孤独、落寞之间的心情，或不被人理解而产生的孤独感。

第二、三大类不良心情的出“狱”之法，除了上述方法之外，还可采取以下方法：

（1）环境调节法。即到优美的自然环境，以调节心情。

（2）积极的心理暗示法。

（3）3分钟深呼吸或冥想法——一个让人受益终生的工具。

深呼吸方法如下：在安静的环境里，闭上眼睛，放松身体，慢慢吸气，然后慢慢呼出，让你的呼吸领你进入心地空明的境界。你吸气时，想“我”；呼气时，想“放松”。呼气的过程中，让你的肚脐尽力紧贴脊椎，这样你能把所有的气息呼出去，持续3分钟，即达到有效休息和放松。

冥想时，开始时一定要自然，把注意力集中在某个特定的人、地方、歌曲或记忆中最值得珍惜的一刻。

（4）宣泄法。通过写日记的方式，把心中的不良心情、原因毫无保留地记录下来；或者大哭一场；或者找朋友倾诉；这样就把心中不良心情全部发泄了，心情也就比较彻底地放松了。还有一些因人因事而比较特殊的方法，下面有一个“钉子的故事”，读者读后也许会有所启发。

有一个男孩脾气很坏，于是他的父亲就给了他一袋钉子，并且告诉他，每当他发脾气的时候，就钉一根钉子在后园的围篱上。第一天，这个男孩钉下了37根钉子。慢慢地，每天钉下的钉子数量减少了。他发现控制自己的脾气要比钉下那些钉子来得容易些。

终于有一天，这个男孩再也不会失去耐性乱发脾气了，他告诉父亲这件事。父亲告诉他，从现在开始，每当他能控制自己的脾气的时候，就拔出一根钉子。一天天过去了，最后男孩告诉父亲，他终于把所有的钉子都拔出来了。父亲握着他的手来到后园说：“你做得很好，我的好孩子，但是看看那些围篱上的洞，这些围篱将永远不能恢复成从前的样子。你生气的时候说的话将像这些钉子一样留下疤痕，如果你拿刀子捅了别人一刀，不管你说了多少次对不起，那个伤口将永远存在。话语的伤痛就像真实的伤痛一样令人无法承受。”

从钉子的故事可以看到，心情管理并不是压抑心情，而是觉察心情后，用科学的方法，用正确的方式，探索自己的情绪，然后调整自己的情绪，理解自己的情绪，放松自己的情绪。

（5）名人名言激励法。在碰到挫折、情绪低落、心情不佳时，诵背名人名言或警句等也能够自我激励。比如在艰难的时候，诵背毛泽东的《长征》《冬云》《沁园春·雪》等都很有振奋人心的作用。

总之，我们不要让那些令人不快的事占据你的心灵，要及时清扫“心里的垃圾”。让心出“狱”，让心平静，让心释怀，达到“宠辱不惊闲看庭前花开花落，去留无意漫观天外云卷云舒”之境界。

2．偿还心债

心债即心中的欠债，指应该做而没有做，应该完成而没有完成或没有完成好的事情，或者不应该做而做了的事情。心中有欠债则会有压力、沉重、不舒服等不安的感觉，所以心债一定要及时还清。若不及时还清，则会像银行的利息一样越欠越多，心中负债则会越来越沉重，而且时间越长则越难还清。心债主要有以下情形。

1）心中的负疚感

做错了事而误了事，或说错了话而伤了他人，总觉得对不住他人，产生负罪感和自责。

偿还的办法：主动而诚恳地道歉，求得他人的谅解。并立即采取有效措施进行弥补，达到满意效果为止，做到问心无愧。

2）心中的牵挂

牵挂可以是对亲人、朋友的身体、工作、生活等方面的惦念和担心，会引起心中的惆怅和不安。牵挂是一种人情，是可贵的。有时牵挂本身就是一种真情的祝福，有时牵挂是一种担忧。如对年迈父母老年生活、身体的牵挂，对小孩学习和教育的牵挂等，则属于一种心债，是需要努力想法解决，否则会加重心债。也就是人们常说的孝敬父母是不能等的。“子欲孝而亲不在”是人生很大的遗憾。

3）见不得阳光的行为

见不得阳光的行为会带来心理的阴暗，会让自己看不起自己，会变得越来越畏缩和不敢担当，会把自己归类于社会的底层。当一个人逐渐失去尊严时，他的心理包袱就会很重很重，以致再想起步也会有心无力。

偿还的办法是：立即停止见不得阳光的行为，要多做正大光明的事，多做有益于他人、有益于社会的事，这样人就会越来越自信、越来越坚强有力。

此外，欠钱、欠人情要及时还，不及时还会成为心债；报恩要及时，不及时会成为心债；借钱到期就要还，不按期还也会成为心债。

3．心造幸福

心情好，觉得天也蓝，地也宽；心情坏，觉得到处都是灰蒙蒙。心情好时，蟋蟀会欢歌，花草会微笑；心情不好时，歌声是噪音，鲜花如杂草。只要心是晴朗的，人生就没有雨天。

不仅如此，心情好时，灵感好，记忆力好，头脑最活跃，思维最灵敏，做事效率自然比平常高。有人调查发现，几乎所有长寿的老人平时都非常愉快，并且长期生活在一个家庭关系亲密、感情融洽、精神上没有压力的环境中。

心情好与不好，对人生快乐与痛苦有直接影响，对人生的成败、寿命都有很大的影响，所以我们一定要保持天天好心情，实现“心造幸福”之目标。

如何做到“心造幸福”呢？只要坚持以下四点，保证能够实现。

第一，理性地笑对生活。

微笑是一种职业素养，更是一种修养，一种气质，一种风度，一种力量，一种智慧，一种活法。

西方一位哲人说过，生活好比一面平镜，你对它哭，它也对你哭，你对它笑，它也对你笑。

既然哭着是活，笑着也是活，那我们为什么不笑着面对人生呢？我们一定要快乐地活着，并且让我们身边的人快快乐乐。所以该高兴的时候，就要尽情地高兴，不要故意克制自己欢欣的那份情感。因为人们在生活中吃苦受累的时候非常多，心情愉快的时候相对较少，所以在生活与工作中，遇到值得高兴的事情，就要尽情地让自己的快乐释放出来。否则，只会觉得人生非常晦暗。喜悦是一种精神营养，能够增添生活与工作的乐趣。

有个“苦脸婆婆”变为“笑脸婆婆”的故事：

笑脸婆婆原先不会笑，天天愁眉苦脸，人人都叫她“苦脸婆婆”。她有两个女儿，大女儿卖雨伞，小女儿卖布鞋。每到晴天，她就开始担心大女儿的雨伞卖不出去；一到下雨天，她就开始忧愁小女儿的布鞋没人买。因此，她天天耷拉着苦瓜脸，总没有快乐的时候，因为她找不到开心的理由。直到有一天，有人一语点破她：“你想想看，多好啊，下雨了，你大女儿的雨伞就好卖了；晴天了，你小女儿的布鞋就有好生意了。”“苦脸婆婆”一听有道理，一反往日的心情，不再为无谓的事情忧愁发闷，天天笑容满面，渐渐地，人人都叫她“笑脸婆婆”。

所以，一个人快乐与否，不在于他拥有什么，而在于他怎样看待自己当下拥有的东西，怎样定位自己的拥有，怎么看待自己的健康、财富、名誉和成就。“事在人为，休言万般皆是命；境由心造，向前一步自然宽。”

第二，每天开怀大笑，创造快乐。

据说，近几年全球有5 000多家“笑一笑俱乐部”相继成立，风靡了印度全国，感染了全世界。印度有句谚语：“你对生活笑，生活也对你笑；你整天哭丧着脸，生活也对你哭丧着脸。”故而印度人大多爱笑。而“笑一笑俱乐部”的创始人、印度医生卡特利亚经过大量研究之后发现：只要是笑，大脑就会发出指令，让身体分泌“快乐”的化学元素。所以他经常对学员说，你只要笑，不要问为什么笑。笑过之后，你就会身心健康，活力四射。

笑一笑俱乐部关于笑的方法：伸展双臂，把手高高举过头顶，然后开始微笑。稍后，从微笑转为“咯咯”地笑；5分钟后，双手放下，自然垂立身体两侧，手指微曲，开始低声暗笑；几分钟后，便仰天放声大笑。

科学证明，笑能使人的肺部扩张，胸部肌肉得到舒展，人在笑声中如同做了深呼吸运动，并清除了呼吸道的废物；笑能使消化液的分泌增加，消化道的活动增强，促进食欲；笑还能使思想放松，缓解紧张，心情舒畅，有助于睡眠。笑能促进内脏器官活动，调节内分泌系统，提高机体的抗病能力。而且真心地微笑，人的心理得到充分放松；人体整个神经系统可从紧张状态下解放出来，人在这种状态下是最幸福甜美的。当然，只有发自内心的、真诚的微笑才能有利于健康。

法国一位名叫亨利·理班斯坦的医学博士也说：“笑，是一种类似于原地跑步的锻炼方式，它可以使肌肉强壮，加强心律，加快脉搏，扩张支气管。加速肺部换气，不仅等于给内脏按摩，而且也等于给小腹和胸大肌推拿，由于吸收了更多的氧，因而也净化了血液。另外，笑能提高工作效率，驱除劳动的疲劳，对神经过敏或容易暴躁发怒的人来说，是一剂良药。人在笑的时候，脑子里会产生儿茶酚胺和其他荷尔蒙，这些物质能使体内自行产生吗啡，有利于镇静。”故而根据笑的生理效应，这位亨利博士发出忠告说：“为了你的健康，不应当放弃任何开怀大笑。”

美国人也在寻找和制造快乐，美国的“笑笑笑”电视节目是全美最好的节目，其内容全部是家庭幽默片，来源则是观众自己。

第三，每天保持巅峰状态。

动作可以引动情绪，情绪会影响我们的思想。振奋人心的动作会引动积极的情绪，积极的情绪又会影响我们积极的思想，所以，设计一些振奋人心的动作对人能保持巅峰状态非常关键。

所以，我们常常看到举手、握拳的动作，同时大力喊出：“我是最棒的，YES；我是最优秀的，YES；我是所向无敌、无所畏惧的，YES。”同时，配合一些积极的思想，比如人生真美好，我喜欢我自己；喜欢自己的人才会喜欢别人，我一定做得到等。

中骏集团董事局主席黄朝阳介绍他的成功经验时说：“‘今天真是美好的一天，充满热情、财富和力量。’这是每天早上当我起床之后，从镜子里面看到我第一眼的时候，一定要告诉自己的一句话。12年，天天如此。”

只要你按照上述的方法，用心坚持实践，相信你一定找到“神欢体自轻，意欲凌风翔”的妙境，并每天保持在巅峰状态。

第四，多想开心事。

在充满矛盾的世界里，不管是谁都难免碰到烦心事，碰到烦心事你越想摆脱却越摆脱不了。怎么办？“忘掉烦心事”的窍门是“想想开心事”，不必拼命地想要忘掉不开心的事，你只要想想开心事，并计划好未来快乐的事情就好了。你应该在随身的小本上，把一年12个月分成春夏秋冬，然后先制订打算去哪儿玩，和谁在一起参加宴会，和谁见面等愉快的玩乐的计划。

二、惬意优雅

生活其实完全没有必要紧紧张张、匆匆忙忙、浮浮躁躁，生活不但可以做到释怀自在，而且还可以惬意优雅，像古代居士一样淡定从容，像绅士一样风度翩翩，像弥勒佛一样笑口常开。做到惬意优雅关键是做到以下五点。

1. 敬天爱人

人生挫折、失败和痛苦的主要根源是缺乏对规律的重视和认识，以致违背了规律，而遭到规律的惩罚。人生的顺利、成功和快乐根源于对规律的重视、认识和尊重。

敬天爱人就是重视规律、尊重规律的智慧体现。这里天代表规律、代表父母、代表上级、代表百姓；只要重视和尊重规律，顺从父母长辈的意念，服从上级的安排，我们才会顺心顺意，不会有违心和逆天之感。从根本上、从方向上，敬天意味着顺心顺利。爱是儒教、佛教、基督教的核心教义；儒教、佛教、基督教能够传承几千年，其内核就是爱。只有具有爱的人，才能真正享受被爱，才会感受到自己的责任在于利人。爱人者心地是善良的，心胸是广阔的。

当然这里所重视和尊重的规律一定要是经过检验的真理，而不是谬误，也不是那些似是而非的真理。如果信奉似是而非的真理，那么现在比较流行的各种各样的成功学就会不知不觉地扭曲了人的心灵、价值观和方法论。这里所讲顺从父母长辈的意念和上级的安排，也不是没有主见地照搬，而是经过理性思考后的一种坚信和自觉。如果发现父母长辈或上级的意念或安排违背规律，或存在疑虑时，应大胆坦诚地与父母长辈及上级交换意见后，再执行。对父母长辈和上级的问题坦诚提出意见本身就是对长辈和上级的敬重。

这个世界永远都是一个三互为的世界：互为因果、互为动力、互为目的。敬天者则天助之，爱人者则人爱之。能得到天助人爱之人是何等的惬意！

敬天爱人者，不断地修炼德性，懂得感恩，懂得包容，凡事尽量为人着想，先人后己。不懂敬天、只顾爱己者，常常互相争理、互相抱怨、互相揭短，总是寻思他人不对，结果得心病；集怒气、怨气于一身，结果被气病。

2．知足常乐

超人李嘉诚曾说过：人生要知足，但不要满足。知足常乐，不满足才能继续前行。他还说：如果他总和比尔·盖茨比财富，他不会快乐。

知足常乐，就是要懂得什么叫满足，才能保持开心、快乐的心情。生活中不可能事事都能顺心如意，对那些不是自己力所能及的事，也要学会知足。

知足者是智者。知足者懂得珍惜，珍惜一切来之不易！自己所拥有的一切、所享用的一切都是自己或他人的劳动成果。

知足常乐就是安心法。对于钱，挣多挣少都是命中有的，多挣多花，少挣少花，绝不攀比、不攀缘。人家挣钱多了不眼红，人家挣钱少了也不要瞧不起。对于名、对于权，一切都顺其自然，不攀比，不虚荣。这样心安且自在。

知足常乐是积极的生活态度，知足可以减少对生活不满的看法，可以更好地享受所拥有的快乐。珍惜现在，把握未来，懂得知足，享受常乐。

3．感恩三乐

一首《感恩的心》流行天下，因为感恩融入了人的心灵、人的血液。会唱《感恩的心》的人不少，但真正能够践行感恩的人不会太多。为什么懂得感恩的人不但快乐，而且一般都很幸运？细细地领悟，发现感恩有三乐。

感恩唤醒愉悦观念和美好的记忆，让人沉浸在受感动之中，懂得感恩的人常常念念不忘他人的恩情，每想起他人的恩情，自己就处于受人之恩的状态，这是第一乐。

感恩行为会让自己赞赏自己。“滴水之恩当涌泉相报”“知恩图报者，贤者也”“知恩不报非君子”。中国传统文化和社会对报恩有很高的期望和评价。一个人如果报答了他人恩情，则会得到社会的肯定，自己也会赞赏自己，这是第二乐。

感恩者会得到更多的帮助。事实上，每个人都得到过他人不同形式、不同程度的帮助。随着时间的推移，有些人慢慢地很少有人帮助他，而有些人会得到越来越多的帮助。为什么？因为不懂得感恩的人，后面没有人再愿意帮助他；而懂得感恩的人，他为人做事会得到社会的肯定和认可，会有一个好名声和好口碑，于是会得到更多的人相助，这是第三乐。

永远怀着一颗感恩的心，去报答他人对自己的好，去看待社会，看待父母，看待亲朋，你将会发现自己是多么快乐。放开你的胸怀，学会感恩，因为这会使世界更美好，使生活更加充实。

4．天伦之乐

家庭之乐是天伦之乐，是浸心入肺的幸福快乐，是天性之快乐。孩子享受着无私的父爱、母爱，尽情挥洒童真之乐，父母也在感受孩子成长成才之乐。夫妻之间的情爱、恩爱、温馨更是家庭一大乐。老年人看到子孙满堂，安享晚年之乐。

要享受天伦之乐，就要用心经营好家庭，根据实际情况，需要设计和规划家庭的活动，一家人经常在一起，充分放松，一起娱乐、游玩，既享受天伦之乐，又能不断地培养家庭情感，使家庭成员之间关系更加融洽、甜美。

天伦之乐是幸福快乐的金矿！并且是越挖掘越丰富的金矿。能够懂得、体味、挖掘天伦之乐的人是惬意的，其美妙只有真心、真情者才能体味和享受。现在很多人为了事业，不能很好地平衡工作与生活的关系，让家庭牺牲了很多，减少或者耗尽了家庭的天伦之乐，有识之士一定要注意弥补，否则是莫大的遗憾。创新工场李开复得癌之后的体会是非常深刻的，他拍下《向死而生》的视频，因为他努力弥补天伦之乐。2013年查出癌症晚期，本来只有几个月生命的他，竟通过自己的顽强意志和乐观心态战胜了癌症，创造了生命的奇迹和家人一起过着幸福生活，尽享天伦之乐。李开复的故事值得人们反复品味和领悟。

5．贡献之乐

贡献之乐是一种畅快豪情之乐！谁都不想一辈子碌碌无为，幸福快乐是每个人的生活追求和目标，但人的作为是人生成就的最终标尺，人生的终极意义在于对社会的贡献。

贡献是人生的终极目标，其过程可能有汗水、泪水，其过程付出越多越有意义，也越精彩。其结果不但带来更丰厚的报酬，也给自己带来精神的快乐，真正让人感觉到惬意。

“人生不如意事十有八九”是一句经常能听到的话，生活中确实有很多人的经历应验了这句话。其实质，“人生不如意十有八九”一般是听天由命者。认真体会和应用本节内容，将会变成“人生如意十有八九”。

希望越来越多的人能从无休止的忙、盲、茫及内心塞满了烦、躁、闷这种低幸福指数的现状走出来，重新获得释怀自在、惬意优雅的生活。

第五章

“王”字中间一竖：时间与生命

时间去哪儿了，生命就去哪儿了；时间不知去哪儿了，生命就是浪费了。现实中，一方面我们没有明确的时间意识，被动地感觉时间在飞逝；另一方面我们又都感觉到很忙碌，但事实上又没有做出什么有价值的事业。

为了有效地利用时间，最大限度地实现人生的价值，我们需要树立：时间就是生命，节约时间等于延长生命；时间是能力、事业等发展的地盘；守时就是诚信和尊重他人；要做时间主人，不要做时间奴隶等时间观念。需要坚持日事日毕、要事优先、简化有序、劳逸结合等时间利用法则。掌握制订具有行动力的计划，时间分析改善法，零碎时间利用法，时间增效法等时间管理的实用方法与技巧。同时还要防止“时间强盗”“时间黑洞”“慢性自杀”等形式的时间浪费。最终实现时间管理的最高境界：实现时间保值与增值，实现时间自由。

第一节　知识经济时代的时间观

时间是生命体和其他一切物质的表现和存在形式，是由过去、现在和未来组成的连绵不断的系统，是物质运动变化的持续性的表现，也正是这种连续性规定了时间是一种无始无终的永恒；同时，时间也是一切物质的内在规定和组成部分，没有时间规定的物质是不存在的。

时间，抓得住就是黄金，虚度了就是流水。古今中外有无数的伟人、名人对时间都有极其深刻的认识和表述，我们将结合他们的观点提出知识经济时代的时间观。

一、时间就是生命，节约时间等于延长生命

人作为一种特殊的物质，时间是人运动、变化的表现形式，也是人内在规定和组成部分，没有时间存在，人也就不存在了，从这个角度看，时间就是人的生命。

18世纪美国最伟大的科学家和发明家，著名的政治家、外交家、哲学家、文学家和航海家以及美国独立战争的伟大领袖本杰明·富兰克林说："你热爱生命吗？那么别浪费时间，因为时间是组成生命的材料。"

普通人往往缺乏时间意识，只有非常珍惜时间的人才能听到时间的脚步声。其中最形象、最贴切又最让人心跳的是中国现代诗人、散文作家朱自清曾经在他的《匆匆》一文中描述的："去的尽管去了，来的尽管来着；去来的中间，又怎样地匆匆呢？早上我起来的时候，小屋里射进两三方斜斜的太阳。太阳他有脚啊，轻轻悄悄地挪移了；我也茫茫然跟着旋转。于是——洗手的时候，日子从水盆里过去；吃饭的时候，日子从饭碗里过去；默默时，便从凝然的双眼前过去。我觉察他去的匆匆了，伸出手遮挽时，他又从遮挽着的手边过去，天黑时，我躺在床上，他便伶伶俐俐地从我身上跨过，从我脚边飞去了。等我睁开眼和太阳再见，这算又溜走了一日。我掩着面

叹息。但是新来的日子的影儿又开始在叹息里闪过了。”

“志士惜年，贤人惜日，圣人惜时。”“一寸光阴一寸金，寸金难买寸光阴。”鲁迅惜时如命，他把别人喝咖啡、谈天的时间都用在工作和学习上。他最讨厌那些成天东家跑跑，西家坐坐，说长道短的人，在他忙于工作的时候，如果有人来找他聊天或闲扯，即使是很要好的朋友，他也会毫不客气地对人家说：“唉，你又来了，就没有别的事好做吗？”他只活了56岁，可谓寿命短，却创造了伟大的精神财富。在短短56年中，他创作、翻译了900多万字的小说、散文、诗歌、戏剧等文学作品。

鲁迅说：“生命是以时间为单位，浪费别人的时间等于谋财害命；浪费自己的时间，等于慢性自杀。”“节省时间，也就是使一个人的有限的生命，更加有效，而也即等于延长了人的生命。”

二、时间是能力、事业等发展的地盘

马克思说：“时间就是能力、事业等发展的地盘。”离开时间，能力、事业和价值等都是空谈。“清晨不起，误一天的事；幼年不学，误一生的事。”

18世纪法国博物学家、作家布封，25岁时定居巴黎，他有睡懒觉的习惯，几经克服，效果都不好，后来他请了个彪悍的仆人来监督自己，并且与自己的仆人订了个协议，不管他晚上多晚睡觉，早晨5点必须起床。如果叫不醒，仆人可以拖他下床；如果他发了脾气，仆人可以动手打他；若仆人没有做到，就要受罚。这位仆人很忠于职守，终于让他养成了每天5点按时起床的习惯。

发明大王爱迪生惜时如金的故事：一天，爱迪生在实验室里工作，他递给助手一个没上灯口的空玻璃灯泡，说：“你量量灯泡的容量。”他又低头工作了。过了好半天，他问：“容量多少？”他没听见回答，转头看见助手拿着软尺在测量灯泡的周长、斜度，并拿了测得的数字伏在桌上计算。他说：“时间，时间，怎么费那么多的时间呢？”爱迪生走过来，拿起那个空灯泡，向里面斟满了水，交给助手，说：“里面的水倒在量杯里，马上告诉我它的容量。”助手立刻读出了数字。爱迪生说：“这是多么容易的测量方法啊，它既准确，又节省时间，你怎么想不到呢？还去算，那岂不是白白地浪费时间吗？”助手的脸红了。爱迪生喃喃地说：“人生太短暂了，太短暂了，要节省时间，多做事情啊！”

爱迪生常对助手说：“浪费，最大的浪费莫过于浪费时间了。”“人生太短暂了，要多想办法，用极少的时间办更多的事情。”

加拿大作家格拉德威尔在《异类》一书中指出：“人们眼中的天才之所以卓越非凡，并非天资超人一等，而是付出了持续不断的努力。只要经过1万小时的锤炼，任何人都能从平凡变成超凡。”他将此称为“一万小时定律”。要成为某个领域的专家，需要1万小时，按比例计算就是：如果每天工作四个小时，一周工作五天，那么成为一个领域的专家至少需要十年。

华罗庚说：“凡是较有成就的科学工作者，毫无例外地都是利用时间的能手，也都是决心在大量时间中投入大量劳动的人。”毛泽东说：“多少事，从来急；天地转，光阴迫。一万年太久，只争朝夕。”

三、守时就是诚信和尊重他人

知识经济社会是高效的社会，也是交际的社会，各种各样的活动、聚会越来越多，每个人需要处理的事情都比较多。增强时间观念，严格遵守时间，已经成为社会正常高效运作的需要，守时是做人的基本原则，是诚信和尊重他人的表现。如果不守时，不但会影响活动和会议，而且浪费别人的时间，也是对别人的不尊重，所以，守时也是个人综合素质的表现。

华盛顿经常这样说：“我的表从来不问客人有没有到，它只问时间有没有到。”他每天4点钟吃饭，如果有时候应邀到白宫吃饭的国会成员迟到了，华盛顿就会自顾自地吃饭而不理睬他们，这使他们感到很尴尬。一次，他的秘书找借口说，自己迟到的原因是表慢了。华盛顿回答说：“那么，或者你换换新表，或者我换个新秘书。”

拿破仑有一次请元帅们和他共进晚餐，他们没有在约定的时间到达，他就按计划吃起来，他吃完刚刚站起来时，那些人来了。拿破仑说：“先生们，现在就餐的时间已经结束，我们开始下一步工作吧。”

对美国人来说，守时是一种尊重他人的表现。通常若约会迟到超过10分钟，就应该向对方道歉或解释原因。知道自己会迟到的人往往会先打个电话，让对方知道自己会晚一点到。而中国目前的演讲、聚会等活动不但一般要推迟半个小时到一个小时，而且往往是越是重要的人物越是最后到场，似乎这样可以体现领导的尊严和身份。

古时谋略家张良守时的故事，值得我们品味和学习。

张良年轻时，曾经闲来无事，一次在桥上闲游。有一老人，穿着麻布短衣，走到张良跟前，故意把鞋掉到桥下，回头对张良说：“小伙子，下去拿鞋！”张良很惊讶，想教训他，但他太老了，只好勉强忍着气到桥下捡来了鞋。老人说：“把鞋给我穿上！”张良就跪着给他穿上了，老人伸着脚承受，而后笑着离开了。张良很惊奇，目送老人走了一里左右，老人又回来了，说道：“小伙子值得教导。5天后，天刚亮的时候，和我在这儿相会。”张良因此觉得奇怪，跪着回答：“好。”五天后天刚亮，张良去到桥上，老人已经先到了，老人发火说：“同老年人约会，却晚来，为什么？”说完就走了，嘱咐说：“五天以后早些来到这里相会！”五天后鸡叫头遍，张良就去了，老人又先在那儿了，又发怒说：“又来晚了，为什么？”说完就走了，嘱咐说：“过五天，再早点来。”五天后，张良不到半夜就去了。一会儿，老人也来了，高兴地说：“应当这样。”于是拿出一本书说：“读了这本书，就能做皇帝的老师了。”说完他就走了，没有说别的。天亮后，张良看那本书，原来是著名的《太公兵法》。

四、要做时间主人，不做时间奴隶

“时间就是速度，时间就是金钱。”在市场竞争日益激烈的今天，那些有着强烈的使命感、责任心和奋斗精神的精英们只争朝夕，与时间赛跑，坚持“小车不倒只管推”，创造了一个个辉煌和奇迹。但是因为他们的忘我投入，以至于忙得顾不上家，顾不上自己的身体，甚至认为休息是多余的，吃饭也是在浪费时间。正是因为这种习惯性的、长期的忙碌，近年来在中国企业界，一幕幕让人触目惊心的悲剧不断出现，一个个优秀的企业家倒下、离我们而去，令人扼腕叹息；一大批青年企业家英年早逝，令人痛心。

商场竞争激烈残酷，使很多企业家背负着沉重的心理压力。调查表明，中国企业家和创业者一般每天要工作14个小时左右。据国务院发展研究中心的一项调查显示，九成企业家表示工作压力大，逾七成认为工作状态紧张。调查还发现，平均每四个企业家中就有一位患有与工作紧张相关的慢性疾病，如神经衰弱、高血压、慢性胃炎等。

《圣经》曾告诫人们：“人就算赚得全世界，若赔上自己的生命，又有什么益处呢？”古罗马西塞罗说：“不能给自己留一点闲暇的人，不是一个自由的人。”

导致企业家普遍处于亚健康状态甚至部分企业家英年早逝的主要原因既有企业家自身的问题，也有社会经济体制和市场体制的问题，但其中最核心、最关键的原因是：他们沦为了时间的奴隶，而没有做好时间的主人。

诗人歌德说：“只要我们能善用时间，就永远不愁时间不够用。”研究表明，认为自己有时间并能主动支配时间的人，动作更加从容，办事更有策略，成事更有把握，与那些忙忙碌碌的“时间悲观主义者”相比，在同样的时间里能取得更好的成绩。他们不仅事业做到极致，身体也非常健康，还充分享受了人生的幸福和快乐。

现年89岁的李嘉诚就是“要做时间的主人，不要做时间的奴隶”的典型代表：一是睡觉之前，一定要看书，非专业书籍，他会抓重点看，如果跟公司的专业有关，就算再难看，他也会把它看完；二是晚饭之后，一定要看一二十分钟的英文电视，不仅要看，还要跟着大声说，因为“怕落伍”。关于工作习惯，最为著名的细节是李嘉诚的作息时间：不论几点睡觉，一定在清晨5时59分闹铃响后起床。随后，他听新闻，打一个半小时高尔夫球、游泳、跑步，然后去办公室。

台塑集团创始人，被誉为台湾的“经营之神”的王永庆，享年93岁。在世时的王永庆，严谨的生活作息可说是数十年如一日。他每天固定在深夜两点多起床，以毛巾操或跑步、游泳等运动活络筋骨，接着就是读书、看报、写作和静坐的时间。6～8点再去睡个回笼觉，睡醒后脑清目明、神清气爽地准时9点到办公室上班。王永庆中年以后坚持每天跑步一个小时，风雨无阻，数十年如一日。但令人佩服的不只是他以慢跑来养生，而是他从1978年开始跑步以来，无论是刮风下雨、腰酸头痛，甚至身在国外，他都坚持每天跑5 000米，从不间断，直到医生劝他停步，那年他83岁。

因过度劳累而导致普遍亚健康，甚至英年早逝的群体，以及高寿且事业达到顶峰的李嘉诚、王永庆等例子，鲜明地告诉我们“要做时间的主人，不要做时间的奴隶”。只有能够自主地支配时间，合理地平衡工作与生活，不被时间奴役，才能获得事业成功和健康幸福的双丰收。

第二节　科学地利用时间

一、认识生物钟和大脑运作机制

认识和利用生理和心理规律是高效利用时间的理论基础，尊重和利用生理和心理规律就像顺水推舟、乘风破浪一样，可以起到事半功倍的效果，违背生理和心理规律就像逆水行舟，费力伤神而收效甚微。所以我们有必要了解、认识和利用与高效利用时间相关的生理和心理规律。

（一）个人的生物钟

1．生物钟理论

什么是人体生物钟？人体生物钟是科学研究人员根据人体生理变化规律总结出来的理论。生物钟理论认为：我们每个人体内都有着生物节奏，其中对人体影响比较大的情绪、智力每天都在按照一定的规律周而复始地呈周期性变化，分别称为体力节奏、情绪节奏和智力节奏。在这些节奏的高潮期，人体常常是体力充沛，情绪高昂，思维敏捷；在其低潮期，则往往是疲劳乏力，情绪低落，精神恍惚，反应迟钝，容易出差错。

人体生物钟在运行中，呈正弦曲线变化，按照“三节律”运行，即人体存在智力、情绪、体力周期分别为33天、28天和23天的生物钟，这三种“钟”存在明显的盛衰起伏，在各自的运转中都有高潮期、低潮期和临界期。体力生物钟一个周期是23天，它影响着人们的体力状况，包括对疾病的抵抗能力、肌肉收缩能力、身体各部分的协调工作能力、动作速度、生理变化适应能力，以及其他一些基本的身体功能和健康状况等；情绪钟一个周期是28天，它影响着人们的创造力，对事物的敏感性和理解力，情感与精神及心理方面的一些机能等；智力钟一个周期是33天，它影响着人们的记忆力、敏捷性以及对事物的接受能力、逻辑思维和分析能力等。人体生物钟从0开始，进入高潮期，经过1/4周期时为高峰日，高峰日前后2～3天为“最高峰区”。高峰日后开始向低潮期过渡，到达1/2周期时，正是高潮期向低潮期过渡交替的日子，称为“下降临界日”。此后便进入低潮期，到达3/4周期时为低谷日，低谷日前后2～3天为“最低潮区”。低谷日过后开始上升，向高潮期过渡，到达整周期（0周期）时，称为“上升临界日”，生物钟完成一个周期的运行，进入另一个周期运行。临界日前后1～2天称为临界期（“危险期”）。

由此我们可知：一个人的智力、体力、情绪状态在每个周期中都分别有高潮、低潮和临界期。在智力高潮期，大脑思维比较开阔，记忆力较强，归纳、推理、综合的能力也较强；在体力节律的高潮期，竞赛场上的运动员最有可能取得出人意料的好成绩；在情绪节律的高潮期，人们往往表现出精神焕发，谈笑风生。一个人的三个周期正好都处在高潮期的时候，就有可能表现出超乎寻常的能力来。

充分认识并利用生物钟规律，不仅能够帮助我们在工作中取得事半功倍的效果，还能够很好地提升我们的生活质量。有资料介绍，对96名研究生进行回顾性调查，发现有77名高才生的父母在受孕时，他们的六条生物钟曲线中，有4条以上处于高潮期，占总数的80%，而其中却有1/3父母的智力表现极其一般，这表明了利用生物钟原理指导受孕的巨大利用价值。

2．如何计算个人的生物钟

第一种方法：简算法。

（1）先算“总天数”，即计算出生之日至所计算之日的总天数。公式：t=（365×周岁数）±A+B。式中“t”表示总天数，“A”表示除周岁数以外的天数，B表示你目前所度过的闰年次数。例如，出生于1987年10月8日，要计算2010年9月12日的三节律。t=365×23（岁）－26（天）+6（次闰年）。t=8 375日。（未到10月8日，也就是还未满23周岁，所以减掉9月12日距离10月8日的26天）

（2）再算“余数”，将前算得的总天数分别除以33、28、23（它们分别是智力、情绪、体力节律周期的天数），然后得到余数。注意必须用手算，而不要用电子计算机计算。8 375/33=253…26（智力钟余数），8 375/28=299…3（情绪钟余数），8 375/23＝364…3（体力钟余数）。

（3）当把余数求出之后，如你只需要了解计算日处什么期（高潮期、低潮期、临界期），最简便的方法是采用“周期天数除以2对照法”，又叫半周期法：33/2＝16.5——智力钟半周期数，28/2＝14——情绪钟半周期数，23/2＝11.5——体力钟半周期数，将“余数”与半周期数做比较，若余数小于此种生物钟的半周期数，此生物钟运行在高潮期；若大于半周期数，运行在低潮期；若接近半周期数或整周期，以及余数为零者，则为临界期。

第二种方法：记录观察法。

（1）利用四五周的时间观察自己的生理规律，观察和记录每天的体力、情绪、智力的情况，将效果汇总，按照“优”“良”“一般”“较差”“极差”分成五个层次，画在一张图上，可确切得出自己一天的时间效率曲线图。

（2）做一些专门的分析，看看在哪个工作点的时间利用效率更高，在哪个时间段内做何种工作更容易提高效率。

第三种方法：参照人体基本生物钟法。

人体24小时生物钟（以下时间为当地太阳时间，根据所在经度计算调整）。

1时大部分人已进入梦乡，处于轻微睡眠状态，人很容易醒来，正是此时我们特别容易感到疾病的存在。

2时除肝脏外，大部分人体器官基本停止工作，肝脏为人体排除毒素，人体已经接受自身的“大清洗”。如果此时你想喝点什么，那么千万不要喝咖啡或茶，特别是酒精类饮料，最好喝一杯水或牛奶。

3时肌体处于休息状态，体力几乎完全丧失，此时我们的血压、脉搏和呼吸都处于最弱状态。

4时呼吸仍然很弱，大脑的供血量最少，肌体处于最微弱的循环状态，此时人容易死亡，但此时人的听力很敏锐。

5时肾脏不分泌任何物质，我们已经经历了几次梦的过程，如果此时起床能很快进入精神饱满状态。

6时血压上升，心跳加快，即使我们想睡觉，但此时肌体已经苏醒。

7时人体的免疫力特别强。

8时肌体休息完毕，肝脏已将身体内的毒素排出，这时千万不要喝酒，否则会加重肝脏的负担。

9时病痛感减弱，心脏全力工作。

10时积极性上升，人体处于最佳状态，痛苦烟消云散，热情将一直持续到午饭时间，任何工作都能胜任。

11时心脏有节奏地继续工作，此时几乎感觉不到紧张的工作压力。

12时人的全部精力都已被调动起来，此时不应吃大量食物。

13时肝脏休息，血液中溶入一些糖原，白天第一阶段的兴奋已过，感觉有些疲劳，最好适当休息一下。

14时精力消退，此时是24小时周期中的第二低潮阶段，反应迟缓。

15时重新改善，感觉器官此时尤其敏感，特别是嗅觉和味觉，之后人体重新走入正轨。

16时血液中糖的含量升高，一些医生把这一过程称为“饭后糖尿病”，但这却不是病，兴奋期过后开始了衰退。

17时效率仍很高，运动员此时应加倍努力训练。

18时人的肉体疼痛感重新减弱，想多运动的愿望上升，心理兴奋感渐渐下降。

19时血压上升，心理稳定性降到最低点，人们很容易激动，此时对过敏症患者来说不大好过，开始头痛。

20时人的体重最重，反应出奇地敏捷，司机处于最佳状态，几乎不会出事故。

21时精神状态一般，学生和演员非常清楚此时的记忆力特别好，善于记忆白天记不住的课文和大段台词。

22时血液中充满白细胞，白细胞的数量增加一倍，体温开始下降。

23时准备休息，细胞修复工作开始。

24时，如果我们在这时休息，那么无论是肌体还是大脑都将排除一切干扰，人会很快进入梦乡。

3．如何利用生理节奏变动规律曲线

按照自己的生理节奏变动规律曲线来安排工作，不仅能大大提高效率，而且对于我们安排工作有着极大的帮助。根据其规律来安排自己的工作，可参考以下几个步骤：

（1）了解自己一天的精神状态，找出黄金时间；

（2）分清事情主次和轻重缓急；

（3）在合适的时间做合适的工作。

比如：清晨，刚起床时，人的头脑是最清醒的，此时用来分析一天的工作，制订计划是最合适的。上午，早饭后体力提升，适合全力以赴地进行工作。临近中午，感觉疲劳，体力下降，适合对工作进行收尾，并安排下午工作，或做一些整理、准备工作。中午，疲劳、饥饿，去吃饭吧，饭后能睡一个小觉最好。下午两点前后，仍可能感到疲劳，适合做整理、准备工作。下午，体力回升，适合继续努力工作。傍晚，疲累、饥饿，该给自己充电了。夜晚，某些人会感觉此时精力充沛，那就再工作一会儿吧。

人在一天中的精力，就像大海的潮水，有涨有落。所以，作为管理者，必须掌握自己的生理节奏变动规律，摸清自己一天中的最佳工作时间。例如有的人是“早起鸟儿型”，有的却是“猫头鹰型”。一个人如果能够掌握自己的时间效能周期，就能实施个人弹性工时，对时间进行有效运用。管理者摸清自己的精力涨落规律后，在最佳的工作时间里，完成一天中最重要的事情，而把一些较简单的事情放在其他时间处理。

（二）大脑运作机制

1. 大脑需要一张一弛

1）大脑会疲劳

我们大脑的重量只占全身重量的2%，但却消耗了全身20%的能量，是个耗能大户。大脑正常消耗的能量相当于40瓦的电灯。紧张的脑力劳动是大脑神经细胞大量耗能的过程，因而及时、充分地补给能量是大脑高效运转的保证。脑疲劳是细胞活动所需的氧气和营养物质供不应求的结果，这也是脑力活动中产生的“疲劳毒素”堆积，对脑内环境破坏导致细胞中毒而产生的不良后果之一。

头部有“两个中心”，一是前额中心，即以前额为中心的区域。这部分主管形象思维能力，也就是说其功能主要是使精神概念形象化，并加以理解的能力。有了形象思维，才有联想、创造力，它是人的一切智慧的大门，它的开启程度决定了人的智慧高低。二是后脑中心，是从后颈部到头发漩涡这一大片区域。它承担“以实际方式执行思想的能力”，它与前额中心正好相辅相成、遥相呼应。现代脑中电图研究显示，人在思维的时候，脑电流是由后脑向前额辐射的，即由后向前运动；当处于记忆状态时，脑电流集中于脑中部；处于放松状态时，脑电波在后脑活跃。由此可看出，后脑承担着承运任务，它要给前额运送能量。现代生理学也表明，人的衰老便是从后脑开始的。

脑力劳动者、青年学生的智能下降，常感觉到的“心有余而力不足”，不是别的原因，而是后脑能量耗散后未能得到正确、及时的补充的缘故。因此，及时给后脑中心输送、补充能量是大脑正常工作的保证。

当我们感到腰酸背疼时，往往记忆力也随之大幅下降，记也记不住，坐也坐不住，头昏眼花。这就是大脑的能量供给不上而导致的。

由此，肝肾——后脑——前额，这种能量补给渠道就很明显地摆在了我们面前。强化锻炼腰部就可产生旺盛的精力，大脑能量的补给就有了充足的后备支持，我们的工作、生活、学习也因此有了保证。

2）脑疲劳主要有如下9大征兆

（1）头昏脑涨，注意力不集中，思想开小差，走神；记忆力下降，思维变得迟钝，反应慢半拍，甚至不听使唤。

（2）眼睛灼痛或发红，眼睛动不动就疲劳，眼花，看东西模糊。

（3）四肢疲劳无力，无精气神、萎靡不振的样子，并且哈欠连天，总感觉睡不够。

（4）脖子不舒服，肌肉僵硬，想要伸懒腰和伸展四肢。

（5）出现性格改变，如烦躁、易怒、忧郁等。

（6）出现恶心、呕吐现象。没有吃坏肚子，也没有感冒等疾病发生，但莫名其妙地感到恶心。

（7）听力下降、耳壳发热。出现此症状的人，同时还可能会伴有耳鸣、听力下降症状。

（8）入睡困难，易醒多梦。睡眠质量越来越差，好不容易睡着，却接二连三地做奇怪的梦。据心理学家分析，做伤感的梦，可能是神经衰弱的征兆。

（9）阳痿、早泄、性冷淡。因忧郁、不安、紧张等所致的心因性疲劳，从而干扰性欲的唤起，包括大脑功能，抑制了性兴趣，皮层边缘系统情感中枢兴奋性降低，及垂体的促性腺激素和睾丸的雄激素分泌减少，降低性兴奋程度。疲劳会产生过氧化脂质，此种脂质可直接引起生物膜的损伤，久之，对生殖系统可造成不可逆的病理损害，引起器质性改变。

3）消除疲劳的方法

（1）休息——因人而异。

一般休息的时间间隔90分钟，最长不要超过120分钟。道理很简单：每个人在两个小时的节律中遵循一条特定的精力曲线。开始时效率上升，经过约90分钟后达到顶峰，然后是持续的下降，约120分钟后达到低谷。尽管人有两小时的节律和精力曲线，但也不需要呆板地遵守休息时间，因为我们需要休息的时机也取决于当时的工作压力。总体来说，一项工作越累，要求越高，那么休息的次数就越要多。最好自己去把握多长时间需要休息一次。还有，多次短的休息效果比一次较长的休息效果更好。休息的最佳效果是在最初的几分钟里。另外，短时间的休息之后也更容易继续先前的工作。

合理休息：你最好在还余有精力的时候就休息。我们给汽车油箱加油也不是到了发动机快要停转了才加的。

（2）休息方法——停止工作和彻底放松自己。

研究人员通过神经生物学的实验发现，我们迫切需要空闲的时间段去处理持续接收的信息。大脑利用这段空闲时间重新组织神经细胞的网络，整理和加工所经历过的事情。让心灵得到舒缓和“养神”，这是大脑所期盼的。主要有以下休息方法：

①彻底休息。在两分钟时间里什么都不做。站到打开的窗前，朝远处看，同时深呼吸。

②午休。现在人们知道，中午小睡一会儿能给人带来巨大的精力恢复效果，可以提高约35%的工作效率，降低出错率，事故率也得到明显下降。在美国和日本的许多企业里，睡午觉已经是必做的事。

③眼睛休息。我们的眼睛为大脑提供80%的信号输入，做一些放松眼部肌肉的动作。“热手捂眼法”特别有助于眼部放松：将两手掌用力快速搓动使其发热，闭眼后用空手掌捂住眼睛，这时用肘部支撑在桌面上，保持这个姿势至少两分钟。或者闭上眼睛，慢慢地从0数到120，这样也有助于放松。或者闭目养神10分钟。李嘉诚每天闭

目养神三次，每次10分钟。

④运动休息。比如伸伸懒腰和四肢，放松肌肉，或者只要接电话就站起来，阅读短信时可以来回走动，把打印机和复印机放到较远一点的地方等。

此外：

①你要特意停下工作，而且全部停掉，目的明确地利用这段时间休息。

②找出符合你本人的周期。

③在休息时要与工作保持距离，要离开你的办公桌或工作地点。

④休息时做一些与你的工作性质起到平衡作用的事。

⑤注意休息时品食物。吃一点不仅含有热量，还含有维生素和矿物质的点心有助于恢复精神。

2．大脑同时处理两件事，提升脑力

指的是同时做两件彼此不受干扰的事情，比如一边上网查资料，一边写文章；或者一边检查邮件，一边更新自己的博客或从音乐网站听听音乐。

日常生活中学习一心二用，反复练习之后，处理工作的效率就会慢慢提升。

3．乐观思考能挤出时间

压力会破坏海马回等大脑中与记忆相关的神经细胞，过度紧张会转化成压力，给脑部带来不良影响。如果大脑中不断地出现“来不及了”“这次又完蛋了”这样的暗示，对自己是不利的。我们应该越是忙碌，越该轻松地告诉自己“船到桥头自然直”。

4．反复进行同一件事，熟能生巧

大脑反复进行同一件事，会让神经回路变得更有效率。因此工作之初，往往觉得工作比较费时费力，总觉得事情永远做不完，但只要坚持用心去做，不断地重复，工作速度就会逐渐增快，效率不断提升。这正是得益丁反复进行同 件事时，大脑处理输入的信息时提高了效率。

只要设定目标投入工作，并且努力不懈，就能不断刷新最快完成的时间。刷新的秘密存在于脑神经细胞之间的连接点——突触中。同样的事情反复做之后，突触就会变得更强化、更坚固，能使资料牢牢地记在脑海里，因此能够更快地对事物产生反应。

5．凭直觉行动，做事更有效率

凭着直觉去做事，大脑便可以更有效地去工作。因为，顺着强烈的欲望去做，效率自然会变得更高。

6．饮酒过量，会伤害脑

狂饮可能导致痴呆症：大量的酒精会破坏脑神经细胞，使大脑逐渐萎缩。将酒精代谢掉，身体需要大量的维生素B1，B1是制造大脑能量的重要元素，缺乏B1对大脑的影响恶劣至极。其对大脑的伤害，尤其是大脑前部负责对事物的判断和意志决策的前额叶受影响最大。

（三）帕金森定律

帕金森定律：工作可以像橡皮筋一样拉伸，这个现象是由一名叫西里尔·帕金森的历史学家、政治家发现的，他在马来西亚生活的那段时间里看到了那里殖民主义统治的泛滥。他发现，一个任务参与的人越多，完成的时间就越长，工作时间会不断膨胀。他的结论是：任何事情的完成会用完原先计划的时间。如果一件任务计划一个月完成，那么你真的需要一个月！倘若你只定了两个星期完成，那么你肯定也能完成。因此你要为每件任务设定一个合理的期限，并注意遵守这个期限。

二、时间管理的六大基本方法

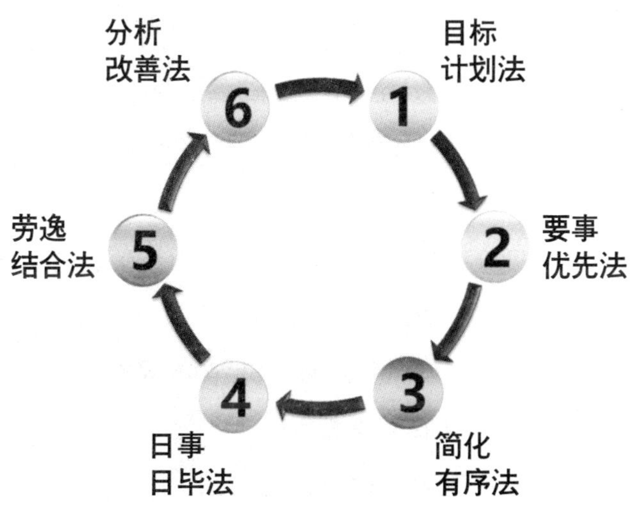

（一）目标计划法

根据目标制订计划管理时间的方法就叫目标计划法。人生终极目标是志向，中期或短期目标是战略或规划。用志向管理一生的时间，用规划管理一年的时间，用计划管理月、周的时间，用日程表管理一天的时间。

1．没有计划就如船没有舵

钱是有形的实物，可以装在包里、放在口袋或保险柜内，以保存和使用。而时间是无形的，需要依靠计划来利用。计划是管理时间的最可靠的手段和方法，没有计划就没有时间管理，至少可以肯定没有高效的时间管理。

计划与时间的关系，就好比舵与船的关系。一条船没有舵就没法把握船的航向，就会打转，就会随波逐流，遇到风波就会有翻船的危险。没有计划就会像没有舵的船一样。

要把握人生和事业的方向，到达胜利的彼岸，就一定要制订具有执行力的计划，并坚持制订，且坚决执行。

有人认为“明确的计划会限制自己”，或认为“计划总赶不上变化”，或认为“在头脑中大致想想就行了”，或认为“电脑、手机里都有计划管理软件用不着再做计划”。其实这样想的人不知道，正确的计划，可以使自己不拖沓，从而可以创造更多的时间；正确的计划本身应该具有一定的弹性，也可以做到及时调整和修正；正确的计划应是明确的、书面化的计划，既能避免遗忘，又能便于检查。

2．计划的种类

根据内容分，计划有工作计划、学习计划、生活计划、交际计划等。

根据时间分，有年度计划、月度计划、季度计划、周计划、日计划、小时计划等。

3．制订计划的步骤

在尊重人的生理和心理规律前提下，以日事日毕、要事优先、简化有序、劳逸结合等法则为指导，可以按下列方法和步骤制订计划：

第一步：把一切任务都写下来。包括计划周期内将要做的事情及前期计划中尚未完成的事情，还包括未来一些不确定的事情等。

第二步：按四象限决策法确定优先顺序。

四象限决策法就是根据任务的重要性和紧急性两个维度进行分析，分出重要且紧急、重要但不紧急、紧急但不重要、不重要也不紧急的四类任务，并按下列要求确定行动计划。

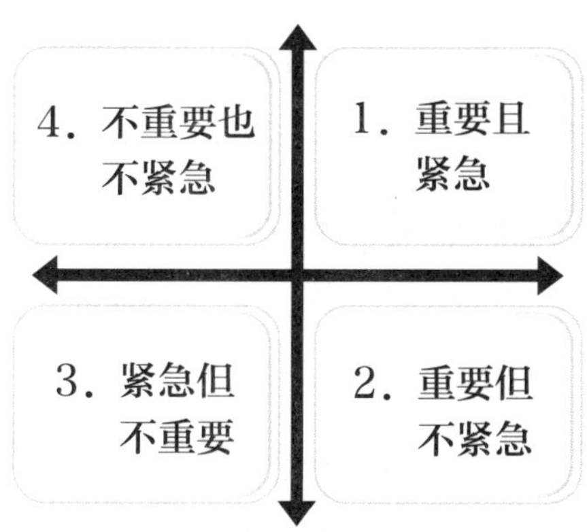

四象限决策法

（1）重要且紧急：马上做的事。

（2）重要但不紧急：要时刻做并且坚持做的事。

（3）紧急但不重要：学会说"不"的事。

（4）不重要也不紧急：尽量不做的事。

第三步：制订书面的计划。

计划既可用文字的形式表述，也可用计划表的形式表述。比较而言，计划表的形式比较简洁明了。计划表可以有年、月、周、日计划表，具体内容可根据需要设定。但计划表中一般要包括以下要素：什么时候开始，什么时候结束，由谁做，怎么做，先做什么，时间"留白"等。比如：

计划表

月　日

部门		岗位			日期				
序号	日事内容	状态			工序			完成时间	自检时间	呈报时间
		紧急	重要	一般	1	2	3			

4．制订计划的时间

制订计划有五大战略时间，即年之末、季之末、月之末、周之末、日之末。也就是在每个期内的末尾时间制订下周期的计划比较合适。即：每年末做出下一年度工作规划，每季末做出下季度工作规划，每月末做出下月工作计划，每周末做出下周工作计划，每晚做出次日工作计划。

5．制订和执行计划时应注意的几个关键点

（1）注意制订计划的弹性与执行计划的严肃性问题。

计划是用来执行的，不是用来看的。在执行计划时一定要严肃，只要计划中确定的事项，一般都要严格执行到位，保证100%完成。如果计划常常不能按时完成，则计划制订者不能感觉出计划的意义，将会逐渐对计划失去信心。

所以，在制订计划时，一定要留有足够的弹性，在计划周期内留有一定的机动时间以应对不确定性的事情；同时，一定要清楚自己的能力，一天或一个小时实际能完成多少工作或任务，在不超出能力的前提下，这样才能保证计划有效落实，也是自在工作的窍门。在初期制订计划时，可以把时间的余地留多些。

制订计划切记不要做“贪心鬼”，计划的内容不是越满越多越好，坚持“少一点，但要更好一点”。当把一天的时间都安排得针也插不进去之后，随便遇到一件突发事情，就能轻易地印证“计划赶不上变化”这句话了。结果要么选择长期加班，要么选择把未完成的计划留到明天，选择后者则是把计划给废了；同时，还容易养成拖拉的习惯，对自信心会有影响和打击。

（2）把一天中工作时间与生活时间区隔开来。

如果工作上没有设定时间限制，把从7：00—23：00都当作工作时间的话，最后它就会真的成为自己的“工作时间”。不管效率如何，都会造成所有时间都在忙、都在工作。

但是，如果区分出8：00—18：00为工作时间，其他时间不工作的话，采用这样的时间运用法，就不会觉得总是很忙了。

如果没有工作/休息的切换，就会经常性地感到忙碌，休息的时间也被带入工作，脑袋永远摆脱不掉工作，自然会觉得“很忙”。

根据经验，不但要把工作时间与生活时间分隔开来，而且每天上班时与快下班一般要留出一个小时不安排任务，以应对不确定性的事情。当任务比较繁重与复杂时，要注意把握“事不过三”的原则，即每天处理复杂费事的任务不要超过三件。

总而言之，就是有意识地把控制时间的主动权留给自己，按自己的步调来进行。

（3）每天的工作先难后易，从难开始。

每天早晨先完成那些重要的但不喜欢做的工作，先把讨厌的事情快点解决掉。更重要的是，这样的工作方式能让人拥有自信而轻松的工作心态。完成艰难工作之后，所有的工作都将得到顺利而有效的推进。很多人不愿意选艰难的工作，是被“难”字吓怕了。人害怕就会顾前不顾后，就会一直有个心理包袱和压力。先难后易，从难开始，提升效率、提高能力、领导赏识、更加自信、减少压力。

分析工作难易的方法，在实际工作的运用中非常有效。它不仅是众多工作的首选方法，还可以一眼就看到工作的难点在何处。

（4）用分段法吃掉“大象”。

生活、工作中需要确立一定的目标，循着目标去努力才更有方向，才更有冲劲。但总发现目标很难实现，或者工作总无法顺利地开展，总觉得与规划的目标之间像是隔着无法逾越的距离。有一个可能是，规划不够具体，缺乏实施性，过于抽象以至于无法着手，就像把一头“大象”摆在眼前。面对这种情况，可以用分段法吃掉“大象”，其主要步骤是：

第一步：把“大规划”分解成“小计划”。包括方方面面的事情，可以将这个任务按照内容或阶段步骤对其进行分解。

第二步：确定整体规划时间。

第三步：计划中要有机动的时间，以便处理紧急事情，采取补救措施。

第四步：安排的任务应该是在三天以内，对于一项超过三天期限的安排，应该分解成若干部分，以每次少量的工作来应对安排。

（二）要事优先法

意大利经济学家帕累托告诉人们一个道理：把时间和精力放在自己最重要的事情上，就可能用更少的时间做更多的事。应该做只需要花20%的时间就能带来80%的回报的事情，这就是著名的“二八法则”。

美国企业家、钢铁大王查尔斯·施瓦布给他的公司顾问交代了一个棘手的任务："你告诉我一个办法，怎样更好地利用我的时间！如果成功了，我给你25 000美元！"公司顾问给出的答案是："你把明天必须要完成的事情全部写下来，然后按照重要性编上号码，明天从1号任务开始做，一直专注于1号任务，直到完成，然后再做2号和3号，依此类推。这样你一天结束时肯定把最重要的事情做完了。你每天都分清工作任务的主次，并坚持这么做。"

结果是，这个主意果然有用，那位公司顾问得到了一张超过25 000美元的支票。分清轻重缓急，要事优先就是这么值钱！

管理大师德鲁克也告诫我们："不要一头栽进工作里，有时要停下来，确认一下自己的做事方法和优先级是否恰当。" 有效的管理者必须做有效的决策，有效的管理者知道他们的时间用在什么地方。时间管理其实就是做决策，决策事情的轻重缓急，保证要事优先。

在坚持"要事优先"方面，伟人毛泽东堪称世人典范，永远值得我们研究、学习。他领导人民推翻了三座大山，建立中华人民共和国。他还是伟大的马克思主义者、政治家、战略家、思想家、军事家、哲学家、理论家、诗人、书法家等，他的成就前无古人，后无来者。短短的一生，能做出如此伟大的功绩，永远让世人仰慕！他为什么能做出这么大的功绩，除了他伟大的志向和人格、强健的体魄和不懈奋斗外，他也是一位伟大的时间管理大师。这点集中体现在他"要事优先"的时间管理艺术上，其主要表现在：

第一，富有战略预见，坚持做正确的事。

毛泽东在指导工作时，总是首先把精力用在观察和判断全局上，特别是敏锐地察觉出哪些是对全局发展变化有重要影响的新情况和新问题，从而果断地做出重大决策。每当重要的历史关头，他经常先这样分析：现在局势发展到一个新的阶段，它和以往不同的特点是什么，发展的前途如何，因此我们的方针应当相应地做怎样的调整。

他在中共七大的结论中说："预见就是预先看到前途趋向。如果没有预见，叫不叫领导？我说不叫领导。" "坐在指挥台上，如果什么也看不见，就不能叫领导。坐在指挥台上，只看见地平线上已经出现的大量的普遍的东西，那是平平常常的，也不能算领导。只有当着还没有出现大量的明显的东西的时候，当桅杆顶刚刚露出的时候，就能看出这是要发展成为大量的普遍的东西，并能掌握住它，这才叫领导。”

总之，全局性眼光和预见性十分重要。只有具备这两个条件，才会有宏伟的胆识和魄力，才可以引导人们在行进中始终有明确的方向感和充分的自信心。这是毛泽东工作方法的突出特点，所以，他总给人以高屋建瓴、大气磅礴的感觉。

第二，集中力量，抓住和解决主要矛盾。

社会生活千头万绪、错综复杂。人们往往被一些日常现象牵着鼻子走，被动应付，辛苦忙碌而收效甚微，工作局面难有大的突破。毛泽东把解决主要矛盾始终放在领导工作的重要地位上。毛泽东指出：“研究任何过程，如果是存在着两个以上矛盾的复杂过程的话，就要用全力找出它的主要矛盾。捉住了这个主要矛盾，一切问题就迎刃而解了。”毛泽东还批评道：“万千的学问家和实践家，不懂得这种方法，结果如堕烟海，找不到中心，也就找不到解决矛盾的方法。”

毛泽东曾举黄河急流中有经验的船夫为例说：“在河中，他们平时可以很放松，一旦将到藏有暗礁险滩的地方，就全神贯注地用篙子撑船躲开，如果船夫时时处处都很紧张，弄得很疲劳，真遇到紧要的时候反而会使不上力了。”

集中力量解决主要矛盾这个道理，明白容易，但真要做到却十分不易。毛泽东谈战争问题时说道：“集中兵力看来容易，实行颇难。人人皆知以多胜少是最好的办法，然而很多人不能做，相反，每每分散兵力，原因就在于指导者缺乏战略头脑，为复杂的环境所迷惑，因而被环境所支配，失掉自主能力，采取了应付主义。”结果，受许多次要因素的牵扯，分散力量，处处应付，四平八稳，下不了大决心，也就做不出大事来。

当然，主要不等于唯一，集中力量解决主要矛盾不等于对其他方面的问题统统丢开不管。毛泽东还提出要“学会‘弹钢琴’”，“凡是有问题的地方都要点一下”，这就能避免工作中走向另一种片面性。

第三，一抓到底，抓出结果。

做出正确的判断，提出解决问题的办法，这过程更加重要的是实行。毛泽东从来不是空谈家。对关系全局的工作，在提出任务后，总是下大决心、采取有力措施，狠抓落实，一步紧跟一步，真正抓出看得见的结果来。

毛泽东对主要工作总是抓得很紧很紧。当任务确定后，便全力以赴、雷厉风行，千方百计地采取有力措施来打开局面，绝不只是空口说说了事，也不是站在原地瞻前顾后、顾虑重重、犹豫不决。什么东西都是只有抓得很紧，毫不放松，才能抓住。抓而不紧，等于不抓。

在中华人民共和国成立之初领导“三反”运动时，毛泽东不仅提出方针，而且亲自督办；不仅提出任务，而且交代方法。在“三反”运动紧张的日子里，他几乎每天晚上都要听取汇报，甚至经常坐镇中常委，参加办公会议，亲自指导。到运动后期，又以很大力量来落实定案工作，确定具体的政策原则和处理办法，树立足以作为典型示范的案例，妥善处理运动过程中发生的问题，做好善后工作。善始善终，绝不草草收兵。

在日常工作与生活中，我们应该如何做到“要事优先”？关键是做到以下两点：

第一，始终心怀终极目标。我们必须清楚：自己的目标是什么？人生目标是什么？事业目标是什么？如果还不清楚，自己一定要用心去找。只有始终心怀终极目标，人生和事业才不会偏离正确的航向。

第二，要正确了解自己和时间安排。其办法是自问自答以下问题：

写下至少五件你最喜欢做的事，你抽出时间做这些事的频率是多少？

写下至少五件你最擅长的事，你能发挥自己所长的频率是多少？

写下至少三件你生活中最想改变的事，如何才能实现改变？

你在生活中最看重的是什么？你在生活中如何体现自己看重的东西？

通过对以上问题的自问自答，你就可以比较正确地了解自己，并且做出比较合理的时间安排。

（三）简化有序法

秩序是世界的法则，自然界一年春夏秋冬循环往复，月亮绕着地球转，地球绕着太阳转，像交通的红绿灯，自然界有序，社会要有序，企业运作要有序，个人的工作与生活也要有序。

世界是无限的，生命是有限的，我们必须认识到人生的局限性、狭隘性、短暂性。我们必须认识到：世上有做不完的事，看不完的书，欣赏不完的风景，享不尽的荣华富贵。所以，我们需要简化，不需要复杂。

多数人沉浸在复杂的事务中，被各种各样的现象所包围，实在是苦累不堪，结果如俗话说“越忙越乱”。有“大彻大悟”的境界，有“简化有序”的本领，才算是高人。

我们如何做到简化有序呢？

1．坚持“少一点，却要更好一点”信条

“简化你的时间”就意味着简单化，其基本思想就是“少一点，却要更好一点”。

承担更少的任务就能投身更重要的事情；承担太多的任务要么完成不了，要么把自己压垮。

制订更少的计划就能更好地执行计划，太多的任务计划就可能完成不了。

经营少而精的人际关系才能更加珍视情谊，人多为患，浪费时间与精力。

选择更少的景点，安排足够的时间才能欣赏和陶醉于美景，选择太多的景点就只能走马观花，只能是景点的过客，换得一身的疲惫。

拥有更少的东西才能更加善待一切，拥有太多可能没有时间欣赏，更不用说善待了。

只要我们坚持“少一点，但要更好一点”的标准，多做一点选择，否定一些无聊的、多余的事情，那么我们就会“有的是时间”，可以真正得到人生的满足，我们的每一天都要变得更简单，更轻松些。

2．优化和简化环节

崔西定律告诉我们：任何工作的困难度等于其执行步骤数目的平方。减少工作的环节可以大幅降低工作的难度，提高工作效率。优化和简化环节的步骤如下：

（1）发现和去除缺少价值的环节。

（2）去除流程中的重复、多余的环节。

（3）改变任务中的问题环节。

（4）合并可简化的环节。

3．建立秩序——一切各就各位

1）工作环境简化有序

日常工作与生活中也可以通过“5S”（“5S”为整理Seiri、整顿Seiton、清扫Seiso、清洁Seiketsu和素养Shitsuke这5个词的缩写，是一种独特有效的管理方法）

等方法建立秩序。

（1）办公空间内的区域规划。

办公空间分为计算机作业区、文书处理区、收纳储藏区。

（2）资料与用具布置。

根据所需要物品的缓急，依次摆放，对于较为常用的资料、用具，放在最易取得的位置；将使用频率一般的资料、用具放在稍远的位置；将已经使用完的资料、用具放在暂时不容易被干扰的角落。

（3）文档整理：建立文件秩序。

彩虹管理法。是根据文件资料的重要程度，将文件资料分为几个等级，并用颜色加以区分，如红、橙、黄、绿、蓝、靛、紫。

紧迫管理法。是根据文件资料需要处理的紧迫程度分类。一般可分为五个等级：非常紧迫、紧迫、较紧迫、一般、不紧迫。

时间管理法。从过去、现在、将来三个时段来衡量文件资料的意义，可将文件分为：已使用文件（总结）、正在使用的文件、将来可能使用的文件（参考资料）。

频率管理法。按照其使用的频率来对其进行分类，一般可分为高频率使用、中频率使用、低频率使用、垃圾信息四种。

组合管理法。彩虹管理法只能显示文件的重要性，紧迫管理法只能显示文件需要处理的紧迫性，时间管理法只能显示文件的阶段性，频率管理法只能显示信息的有用程度。这其中的任何一种文件的管理法，都无法完全体现一份文件的性质。

如果将彩虹管理法与紧迫管理法结合，就能快速找到紧迫而重要的文件；将其再与时间管理法结合，就能将已经完成的和未完成的工作区分开来；频率管理法与时间管理法结合，能使过期的信息不扰乱我们的思绪。

（4）几种文件管理工具。

文件夹：用于还未形成体系的纸张资料；临时需要的资料；流动性大的资料；使用频率高的资料。

文件盒：效置废弃的文件资料，用于一个项目或者一个整体策划的体系已经形成后。

文件柜：一层用于最原始的资料存放，二层用来放置最新更改的资料，三层放正在使用的。

2）建立相对固定的时间安排秩序

（1）每日下班前15分钟制订次日的工作计划。

（2）固定电子邮件等的收发：如对外联络少的人，每天上班后半小时收发邮件；对外联络多的人，上班后半小时、中午下班前半小时收发邮件。

（3）固定基本作息时间。比如像李嘉诚那样每天5：59起床。

（4）安排一段固定的时间可以被打扰。

一切事物之间都有联系，通过找到其相互间的联系，找到其规律，就可以建立秩序。

（四）日事日毕法

“昨天是注销的支票，明天是一张期票，今天是手中的现金。”“活在当下”是社会上流行的劝导语和警示语，不要为过去的事情后悔，也不要为未来的日子担忧，一心一意把今天的事情做好，享受此刻的时光和幸福。只有“活在当下”，把握好现在，才能够向过去学习，才能开创美好的未来，“活在当下”就是最好的活法。

“今日复今日，今日何其少，今日又不为，此事何时了？人生百年几今日，今日不为真可惜！若言姑待明日至，明朝又有明朝事，为君聊赋今日诗，努力请从今日始。”明朝诗人文嘉写的《今日歌》，内容通俗而实在，告诫世人不要等待明天，否则万事皆空，努力一定要从今日始。

可以说，只要把握好今天，做到日事日清，并坚持不懈，则必然心想事成。个人如此，企业也如此。沃尔玛有日落原则，要求日事日毕。

中国企业界的榜样海尔的“日事日清法”，把“日事日毕原则”落实到极致，为海尔管理打下了坚实的基础，值得所有企业和组织学习借鉴，现对海尔的“日事日清法”简要介绍如下：

“日清工作法”在对所有的物和事进行分解中，强调“三个一”，即分解量化到每一个人、每一天、每一项工作，标明责任人与监督人，有详细的工作内容及考核标准，形成环环相扣的责任链。“日清工作法”也叫OEC（全方位Overall、每人每事每天Every、控制Control、清理Clear）管理模式，也即全方位优化管理法。

按照OEC的管理模式，上至总裁，下至一般员工，无论在什么岗位，都应该十分清楚自己一天工作的目标，知道自己应该干什么，干多少，按什么标准干，要达到什么效果。当天发现的问题必须当天解决。

实施“日事日清法”中采用的三张表：日清表、3E卡和现场管理日清表。

（1）日清表：一部分是每个生产作业现场设立的一级大表，将该作业现场的质量、工艺标准、设备、材料物耗、生产计划、文明生产和劳动纪律等方面的实际情况每2小时由职能巡检人员登记填写一次，公之于众。另一部分是由职能人员对上述七方面进行巡检时做的记录和每天的日清栏考评意见，它将每天日清栏的全部情况进行汇总和评价，存档必查。

（2）3E卡：指3E日清工作记录卡。将每个员工每天工作的七个要素：产量、质量、物耗、工艺操作、安全、文明生产、劳动纪律量化为价值，每天由员工自我清理计算并填写记账，检查确认，车间主任及职能管理员抽查，月底汇总兑现计件工资。这使每人每天的工作有了一个明确定量的结果，体现了数据说话的公正性和权威性，保证了各项工作的有序运行。

（3）管理日清表：由各级管理人员在班后进行清理时填写，主要对例行管理的受控状况进行清理和分析，找出存在问题的原因、整改措施和责任人，不断提高受控率。

企业管理程序虽然复杂，但归根结底就是“目标”“日清”和“激励”这三个方面。OEC管理是由三个基本框架构成的，即目标体系、日清控制体系和有效激励机制。这三个体系形成了一个完整的管理过程：首先由目标体系确立目标，然后由日清体系来保证完成目标的基础工作，日清体系的结果与激励机制挂钩，来激励全企业向目标努力。日清体系是企业发展的保证，每天的工作每天完成，每天的工作要清理并要每天工作效率有所提高。日事日清法是帮助企业解决基础管理问题，解决企业效率问题，解决企业从斜坡下滑问题的好方法。

（五）劳逸结合法

列宁说过：“不会休息的人就不会工作。”我们在“要做时间主人，不做时间奴隶”一节中，也提到企业家群体的亚健康和早逝的问题，其共同的问题是没有做到劳逸结合，致使酿成人生悲剧，给国家、社会、家庭也造成了极大的损失。

孔子说：“文武之道，一张一弛。”要取得事业成功，家庭幸福，享受人生乐趣，必须坚持劳逸结合法则。如何做到劳逸结合呢?

第一，日常工作与生活中注意平衡“幸福之轮”。即处理好“工作与生活”“工作与健康”“工作与人脉”的关系，注意工作、家庭、友情和其他需要投入精力的事情的平衡，实现“事业达到巅峰、家庭和睦幸福、朋友忠实可靠、拥有足够闲暇、快乐常伴身边”的理想境地。务必防止自己成为工作狂而积劳成疾，造成家庭不和睦、心理不健康等。

第二，工作期间注意及时休息和调节。工作两个小时要休息10分钟，听一些缓解压力的音乐等。

第三，工作一段时间给自己彻底放松一次。每周、每月或每年，根据自己的紧张和劳累程度安排一段时间给自己彻底放松，休个完整的假期，可以去钓鱼、爬山，也可以去旅游，沉浸在自己喜欢的事情之中，可以彻底放松和刺激大脑。

（六）分析改善法

1．了解你的时间管理现状

下面的每个问题，请你根据自己的实际情况，如实地给自己评分。计分方式为：选择“从不”为0分，选择“有时”记1分，选择“经常”记2分，选择“总是”记3分。

（1）在每个工作日之前，都能为计划中的工作做些准备。

（2）凡是可交派下属（别人）去做的，都交派下去。

（3）利用工作进度表来书面规定工作任务与目标。

（4）每份文件尽量一次性处理完毕。

（5）每天列出一个应办事项清单，按重要顺序来排列，依次办理这些事情。

（6）尽量回避干扰电话、不速之客的来访，以及突然的约会。

（7）试着按照生理节奏变动规律曲线来安排工作。

（8）日程表留有回旋余地，以便应对突发事件。

（9）当其他人想占用我的时间，而我又必须处理更重要的事情时，我会说“不”。

结论　0~12分：你自己没有时间规划，总是让别人牵着鼻子走。3~17分：你试图掌握自己的时间，却不能持之以恒。18～22分：你的时间管理状况良好。23～27分：你是值得学习的时间管理典范。

2．时间分析改善方法

管理大师彼得·德鲁克说："记录自己如何运用时间，分析如何运用时间以及进行时间的整合。"一切卓有成效的时间管理者都懂得：对时间的控制和管理不能一劳永逸。他们要持续不断地做时间记录，定期对这些记录进行分析，还必须根据自己可以支配的时间的多少，给一些重要的活动定下必须完成的期限。其具体做法分为三步：

第一步：如实地记录时间。

应该以小时为单位用本子如实地把每一个行动都巨细无遗地记录下来，写出每段时间做了什么事。

第二步：分析时间，找出浪费点。

结合计划表、时间记录可以检讨哪些活动、行程浪费了时间，哪些重大事项应该集中时间。

第三步：整合时间。

要做的，就是削减不必要的工作事项，集中处理重要工作，以密集的火力"攻"出对策。

附：时间记录分析表

工作任务	计划工作时间	实际工作时间	是否与预期有差距	是否被打扰	被打扰的时间长度和原因

三、时间管理的十个技巧

根据大脑运作机制、帕金森定律及时间管理方法，结合生活与工作实际，在此提出十个时间管理的有效技巧。

（一）任务限期完成

帕金森定律告诉我们，一般人都有惰性和拖拉的习惯，现实生活与工作中拖延是普遍存在的，会严重影响整体的工作效率，造成大量的浪费。

根据帕金森定律，我们在计划工作或分配任务时，对任何事情都要限定最后完成的期限。任务限期完成，并同时明确未按期完成的责罚措施，则可以促成任务按期完成，大大提高办事效率。

有经验的管理者在安排每项工作时，都会明确责任人，明确各事项的完成期限，签名确认，并督促跟进，这样任务一般能按期完成。

（二）熟练使用各种联络工具

电话、手机、电脑、网络等信息工具越来越方便，既要熟练驾驭，更要有效利用，达到提高办事效率的目的，防止时间浪费。

各种联系方式的特点及注意事项

工具	特点	使用及注意事项
固定电话	最及时，但可能有对方不在办公室的情况	1. 高效接听来电，迅速接起电话，减少开场白部分，礼貌挂断电话； 2. 对第一次来电话联系的人，务必记下联系方式
手机	携带和使用方便，功能齐全而强大	1. 善用手机功能管理会议和名片； 2. 用相机拍下有趣的事物，节省事后搜寻时间
短信“手机”和“短信合并”	需要输入和等待时间，一般能到达对方手机，但也不排除信息丢失的情况	1. 邮件传至手机，读完后立刻回信； 2. 邮件越早看到，越早回复越好
QQ、微信等聊天工具	需要输入和等待时间，一般有保留信息和传达文件的功能。但所费时间多，操作简易，使人容易沉溺其中	可以规定定期打开时间，防止随时被干扰

续表

工具	特点	使用及注意事项
电子邮箱	需要输入和等待时间，信息能得到较安全的存放，容量大	1. 不做邮箱等候族，在收发电子邮件的间隙进行工作； 2. 合理安排电子邮件的收发时间； 3. 利用邮件工具收发邮件（即时下载功能、批量上传功能、自动整理功能、几个邮箱同时关注功能）； 4. 保证对方收到邮件（使用邮箱的短信提醒功能，用其他方式联络通知对方——电话、短信；尝试撤回邮件——未看可撤，已看撤不了；使用在线网盘的共享功能——当不能确定邮箱安全性时）； 5. 看清发件人和信件的名称
电脑网络		1. 利用网络节省购物时间； 2. 可用笔记本电脑和网络，随时随地都能展开工作； 3. 随时备好电脑周边的配备材料，避免浪费时间

总之尽量做到：可以用电邮短讯，不要用电话；可以用电话的，不要见面。

（三）掌握和利用个人生物钟

总结自己的工作规律和生物钟，寻找出每天或每个周期的黄金时间，在黄金时间做最重要的事项，并保证在黄金时间完成重要事项，这就是利用个人生物钟。

当遇到有一定难度的工作时，或者当期的工作计划尚未完成而日期将尽时，不要轻松说“办不到”或“算了”，而应该逼自己一把，要求自己“一定办到”和“一定按期完成”。这样把自己逼到看似绝对不可能的处境下，会促使体内分泌肾上腺素，而增加脑部血液流通，会提高大脑活性，会增加紧迫感，从而使自己用百分之百的能力在做事。

就如同肌力的使用，平时开门或关门时，不会用到全部力气，因为不需要那么大的力气，身体并不会“动力全开”。但万一遇到紧急状况，人的肌力便会“动力全开”，从而发挥身体的全部能量来快速奔跑。从另一个角度看，当人被逼到绝境时，也是测试自己集中注意力和终极能力的时候。

（四）借用他人时间

（1）不要包揽一切，做必须由自己亲自做的事，把其他事情委托给别人。

比如，工作或创作上，最要紧的是概念和架构部分。如果想完成多项工作，就必须学会把工作委托给别人，自己当个主控者。自己的能力和时间是有限的，而把全部的事都揽在自己身上，时间自然越来越少了。

（2）分配任务的“三清楚”。

一要清楚工作任务类型，即技术要求、业务难度和工作量；二要清楚任务执行与完成时间；三要清楚任务执行者的责任。

（3）委派任务时的要点。

让适合的人做适合的事，在工作内容上达成共识，让接受任务的人复述被委派的任务，设定截止日期，明确处理过程中如情况有变的例外管理办法。

（五）利用零碎时间

1．把零碎时间串成珍珠项链

如果我们把一辈子的零碎时间都加起来，一天、一个月、一年以至一生的积累，这些时间将是我们人生的三分之一。

比如，一个人一天学习一个小时，从16岁到70岁可以学习2万小时左右，如果我们每小时读10页书，那我们就可读20万页，垂直堆起来有四五层楼房那么高。

2．零碎时间的利用法

（1）工作中的零碎时间。

利用零碎时间做琐碎之事，比如整理计划、资料、办公桌，统计工作、总结和计划、沟通工作、查找资料、预习工作、思维整理等其他杂事。

利用零碎时间适当休息与放松，闭目养神，恢复和调整身体和精神状态等。

（2）工作外的零碎时间。

随身带一个笔记本，两本书（防止第一本太无聊，书的重要性是永恒不变的），再随时关注身边事物，更新视野。读书肯定能够提升自己，同时也能收集新的信息。

做些收拾、打扫、整理、演奏或其他感兴趣的事，以清醒头脑。

（3）突然多出的时间，应做些可以留在记忆中的事情。

去书店或图书馆逛逛，重点在于到书店去该买什么书。不管书畅销与否，买自己感兴趣的书就对了。或者不妨给久未联系的朋友写封邮件等。

（六）时间增效

1. 合并同类工作

在日常工作中，也需要把类似的工作安排在一起，集中完成，这样工作效率可以大大提高。合并的工作越多，提高的效率越多，一般工作效率可以提高50%以上。

打个比方，修房子时需要将砖块从生产地搬到建筑地，一开始，可能只搬一块；但当发现走同样的路，做同一件事后，能一次搬两块；再接着一次搬三块、四块；再后面用小推车搬，再后来用拖拉机、货车搬。这时搬砖的效率成倍、成十倍、成百倍、成千倍地提高。这也就是合并同类工作而使效率大幅提升的事例。

心理学研究出的“学习曲线”也揭示这一现象，即将一组相似的任务放在一起处理可以降低依次处理任务时所需要的时间。

哪些工作可以合并呢？指那些路径一致的工作，或针对的人是一致的工作，或接触相同资料的工作，或工作内容几乎一致的工作等。

2. 时间复种

复种是借用耕田种地使用的概念，比如在麦子成长到一定程度时，在麦子的空隙里又种上大豆等食物。这样使农田得到双倍的利用。

时间复种就是在不影响某件事情进行的同时，又在做另一件事，从而使时间得到双倍的利用。比如看电视时思考工作，坐车时考虑企划方案，散步时思考问题等。每个人可结合实际情况，复种自己的时间，使自己的时间倍增。

（七）逆势操作

逆势操作就是当很多人在某时做某事时不去做，而没有人做某事时才去做这件事。例如日常生活方面的逆势操作——错开高峰午餐时间，避免排队等待；出行时间的逆势操作——飞机班次安排在非高峰时段，订票选择深夜订位；错开高峰时刻开车，这样道路畅通，可节省时间，又保持好心情等。普遍的工作时间规律是：8：00上班、18：00下班，在城市相应地7：00—8：00、18：00—19：00之间大量地堵车，本来10～20分钟的车程一般要开车1个小时。懂得利用逆势操作技巧的人就可以在6：50左右开车上班，下午在19：00之后开车回家，这样既可以节省在路途中的大量时间，也节省油耗，保持了好心情。

（八）设定被打扰时间

在公司上班，同事之间难免会被互相打扰，如果互相之间打扰频繁，会大大地影响时间的有效利用，影响工作效率，其实既是对个人的时间浪费，也是公司整体工作时间的浪费。

我曾经在一家公司做生产总监，当时下属八个部门厂长与经理，加上文职人员，我在办公室基本上每10分钟就有人来找我，或送批文件，或报告工作。部门之间互相打扰也比较严重，很多计划、总结、文案类工作不能有效地完成。为有效地解决频繁被打扰的问题，我统一规定上班8：00—8：30之间各位现场安排工作或沟通事项，8：30—10：30之间一般处理各自的文案、报表类工作，10：30之后再互相沟通交流。通过设定被打扰时间后，这种不能按时完成计划、总结、文案类工作的情况得到明显的改善。

当然，各公司、各部门或各人根据自己的实际情况设定被打扰时间。华为公司在设定被打扰时间方面做得非常好，值得大家学习借鉴。

（九）提前上班而不加班

“准时上班综合征”：有些人工作只求能每天按时到，又每天按时走；总是踩着点走进办公室，有时为了打卡，还会来个最后冲刺。当铃声响起，打卡成功，还露出得意的微笑。但为何有人有时也会迟到，为何有人经常在下班时却不得不加班？只是因为心不是为工作准备的，只想着如何偷懒，于是上班路上稍有意外，就容易迟到；工作过程中，容易得过且过、聊天、懒散，在工作时间内，没有完成自己的任务，只有加班。

提前上班，把每日行程提早到清晨六点，增加可利用时间；严格按照计划执行、拒绝聊天、遇事快速处理，把下班时间当做工作结束时间。

（十）养成良好的做事习惯

（1）当即处理，不堆积。

不管什么事都要尽早提前完成。现在能做的事马上处理，遇到问题尽快解决，早点完成比较轻松，而且大脑也不会累积被时间追赶所造成的压力。

（2）三分钟原则。

没有做完的小事一经积压就会成大包袱，要养成习惯，凡是不超过三分钟就能解决的事情要一下子解决掉。比如给人打电话、网上查找资料或整理文件夹等。

（3）做了就一定要做完。

任何事情，只要做了，就不要半途而废，否则前功尽弃，还会影响信心和情绪。

（4）凡事都要做备忘，避免重复约定。

杂事太多会影响记忆，预约时便确定并记录，更能有效地运用时间。备忘要一元化管理，最好统一在一本记事簿中。

（5）任何工作都不可能完美无缺，要有勇气“放手”。

不管什么事，都不能做到百分之百完美。不懂的事就是不懂，做不到的事就是做不到，必须有勇气停止继续钻牛角尖。当然，若是因此被人抱怨品质太低或工作马虎也是不行的。

在时间管理和利用方面，我们要相信自己是出色的时间管理者，并保持最佳精神状态和坚定的信念，这样的信念有利于调动自己的潜能，充分发挥时间的作用。另一方面，相信自己有时间，并能从容地做好事情，不要担心或习惯说“我没时间”。只要我们相信自己是出色的时间管理者，相信自己有时间，坚持第一次就把事情做对，次次做对，保持完成工作任务的紧迫感和快节奏，我们的工作和事业将有高效进展，使可无往而不胜。

第三节　有效地防止时间浪费

一、盘点“三流”角色的时间浪费清单

1．未被意识到的时间浪费

（1）效率不高的时间浪费。

（2）不珍惜小额时间的时间浪费。

（3）情绪不佳的时间浪费。

（4）不专心的时间浪费。

（5）包揽工作的时间浪费。

（6）随意出错的时间浪费。

（7）无计划的时间浪费。

2．需要知道的真相

（1）在信息社会，人被打扰的频次越来越多。对从事管理和业务的人员来说，被打扰的次数最多。日本专业的统计数据指出：“人们平均每8分钟会受到1次打扰，每小时大约7次，或者说每天50～60次。”

（2）如果让自己一天做一件事情，则会花一整天去做；如果让自己一天做二十件事情，则会完成七至八件甚至更多。

（3）一年之中，真正在做有价值的事情的时间不会超过九十天。

（4）三年前，如果好好地规划一下人生和时间，能够取得的成就一定是现在的三至五倍。

3．浪费时间的根源

浪费时间的原因有主观和客观两大方面，但主观原因是主要根源。其中有：做事

目标不明确，作风拖拉，缺乏优先顺序，抓不住重点，过于注重细节，做事有头无尾，半途而废，没有条理，不简洁，简单的事情复杂化，事必躬亲，不懂得授权，不会拒绝别人的请求，消极思考等。

二、“时间强盗”

1．什么是“时间强盗”

“时间强盗”是那些破坏和浪费你时间的人和事情：有的人浪费你的时间和金钱，而有的事情也会浪费你的时间。日常工作与生活中，“时间强盗”的主要类型有：

（1）打扰是第一时间大盗。

5P干扰，所谓5P就是Phone（电话、信息）、People（同事、上级、朋友等）、Paper（公文）、Personal（自我）、Peripheral vision（视力所及的环境）。

（2）“漫谈族”。

经常有“消磨时间”的人，来跟你漫无目的地谈话，天南地北什么都聊，拉家常、聊八卦等。

（3）无目的的会议与活动等。

总是遇到漫无目的交流活动，会议无重点。

2．如何避开“时间强盗”

（1）切断信息干扰，建立属于自己的“清静时间”。

工作时间关闭无关紧要的娱乐网页，有目的性地浏览网页；集中处理邮件和打电话等。

（2）有智慧地拒绝干扰：清晰温和地拒绝“漫谈族”和“消磨时间”的人。

可先提到时间限制，比如待会儿得开一个会，开会之前有3分钟的时间；向来者坦率说明老板要求5分钟之内到达办公室。或者暗示来者谈话即将结束，尽量简短扼要。

（3）为沟通时间设限。

对每次沟通时间设限。比如电话5分钟，短信3条，网络聊天10分钟，邮件30分钟。

（4）巧用拒绝的艺术。

对没有把握，或没有必要的邀请和要求等，可用设置障碍，或推延，或“耍太极”的方式拒绝，或果断而委婉地说“不”，并说明原因。

（5）其他办法。

比如借故离开，或转换话题，或巧用小动作，或咳嗽、叹气、望窗外、抠手指、玩手机等不感兴趣的动作。

三、“时间黑洞”

1. 什么是“时间黑洞”

“时间黑洞”是一些错误的想法、观念和不切实际的期望等，当我们接受了这些错误的想法和观念时，我们就无意识地落入了“时间黑洞”中。日常主要的“时间黑洞”主要有：

（1）计划跟不上变化，计划是多余的。

（2）想坐等事情发生变化，“明年一切会好的”。

（3）多给一些时间，问题就解决了。

（4）压力是自然而然的事，因为没有足够的时间和金钱。

（5）结果才是自己应该在乎的一切，可是有些人一开始就是在寻找错误的结果。

（6）工作的改变会带来财富的改变。

（7）没有必要搞“5S”工作，那是浪费时间的事。

（8）每天携带一本记录本太麻烦，没必要。

（9）凡事追求完美无缺。

（10）同事、朋友邀请应该满足，拒绝是不近人情的表现。

2. 如何避开“时间黑洞”

要时刻警惕自己陷入“时间黑洞”中，可以采取如下有效措施：

（1）要经常性地检讨自己的想法、观念，从思想上予以彻底的纠正。

（2）制订具有行动力的计划，明确任务要求，把握工作重心，并务必落实。

（3）对时间进行科学管理，做时间日志，并及时分析与改善时间管理。

四、“慢性自杀”

1. 什么是“慢性自杀”

“慢性自杀”就是一切有意识和无意识地浪费时间的行为。人们通常有哪些“慢性自杀”的行为?

(1)瞎忙。

心亡为忙，实际上是指心中没有目标，或者没有明确的计划。这时看起来很忙，往往是越忙越乱，忙中有错，其实是没有什么实际效果，人也精疲力竭。最终的结果与“慢性自杀”无异。

(2)拖延。

因为轻易承诺，结果难以完成；或没有分清主次，常常被纷乱的琐事所扰，致使未按期完成；或觉得很枯燥无味，迟迟不想行动；或心里存在抵制和抗拒，而有意拖延；或因为懒惰而拖延。拖延的惯性定律：无论你从什么时候、什么事开始拖延，只要一有了开始，就很难停止。

我们身边，包括自己，多少人、多少次总是在等。等明天，等不忙时，等下次，等有条件，等来等去，等到最后，结果机会没了，青春没了，等来了遗憾，等来了后悔。

人一定要警惕自己的拖延行为，千万不可让拖延变成习惯，如果养成了习惯而不能改正，这一辈子注定与成功无缘，与王者无缘。所以很多企业要求员工在行动上必须：立即、马上、迅速，绝不拖延。

(3)抱怨与责怪。

碰到不顺的事，或者不满意的人际关系，于是气得一塌糊涂，觉得生活在悲惨世界，于是责备别人，或不停地抱怨。例如：上不了大学，我们怪父母教育不当；找不到工作，我们责怪大学不够务实；上班迟到了，我们责怪公交系统；谈恋爱失败了，我们怪对方自私；表演失败了，我们责怪音响不好等。

(4)犹豫。

遇事犹豫不定，迟疑不决的现象我们称之为“布里丹效应”，这个故事来自于丹麦哲学家布里丹。布里丹养了一头小毛驴，他每天要向附近的农民买一堆草料来喂。一天，送草的农民出于对哲学家的景仰，额外多送了一堆草料放在旁边。毛驴站在两堆数量、质量和与它的距离完全相等的干草之间，可为难坏了，于是它左看看，右瞅瞅，始终无法分清究竟选择哪一堆好。这头可怜的毛驴就这样站在原地，一会儿考虑数量，一会儿考虑质量，一会儿分析颜色，一会儿分析新鲜度，犹犹豫豫，来来回回，在无所适从中活活地饿死了。

（5）半途而废。

指在一件事情或一个目标到达半途时，由于心理因素和环境因素的交互作用而导致人们对于目标行为产生的一种消极态度，而中途采取了停止的措施。

此外，还有找借口、评判别人、喜欢空想、莫名的担忧、嫉妒等都属于“慢性自杀”的行为。

2．“慢性自杀”行为的主要危害

（1）“慢性自杀”本质的危害就是缩短生命。

假如一个人实际寿命为80岁，因为他存在各种各样的“慢性自杀”行为，可能浪费了10年、20年、30年，甚至更长时间。那么这个人有价值的寿命可能只是70年、60年、50年，甚至更短。

（2）严重影响心情、工作、生活和健康。

心理学上有一项重要的理论叫“完形理论”。这一理论认为，任何一个人在天性中都存在着“把一件事情做完才能放松下来”的心理特征。人们常常因为忙乱、拖延、借口等原因而不能按期完成原定的任务目标，于是人的内心会不自主地紧张，并导致因为过大的压力产生压抑感、抑郁感、负罪感、疑惑等，最终陷入深深的焦虑之中。同样的，当被焦虑所包围时，又会再次导致忙乱、拖延、借口等的循环产生，从而导致恶性循环，这样心情好不了，生活质量也就直接受到影响，心情和生活质量又会影响人的健康和寿命等。

（3）严重影响个人的形象和事业的成功。

因为忙乱、拖延、借口等行为，会直接损害自己的声誉，会辜负他人的信任，使个人的人际氛围处于紧张和不利状态，使个人得不到社会的尊重和认可，事业必然也受到严重的影响，甚至让人一事无成。

（4）“破窗效应”与影响他人。

心理学中的“破窗效应”：如果一次小的破坏，没有得到及时制止和修补，就非常容易遭到更大、更严重的破坏。当一个人不能有效制止自己的不良行为和情绪时，这种不良行为和情绪会逐渐蔓延，结果使人“破罐破摔”。

当一个人“破罐破摔”时，其行为和情绪一定会影响周围的人，会成为社会的负能量，会成为干扰他人工作与生活的人。

3．“慢性自杀”行为的主要原因和如何避免“慢性自杀”

事实上，每个人都有不同程度的“慢性自杀”行为，至少在年少无知的时候，或者在情绪不佳时，都会存在一些“慢性自杀”的行为。问题的关键是，当意识到“慢性自杀”行为的危害时，我们如何去找到产生的原因，并尽量避免之。

1）“慢性自杀”的主要原因

（1）最根本的原因是没有找到明确而坚定的人生目标。

人生目标是人生的方向和主航道，只有找到了明确的人生目标，人的时间和精力就可以集中地投放，对目标越执着、越坚定，投入就会越持久。那些有明确和坚定目标的人，是根本没有时间浪费的，他们总是感觉时间不够，总是在与时间赛跑。比如爱迪生、鲁迅等就是很好的事例。

没有明确而坚定人生目标的人，好像是大海中的一叶孤舟，难免随波逐流，左右漂浮。

（2）迎合了人性中存在的懒惰和趋利避害的本性。

人既有上进、负责等优点，也有懒惰和趋利避害的不良的弱点。这些本性在人的不同状态下都会发挥着作用。

当人在碰到困难，或碰到诱惑，或需要承担责任、损失时，人性中的弱点很可能会占上风，一旦这些不良方面占了上风，“慢性自杀”的行为就产生了。

（3）缺乏意志力和高尚的品格力。

明确的人生目标是向上的牵引力，人性中的弱点是向下的拖力，而意志力和品格力属于一种止滑力。在人生旅途中，意志力和品格力一直相伴相随，时刻都在发挥着作用。一个人即使有明确的人生目标，如果没有坚定的意志力和高尚的品格力，同样也会染上“慢性自杀”的行为。

比如当工作出现失误时，其他人不知道你是有责任的，而你自己清楚是有责任的，你是主动承担还是找个借口开脱，这就是考验你的品格力。

比如当你在生活中碰到钱、色的诱惑时，在这个充满诱惑的社会里，这种诱惑是随时随地都可能存在。你是能坚决抵制还是“中枪”？这是考验你的意志力和品格力。事实上，“中枪”的人可能超过80%。一旦“中枪”后，能不能及时自省回头？

2）如何避免“慢性自杀”

当找到了“慢性自杀”的主要原因，避免的办法也就找到了，其方法主要有：

（1）要珍惜生命，热爱生活，找到值得奋斗的人生目标。

人生短暂，生活丰富多彩，人们既要充分享受人生的幸福快乐，更要实现自己人生的意义。所以，一定要找到自己的人生目标，并为之不懈地奋斗。

（2）制订强有力的时间计划，并严格执行。

时间一定需要管理，不管理时间就会流失，就会浪费，而管理时间的最有效的工具就是计划，所以，我们一定要制订年计划、季计划、月计划、周计划、日计划，甚至小时计划。

（3）磨砺自我意志，修炼自我品格力。

意志力需要磨砺，品格力需要修炼，个人需要打造。需要对自己狠一点，对自己严一点，制订磨砺和修炼计划，坚持不懈地打造自己，使自己富有使命感，富有责任心，敢于正视自己的缺点，敢于担当责任，敢于纠正错误。这样就可以避免推脱、找借口、拖拉、抱怨、责怪、发泄等消极行为。我们还可以运用自我暗示的力量，引导自己不断积极向上。我们还可以视情况给自己奖励或惩罚，以强化积极的行为，弱化消极的行为，从而打造自己坚强的意志力和高尚的品格力。

第四节　实现时间自由

我们已经了解和掌握了人的“三节律”及大脑工作的规律，了解和掌握了时间四大法则，了解和掌握了如何高效地利用时间，了解和掌握了如何避免时间浪费，在本节我们再了解时间运用的最高境界——实现时间自由，主要从时间资产的保值与增值、实现富有而休闲的高层次生活两个方面进行阐述。

一、时间资产的保值与增值

1．什么是时间资产

资产就是所拥有的一切东西。而时间资产就是个人所拥有的时间总量，其单位可以是年，也可以是小时、秒等。资产是有限的，个人的时间资产也是有限的。

一个活到72岁的美国人一生的时间分配是：睡觉二十一年，工作十四年，个人卫生七年，吃饭六年，旅行六年，排队六年，学习四年，开会三年，打电话两年，找东西一年，其他两年。这个美国人一生的时间分配统计告诉我们，个人所拥有的时间总量是有限的，用在事业上的时间更是有限的。

2．时间资产的保值与增值

机器设备是有使用寿命的，比如汽车的使用寿命是10年。这个使用寿命有一个前提条件就是正常使用和保养。如果汽车没有正常使用和保养，这辆汽车的实际寿命可能会是5年或3年，甚至更短。

个人的时间资产与汽车的寿命有一定的相通之处，医学界揭示，人的寿命应可以达到150岁左右。但现实中人的平均寿命只有70～80岁。我们也看到随着医疗技术的进步和人的健康意识的加强，人的寿命还在不断地延长。

在前文中，提到中国近年来出现一大批英年早逝的企业家群体，生活中也有像香港李嘉诚高寿且身体非常健康的企业家。通过对这些企业家的工作、生命的了解和研究，我们可以找到保护和增加时间资产的办法。

下面，我结合自身的经验谈点体会，希望对读者有所启发。

我从读大学开始就开始长跑，到现在已经坚持了近30年。约在十年前，因为工作和学习压力，时间特别紧张，考虑每天早晨坚持花上1个小时锻炼实在有些“浪费”，特别是早晨时间头脑特别清醒，于是想停止长跑。在要不要坚持长跑的问题上，我矛盾了很长时间：我非常清楚，早上长跑，那么接下来一天精神饱满，头脑清楚，效率高，且能养成坚持的习惯，同时还磨砺了意志力。最后，通过计算“时间投入与产出比”，彻底说服了自己。

当时，我假设一天花1小时锻炼，一年大约就是360小时，平均每天有效工作学习时间算12小时，就相当于30天时间，等于1年花了1个月的时间进行锻炼，12年就相当于花了1年时间锻炼，60年就等于花了5年时间锻炼。时间投入确实有些惊人。

但产出更惊人，如果我坚持锻炼60年，我80岁时的身体状况可能和60岁不锻炼的人身体状况差不多，甚至还要好，这样我等于赚了20年，减去5年投入的时间，我还是纯赚了15年时间。只要坚持锻炼，每天的精神饱满，效率很高，同时，还可以减少生病的折磨和痛苦，可以满怀信心地从事自己的事业。于是，我最终理性地决定坚持锻炼，并从未间断过。

香港李嘉诚今天的身体状况证明了我的推算。今年89岁的李嘉诚，身体像60岁的人一样，非常健康。至今，他每天还要锻炼90分钟，这个习惯他保持了几十年。

只要坚持劳逸结合，每天坚持充分的体育锻炼，保持乐观的精神，这样个人的时间资产就能保值与增值。

二、实现富有而休闲的高层次生活

“要杰出先突出，要突出先付出。”要享受到达目的地的休闲，就必须加速前进，慢腾腾可能一辈子也到不了目的地，看不到目的地美丽的风景。在奔向目标时，需要驶进“高速路”。

1. 驶进“高速路”

“高速路”就是能得到关注和提升的工作之路，是能获得更多加薪的工作之路，是承担更多责任和义务的工作之路。

为了能驶入“高速路”，你需要被上司注意到。怎样做到这一点？你就得比任何人承担更多的工作。你不得不第一个上班最后一个下班，不得不把工作带回家做，不得不放弃周末。

人生在年富力强、精力旺盛时期，需要驶进“高速路”，为自己的事业加速，努力成才，成为行家，同时也积累一定的财富，这是必须经历的人生拼搏阶段。从业人员、小企业主和自由职业者都有类似的经历和阶段。

在“高速路”上到底行驶多少时间才合适呢？一年、两年，还是二十年、三十年，还是一辈子？这值得每个人思考和安排。其中核心点是，要在自己年老力衰前，既成了才，又聚了财，可以避免年老时工作高度紧张和生活高度压力。

2. 和尚“挖井”的启示

有两个和尚分别住在相邻的左右两座山上的庙里。这两座山之间有一条溪，于是这两个和尚每天都会在同一时间下山去溪边挑水，久而久之他们变成了好朋友。就这样在每天挑水中不知不觉已过五年。突然有一天左边这座山的和尚没有下山挑水，右边那座山的和尚心想：“他大概睡过头了。”便不以为意。第二天左边这座山的和尚还是没有下山挑水，第三天也一样，过了一个星期还是一样。直到过了一个月，右边那座山的和尚终于受不了，他心想：“我的朋友可能生病了，我要过去拜访他，看看能帮上什么忙。”于是他便爬上了左边这座山，去探望他的老朋友。等他到了左边这座山的庙，看到他的老友之后大吃一惊，因为他的老友正在庙前打太极拳，一点也不像一个月没喝水的人。他很好奇地问：“你已经一个月没有下山挑水了，难道你可以不用喝水吗？”左边这座山的和尚说：“来来来，我带你去看。”于是他带着右边那座山的和尚走到庙的后院，指着一口井说：“这五年来，我每天做完功课后都会抽空挖这口井，即使有时很忙，能挖多少就算多少。如今终于让我挖出井水，我就不用再下山挑水，我可以有更多时间练我喜欢的太极拳。”

是的，我们在公司领的薪水再多，那都是挑水。而把握下班后的时间，挖一口属于自己的井，培养自己另一方面的实力，未来当我们年纪大了，体力拼不过年轻人时，依然还是有水喝，而且还能喝得很悠闲。

以上的故事对职员的启发是：职员应该突破拿“时间资产”来换取金钱，即用一个小时的工作换来一个小时的收入的模式；而应该借鉴左边山上和尚的做法——用“时间资产”换钱的同时，创造能生钱的渠道，即去创造其他资产，然后再用那些资产来为自己创造金钱。

现实社会中有“A”类与“B”类职员：

“A”类职员：要脱颖而出，成为明星。他们的抱负就是一级一级往上爬，直到最后主持大局。他们可能不那么喜欢自己的工作，因为他们只是把工作当成了垫脚石。“A”类职员事实上就是采取以时间换金钱的方式。

“B”类职员：是一群喜欢自己的工作，喜欢自己公司的“工蜂”。他们一方面努力工作，另一方面他们又用工作外的时间创造个人生意或其他资产，然后逐步过渡到用资产为其创造金钱。试看“B”类职员实现富有而休闲的高层次生活的路线图。

（1）第一阶段：工作是主要方式。

（2）第二阶段：开始培养个人生意，并且增加个人生意的比重。

（3）第三阶段：开始投资增值资产，并减少工作所占的比重。

（4）第四阶段：放弃工作，个人生意和增值资产可提供足够的收入。

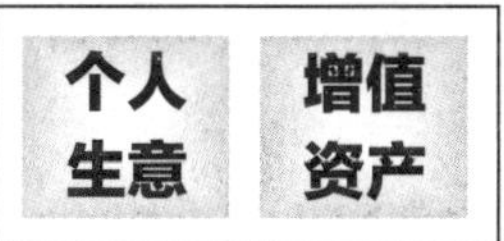

和尚“挖井”的故事对企业老板的启发是：企业老板应该突破拿自己的“时间资产”来换取事业，即凡事亲力亲为推动事业发展的模式；而应该借鉴左边山上和尚的做法：用自己“时间资产”推动事业发展，同时，积极打造团队，即去培养组织能力，然后借助组织能力推动事业的发展。

现实社会中有“A”类企业家与“B”类企业家：

“A”类企业家：是个人英雄主义者，凡事亲力亲为，是工作狂，不放心他人，不擅长授权，结果到了退休年龄也找不到接班人，事业也难以为继，个人也积劳成疾。

“B”类企业家：是领袖型企业家，敬业，信任人，擅长授权，积极打造团队，培养组织能力，不但事业如日中天，而且享受自在的生活。试看“B”类企业家实现富有而休闲的高层次生活的路线图。

（1）第一阶段：亲力亲为，创立事业。

亲力亲为，创立事业

（2）第二阶段：既亲力亲为，又培养团队分担一些事情，同时打造组织能力。

（3）第三阶段：尽量让团队承担更多事情，并加强组织能力系统。

（4）第四阶段：由团队承担，组织能力强大，领导退出日常管理。

团队运作

时间就是生命，时间就是速度，时间就是力量，时间就是资产，时间就是事业。只要我们牢固树立信息时代的时间观，始终贯彻时间法则，坚持科学利用时间，有效地防止和克服时间浪费，按照实现时间自由的方法，我们就一定可以获得事业财富和时间自由的双丰收。

第五节　生命的内涵和延展

一、健康物质生命

谁都知道身体非常重要，但事实是：亚健康的人群越来越多，人们的健康水平在不断地下降。

《中国企业家》杂志对被称为时代英雄的中国企业家群体的“工作、健康及快乐调查”的结果显示：目前有高达90.6%的企业家处于不同程度的“过劳”状态。过去30年，中国民营企业的成就是用一代企业家的健康换来的，他们事业越来越大，钱越来越多，人却越来越累，最后累病，甚至累死。忙得顾不上自己的身体，忙得顾不上家庭，忙得没有了幸福，失去了快乐。

为什么会出现这种本末倒置、舍本逐末的事情？其核心原因是人们没有真正理性地认识到身体的重要性，同时也缺乏有关健康的经验和知识。

1．健康

1）全民健康面临危机

1978年世界卫生组织提出“健康不仅是躯体没有疾病，还要具备心理健康、社会适应良好和有道德”，并提出了衡量是否健康的十项标准：

（1）精力充沛，能从容不迫地应付日常生活和工作的压力而不感到过分紧张。

（2）精神状态正常，没有抑郁、焦虑、恐惧发作等症状。

（3）善于休息，睡眠良好。

（4）应变能力强，能适应环境的各种变化。

（5）能够抵抗一般性感冒和传染病。

（6）体重得当，身材均匀，站立时头、肩、臂位置协调。

（7）眼睛明亮，反应敏锐，眼睑不发炎。

（8）牙齿清洁，无空洞，无痛感；牙龈颜色正常，不出血。

（9）头发有光泽，无头屑。

（10）肌肉、皮肤富有弹性，走路轻松有力。

世界卫生组织讲到“健康100分”当中，父母遗传占15分，环境占17分，医生占8分，生活习惯占60分，而这60分中有30分是心理。所以说真要想健康，心理健康至关重要。

2011年，在中国科协举办的第九期“科学家与媒体面对面——重压下的青春”活动上，相关健康专家透露，目前城市白领亚健康比例达到76%，处于过疲劳状态的接近六成。

中青年人面临的生活与工作负荷沉重，心理压力过大，精神高度紧张或焦虑，往往也埋下危害健康的隐患，甚至出现“高学历、高职位、高收入”付出的代价是“高血压、高血脂、高血糖”，“前半生奋斗、后半生看病”。

中国人目前平均寿命是76岁，但是健康生存寿命是66岁，比日本、欧洲国家、美国等发达国家少10年左右。

以上数据清楚看出中国人目前的健康状况令人担忧，现在由于自然环境质量的下降，食品质量、医疗质量等一系列问题，亚健康群体的比例在一段时期内只会上升。

亚健康和疾病，对个人来说是一种身心的痛苦，影响个人的生活质量，也严重制约了个人的事业发展；对家庭来说，增加了家庭的担忧，给家庭的幸福蒙上了一层阴影；对于社会和国家来说，大量的亚健康群体将是国家和社会沉重的负担，也严重影响国家和民族的前途和命运。

2）不健康的生活方式是健康危机的主要源头

有果必有因，今天健康危机的源头主要是人们不健康的生活方式。30年前，大街上经常看到壮观的自行车流，中国人很健康。以前心肌梗死的人大部分是六七十岁的老年人，很少有中青年人患这种病，人数也少。现在再看大街上，自行车很少了，全是汽车堵塞的壮观场面。还有一大群年轻人整天泡在网吧里。以前，几乎没有什么夜生活，现在有些人几乎颠倒了，夜生活到凌晨三四点，白天睡觉。

此外，抽烟、过量饮酒、网吧入迷、电视入迷、熬夜打牌、嗜玩狗猫等也严重影响人的身心健康。而吸毒、嫖娼、赌博等对人身心健康的危害更大。

3）“四好”生活方式为身心健康护航

既然不健康的生活方式是威胁身心健康和生命的主要源头，那么只要有良好的生活方式，就可以保护身心健康。“四好”生活方式就是“休息好、营养好、运动好、心情好”，只要坚持“四好”，相信身心一定健康。

第一，休息好——保证睡眠质量和及时放松休息。

休息好主要指让身心得到及时、充分有效的休息，及时消除身心疲劳，预防疾病的发生。要休息好主要是保证睡眠质量和采取有效的方法及时放松身心。

首先，保证睡眠质量，运用睡眠成就幸福体质。

睡眠是最好的药，保持好的睡眠质量是对生命不断进行能量充电，也是让大脑司令部得到休息的最好方式。睡眠好会让人觉得心情愉快，充满干劲，工作效率高。睡眠不足导致脑的机能下降，精力不佳，反应迟钝，工作效率低。为了保证良好的睡眠，需要注意以下几点：

一是注意睡眠的节奏。

睡眠的节奏越是与自然界的节奏相协调，越是能够舒眠。这个节奏的实质是“晚上睡觉，白天起床”，违背自然界节奏的睡眠质量将会大大下降。

二是尽量保证睡眠环境舒适。

（1）确保睡眠专用的房间。

（2）让自己感觉舒服的寝具，包括床、抱枕等。

（3）卧室的光线要调成像月光的亮度，色调尽量适宜睡眠。

（4）窗帘稍稍打开，让阳光进房间，并让空气对流。

三是注意睡眠仪式，放松自己。

先整理床铺，把棉被、枕头打理到最舒适的状态，用自己最自然、最舒适的姿势躺好。躺平后，做几个深呼吸，让自己放松下来。然后用感觉从头到脚扫描一遍，看哪个部位紧绷，再试着放松下来。如果心里还想着工作，可用数息法，想象自己呼吸时，把负面的情绪吐出去，然后把正面的能量吸进来，来回呼吸几次，直到心情平静，全身心放松，渐渐入睡。

其次，注意及时放松，消除和预防疲劳。

为什么要讲如何防止疲劳的问题呢？很简单，因为疲劳容易使人产生忧虑，或者至少会使你较容易忧虑。疲劳同样会减低你对忧虑和恐惧等感觉的抵抗力，所以防止疲劳也就可以防止忧虑。要防止疲劳和忧虑，首先要做到：常常休息，在感到疲倦以前就休息。

这一点为何重要呢？因为疲劳增加的速度快得出奇。美国陆军曾经用几次实验，证明以年轻人为例，如果不带背包，每一小时休息10分钟，他们行军的速度就加快，也更持久，所以陆军强迫他们这样做。

在第二次世界大战期间，丘吉尔已经60多岁了，却能够每天工作16小时，一年又一年地指挥英国作战，实在是一件很了不起的事情。他的秘诀在哪里？他每天早晨在床上工作到11点，看报告、口述命令、打电话，甚至在床上举行很重要的会议。吃过午饭以后，再上床去睡一个小时。到了晚上，在8点吃晚饭以前，他再上床去睡两个小时。他并不是要消除疲劳，因为他根本不必去消除，他事先就防止了。因为他经常休息，所以可以很有精神地一直工作到半夜之后。

约翰·洛克菲勒也创了两项惊人的纪录：他赚到了当时全世界为数最多的财富，也活到98岁。他如何做到这两点呢？最主要的原因当然是，他家里的人都很长寿，另外一个原因是，他养成了经常休息的习惯，他每天在办公室里睡半小时午觉。他躺在办公室的大沙发上——在睡午觉的时候，哪怕是美国总统打来的电话，他都不接。

大发明家爱迪生认为他无穷的精力和耐力，都来自他能随时想睡就睡的习惯。

《黄帝内经》曰："得神者昌，失神者亡。"可见神的损耗，关系到人的壮老；神的得失又关系到人的昌亡，人体五脏六腑的精气都上注于目。闭目可以养神，闭目养神对于终日劳心用脑或长期使用目力者，是大有裨益的。

李嘉诚每天分别于上午、下午和晚上各闭目养神三次，每次约十分钟。

日常生活中，闭目养神法主要有以下十式：

（1）闭目养心。即在日常头昏脑涨时，找一清静之地，正襟危坐，双目闭合，意守丹田。良久则头脑清醒，心平气和，心静如水，烦恼渐渐消失，情绪愉悦，头脑清晰，浑身轻松。

（2）闭目降气。常言道："眼不见，心不烦。凡遇愤愤不平或遭受屈辱，于暴躁难耐之时，要理智地控制情绪，离开是非之地，闭目思量。同时用自己的双手食指轻轻压在眼睑上，微微揉搓，到眼珠发热发胀，便觉胸膛闷塞顿开，肝火胃气下降，躁怒平息，心情和缓。

（3）闭目行悦。在忧郁悲伤、失望空虚、心烦意乱之时，退避静舍，闭目独坐，尽量想象以往得意欢愉之事，即会觉得心神平衡，悲伤烦乱之情就会逐渐消失。

（4）闭目卧思。闭目思维是一种临界思维"现象"，即卧而不寐，闭目臆想联翩。在这种思维状态下，大脑排除了外界的干扰，又处于充血、充氧状态，可促使大脑细胞的潜能最大限度地发挥作用，以提高思维的深度和广度。

（5）闭目消食。吃完饭后闭目休息10～30分钟，再去睡午觉、散步或是做别的事情。这对肝脏的保养，尤其是对有肝病的人来说是非常必要的。人们吃完饭后，体内的血液集中到消化道内参与食物消化，如果再行走、运动，血液就会有一部分流向手足，此时，流入肝脏的血流量就要减少到50%以上。如果肝脏处在供血量不足的情况下，正常的新陈代谢就会受到影响，从而导致对肝脏的损害。

（6）闭目赏乐。你可以常常闭目听一些自己喜爱的音乐和戏曲。优美的旋律可增强大脑活动，调节中枢神经系统的功能，使人产生心旷神怡的感觉，对身体健康十分有益。

（7）闭目解乏。劳逸结合对我们来说十分重要，当身体劳动累了，或读书、看报、写字疲乏的时候，不妨闭目静养片刻，这对迅速恢复精力和养生保健都大有益处。

（8）闭目养阳。适当闭目静心晒晒太阳，可以养阳。如果不是严重高血压症，经常晒太阳能够降低血压。当人的皮肤受到阳光照射时，便会产生维生素D，维生素D参与人体的血液循环。

（9）闭目神游。静坐闭目，给想象插上翅膀，飞向野外，观灵山秀水，望天高云淡，听飞瀑松声，游长江大海……此时心怡神驰，心灵与天籁之声窃窃私语，天人合一，会有一种身轻如燕的感觉。人忙碌的时候，不能日行千里，却能神行万里，这种“精神”畅游非常有益健康。

（10）闭目静息。现代人睡眠欠佳是常有的事，遇到一时睡不着，或半夜醒来再难以入睡的情况时，千万不要心烦意乱，即使不能入睡，静息也能达到养生的效果。

第二，营养好——注意饮食和营养的质量，养成营养早餐习惯。

“病从口入，祸从口出”是千古真理。饮食和营养是给人的体内补充能量，饮食的质量直接决定补充能量的质量，“三聚氰胺毒奶粉事件”“地沟油事件”都说明了饮食质量直接关系人的身体健康，甚至危及人的生命。

在饮食习惯方面尽量少肉多蔬、少盐多醋、少食多嚼、少食多餐。现在不少年轻人习惯睡懒觉，不吃早餐，喜欢吃肉食，这都是不健康的饮食习惯。特别建议大家一定要养成吃营养早餐与多吃蔬果的习惯。

早餐是激活一天脑力的燃料，许多研究都指出，吃一顿优质的早餐可以让人在早晨思考敏锐，反应灵活，并提高学习和工作效率。研究也发现，有吃早餐习惯的人比没有吃早餐习惯的人比较不容易发胖，记忆力也比较好。长期不吃早餐的人容易得结石。

1991年，美国国家癌症研究园和健康促进基金会共同推动了全民营养运动，根据调查，多吃蔬菜水果的人，可以减轻患癌症与心脏病的风险。要用蔬果代替那些会令人发胖的饼干、零食。

第三，运动好——坚持身体锻炼。

运动有益于身心，研究发现：运动者有较好的心肺功能，能减低压力。跑步，使心脏中的血流入脑部，促进人的清醒，运动会促使安多芬等天然化学物质的足量分泌，使人止痛和产生喜悦感，从而能消除郁闷，让人感到快乐，增强自信心。运动可预防心脏病、糖尿病、高血压、骨质疏松、肥胖、忧郁症等。

锻炼身体的项目很多，包括跑步、走路、篮球、乒乓球、舞蹈、爬山、游泳、骑自行车等。每个人可以根据兴趣选择自己喜欢且容易坚持的项目。特别提醒，除了有需要二人以上参与的锻炼项目外，比如打篮球、乒乓球等，最好还要选择一个人可单独进行且无场地限制的项目，比如跑步、走路等。

我是一个坚持锻炼身体的人，自读大学开始至今，我一直坚持晨练，基本风雨无阻，也深得晨练的益处。约在2005年，我工作非常繁忙，且我每天要坚持看书学习，时间不够用。当时我一度陷入早晨时间是用来学习还是锻炼的矛盾中。那时，我计算了身体锻炼的投入与产出比。从投入看，每天锻炼1小时，一年是360小时，按每天有效工作学习12小时计算，折合30天，即1个月。也就是一年将花费1个月时间在锻炼，12年将花费1年时间在锻炼，60年将花费5年时间在锻炼。从产出看，先看直接产出，主要有三点：一是早晨锻炼之后，头脑清醒，精力旺盛，工作学习效率高；二是因为早上要锻炼，就必须早起，这样又促使自己养成早睡早起的良好习惯；三是因为天天坚持锻炼，这样锻炼了自己坚强的毅力。2014年，我在与惠州市千叶松化工有限公司的董事长、《穷鬼翻身》《决胜千里》作者何爱辉先生交流时，得知他参加过马拉松比赛。在交流锻炼经历时，我提到自己坚持跑步将近30年，他由衷地赞叹说："赵总，您今后做什么事都可以成功，因为您的毅力。"他的这句话也一直鼓励着我。再看间接收入，我有一个简单的推测和设想，如果我坚持锻炼60年，即锻炼到80岁，那时80岁的我可能还是一般人60岁的状态。20年减去5年等于15年，即我可以赚15年。从此，我彻底说服自己了，并且更加自觉地坚持锻炼，并把锻炼作为健康长寿的大事，快乐地享受着锻炼！

每天晚上睡觉前，我还有一个特别受益、特别简单的健身方法，这个方法是向享年107岁的邵逸夫老先生学习的。即每天晚上睡觉前，平躺在床上，两脚伸直，双脚掌自然竖立。以踝关节为支点，做三组各100次动作，第一个是两脚掌把脚尖往前伸直再复原算一次，这样反复做100次；第二个是两脚掌尽量向左再向右，再复原算一次，这样反复做100次；第三个是两脚掌顺时针转50圈，逆时针转50圈，共100次。在做这个动作时，我还同时做眼保健操和叩牙齿两个动作。这样三组动作做完，眼保健操和叩牙齿也做完了。这样既是健身，又是放松，效果非常好。我曾向多人推荐过此动作，只要坚持做的人都感觉效果不错。

生命在于运动，每人运动的方式因人而异，选择自己喜爱、适合自己的方式，运动后让自己感到愉悦就好。

社会上各类养生会所特别多，说明人们不但重视自己的身体，同时也说明很多人已经有亚健康的症状，所以需要养生。目前社会上很多养生会所误导了人们，把养生变成了一个赚钱的工具，甚至变成色情场所。所以，了解养生常识对身心健康显得特别重要，我根据资料整理了一些相关的养生常识。

第一条，养生是良好的日常生活习惯，只要注意饮、食、作、息四个方面的尺度，许多疾病就能远离。因此，养生不需要太多的资金成本，唯一需要的是花点时间学习和交流。世界卫生组织提出：70%以上的人都是死于生活方式病。无知是疾病的催化剂，是健康的头号杀手。

第二条，养生的“生”是指“生命”而不是“生理”，养生是关注生命整体的健康，包括生理、心理以及精神三个层面。健康是生命存在和延续的前提，养生就是解决生命整体健康的行为方式。不花时间学养生，就花金钱养医生。

第三条，养生是可以普及的大众化的行为，必须要从娃娃抓起，它不是老年人或有钱人的专利。医学知识遥不可及，养生之道就在身边！

第四条，养生必须是有益身心健康的行为。生命健康高于一切，任何危害生命健康的行为都是罪恶的。食品安全包含生产、储存、加工、食用方法等环节的安全保障，只有对健康无害的食品才能称得上安全食品。符合卫生标准的食品不一定符合健康标准，高温加热的食物（如烧烤、油炸食品）对人类健康的损害超过任何目前被曝光的有毒食品。青少年儿童是它们残害的主要对象，如果懂点养生常识，首先要抵制的就是那些遍布各地的洋快餐。

第五条，养生的“养”必须是“自养”绝非“他养”，即养生一定是个人自觉的行为。任何生命都具备抵御侵害和修复损伤的能力，这种能力称为自愈力，是目前任何医疗技术所不能企及的。因此，对付疾病，自己才是最好的医生。喜欢出入“养生馆”的人接受的是保健理疗而不是养生。治疗和保健的前提是懂得养生，否则，治疗和保健就达不到预期的效果，过度依赖医疗和保健的结局都是悲惨的。

第四，心情好——保持良好的精神状态。

健康长寿，一直以来都是人们所追求和研究的方向。诺贝尔生理学奖得主伊丽莎白等总结出的长寿之道一度引起人们的关注，那就是：人要活百岁，合理膳食占25%，其他占25%，而心理平衡的作用占到了50%。有关心情的内容，在第四章第三节“释怀自在、惬意优雅的活法”中有较系统的阐述。

二、丰富精神生命

精神生命是人的一种独特的存在，品格、情感、理想、良知、思想、美德、文化、历史等都是精神生命存在的形式。精神生命，用臧克家的那句诗来描述就是：有些人活着，他已经死了；有些人死了，他还活着。这句诗准确概括了人的精神生命的内涵及其意义。

古人有言：“夫人好学，虽死若存；不学者，虽存，谓之行尸走肉耳。”可见古人把“学”看得很重，不学者如同“行尸走肉”。“行尸走肉”就是好像人没有了灵魂一样，昏昏沉沉；活着好像没活着，也就是说只有肉体的生命，而没有精神的活力。

丰富精神生命的方式方法多种多样，读书是最有效的丰富精神生命的方式，在此着重推介读书学习。

1．学习的重要性

毛泽东说：“书是前人智慧的结晶，也是前人经验和教训的总结。学知识，来自两个方面，一个是他人已经总结出带有规律性的东西，一个是自己亲自实践得来的。前人的东西不一定都正确，自己的认识也不一定错误，怎么办？这就要边学、边思考、边检验、边总结，这样我们就会少走弯路，少犯错误。人一生要看多少书，也没有个具体说法，只有一个法子，就是活到老、学到老，革命到老。”自古至今，真正品德高尚、才识过人且大有作为者都是善于且坚持学习的人，学习的重要性主要表现在以下几个方面。

（1）学可修身。孔子说：“仁而不学则愚，义而不学则贼，智而不学则荡，勇而不学则乱，刚而不学则狂。”古语云：“酒多人癫，书多人贤。”

（2）学可益智。学习书中的智慧，可以“开天眼”。人的第一眼是像猪八戒的肉眼，只看到了物，只看到了现象，即物质表现出来的象。“天眼”是什么？透过现象看到本质，看到肉眼看不到的东西，即看到事物的本质、规律和未来。

（3）学可长力。正如荀子在《劝学篇》所说：“登高而招，臂非加长也，而见者远；顺风而呼，声非加疾也，而闻者彰。假舆马者，非利足也，而至千里；假舟楫者，非能水也，而绝江河。君子生非异也，善假于物也。”避免少知而迷，不知而盲，无知而乱的困境。

（4）学可改变命运。学习能力是一切能力之母，学习是赢得竞争的武器，学习是成就事业的必要条件。在竞争激烈的今天，任何一个人要不被时代所淘汰，唯一的办法就是：学习、学习、再学习，并且比对手学得更快。

2．我们应该如何学习

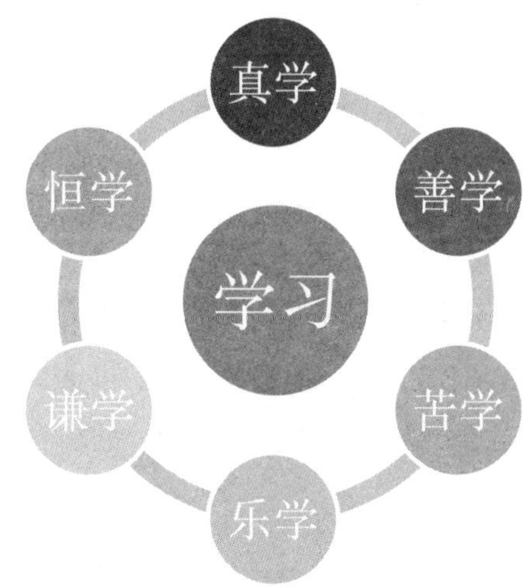

1）真学

现在人们大都知道学习的重要性，产生想学的动机，但是对于没有学习兴趣的，或者没有真正认识到学习重要性的人来说，学习可能是件痛苦的事情。于是就假学，出现很多假文凭、假博士、假学者，这些问题在社会上已经曝光了多年。

假学的第二种可能是，学到假的东西。因为没有下定真学的决心，结果对学的知识不去深思、不去研究，满足于一知半解。有些人看起来是博士、教授、学者等，讲起来头头是道，但都没有实际用处。

学者如牛毛，成者如麟角。目前的中国，有多少个教授敢去解决企业的实际管理问题？没有多少教授敢。又有多少拿了EMBA博士学历的企业老板有丰富的企业管理理论知识？也很少。真正建立自己管理思想的企业家应该都是比较成功的企业家，比较知名的只有张瑞敏、柳传志、任正非等极少数。更多的企业老板或职业经理人，拿EMBA学历，仅为了武装嘴巴，为了包装自己。

要学习，首先要真学习，下真决心，用真功夫，学真本领，解决实际问题，这样才有实际意义，才能培养学习的兴趣，并且逐步爱上学习。

真学就是要有“知之为知之，不知为不知”的老老实实的治学态度，实实在在地学习有用的东西。要做到真学，主要把握三点：

第一，永远不要不懂装懂。“不懂装懂，永世饭桶”。

第二，坚持干什么学什么，缺什么就学什么。根据工作需要，缺什么，就学什么。急用的先学，“不急之务”则后学或暂时不学，努力使自己真正成为专家、内行。

第三，未来需要什么就学什么。主要是根据个人的发展规划，搞清楚自己要用什么，不够的提前学习，以备后用。

2）善学

善学就是善于学习，善于学习体现在选好书，读好书，用好书，学习的目的全在于运用，即把学习到的技能转化为行为和成果。善学不但要看书，还要带着问题学，拜实践为师，做到干中学、学中干，学以致用、用以促学，学用相长。

（1）选好书。

由于我们时间和精力有限，而新知识却在不断涌现，我们学不完所有知识，所以，我们必须利用有限的时间和精力选择好书来看。

由于现在的书鱼龙混杂，劣质书泛滥，精品不多。同一书名的书有很多读本，如果不注意挑选，则不但会浪费自己的金钱、时间、精力，更可怕的是还会受错误观点的误导和影响，贻害终生而不知。人生三大风险：跟错人，学错东西，错误地学东西。

在2002年，我在良师的推荐下，一口气阅读过40多本企业文化的著作，看完这些书且有比较之后，发现其中有些作者对企业文化的概念都没有搞明白也敢出版企业文化的著作。从此之后，我对书的选择就特别小心。

选书时，一般先尽量找出同类或同名的书，再比较出版社、作者的经历、推荐人、书评、目录、版次等，那些知名出版社出版的、有知名人物推荐或写荐、再版次数越多的或目录核心观点有价值的，基本上算是比较有质量的书。同时，再选其中的一些章节浏览，综合感觉不错的书籍才决定购买。

在浩大的书海里寻找一本值得精读一生的好书，花再多时间都值得。

（2）读好书。

关于如何读好书的方法，《中庸》观点最佳。《中庸》中提出学习的五个阶段：博学之、审问之、慎思之、明辨之、笃行之。博学就是要博采众长，实现思想的升华；审问就是要学问结合，在学习时不断地提问、求证；慎思就是要把外在的知识和实践与自己切身经验结合起来进行认真思考，既用自己的经验来思考知识与实践，又用知识与实践来思考自己的经验，不断地交换位置和方向，达到理解和重新理解知识、实践和经验的目的，促进自己内心精神世界的成长。正如孔子所说：“学而不思则罔，思而不学则殆。”明辨就是在博学、审问、慎思的基础上，明辨是非、对错，并形成自己的见解和观点。笃行就是使所学最终有所落实，做到“知行合一”。

北宋沈括小时候就是这样学习的，他读唐代诗人白居易的《大林寺桃花》诗：“人间四月芳菲尽，山寺桃花始盛开。长恨春归无觅处，不知转入此中来。”当读到“人间四月芳菲尽，山寺桃花始盛开”这句诗时，沈括的眉头凝成了一个结，“为什么我们这里花都开败了，山上的桃花才开始盛开呢？”为了解开这个谜团，沈括约了几个小伙伴上山实地考察一番，四月的山上，乍暖还寒，凉风袭来，冻得人瑟瑟发抖，沈括茅塞顿开，原来山上的温度比山下要低很多，因此花季才来得比山下晚呀。凭借着这种求索精神和实证方法，长大以后的沈括写出了《梦溪笔谈》。

读书一定要有严肃的态度，坚持“宁精勿杂”，不可走马观花，不可不求甚解。在毛泽东早年所作的《讲堂录》中，曾有这样的记载：“才不胜今人，不足以为才；学不胜古人，不足以为学。”

此外，SQ3R学习法也值得参考， S即浏览，Q即问题，R即阅读、复述、复习。

（3）用好书。

就是学以致用，知识不用等于无聊。学习知识是一种学习，应用更是一种学习，而且是更高层次的学习。也只有在应用中才能发挥知识的价值，才能检验知识的对错，才能丰富知识的内容。古人陆游说：“古人学问无遗力，少壮工夫老始成。纸上得来终觉浅，绝知此事要躬行。”

在用好书方面有一个大家熟悉的例子，王明等人号称是百分之百的“布尔什维克”，学习马列主义差点断送了中国革命。而毛泽东用马列主义思想为指导，推翻了三座大山，建立了中华人民共和国。所以，在使用时，不可以把书本的知识当成教条，我们读后变成了教条，这是因为我们没有读通、读透。

善于学习，不仅仅向书本学习，还可以通过广泛的网络信息平台学习；还要向社会学习，社会才是一所没有校门的大学。

善于学习还要找高人名师，找标杆。交友拜师，必须向比我们能力强的人学习，一定要跟高人名师，因为高人名师不会误导你，哪怕学一条，那也是一条成功之道。如果跟个庸师，即使他的100个本事你都学到了，也是没用的，提升不了自己。在职业初期需要找准两个老师：一个是你的职业偶像；另一个是你的从业师傅。

通过使用，不断消化知识，并且产生新的知识，从而使自己的头脑从“知识的仓库”上升为“知识的熔炉”。

有一个计算学习成果参考公式：

学习成果=知识（获得的众多信息，学到的新东西）×实施比例（把学到的东西付诸行动的比例）×稳定率（付诸行动的事物中，作为习惯保留下来的比例）。

3）苦学

“学海无涯苦作舟”，越是宝贵的东西越不容易得到，就越要付出艰辛的努力；越是付出艰辛努力得到的东西，人们又往往会越珍惜。当然学习绝不是轻而易举之事，学习需要有刻苦钻研的精神，需要有“钉子”精神。古语说“学习好比敲钉子，又挤又钻步步深”。也和烧开一壶水的道理是一样的，如果断断续续地烧，1万个小时也烧不开，如果连续烧，1个小时就够用了。

诺贝尔经济学奖获得者西蒙也说，学习要“像锥子一样将精力聚于一点”。他曾提出这样一个见解：“对于一个有一定基础的人来说，他只要真正肯下功夫，在6个月内就可以掌握任何一门学问。”他立论所依据的实验心理的研究表明：一个人1分钟到1分半钟可以记忆一个信息，心理学把这样一个信息称为“块”，估计每一门学问所包含的信息量大约是5万“块”，如果1～1.5分钟能记忆1“块”，那么记忆5万块大约需要1 000个小时，以每星期学习40小时计算，要掌握一门学问大约需要用6个月。

著名学者王国维论述刻苦治学有三种境界：一是“昨夜西风凋碧树，独上高楼，望尽天涯路”；二是“衣带渐宽终不悔，为伊消得人憔悴”；三是“众里寻他千百度，蓦然回首，那人却在灯火阑珊处”。

习近平同志结合自身学习经验是这样理解的：“要有‘望尽天涯路’那样志存高远的追求，有耐得住‘昨夜西风凋碧树’的清冷和‘独上高楼’的寂寞，静下心来通读苦读；其次，要勤奋努力、刻苦钻研，舍得付出，百折不挠，下真功夫、苦功夫、细功夫，即使是‘衣带渐宽’也‘终不悔’，‘人憔悴’也心甘情愿；再次，要坚持独立思考，学用结合，学有所悟，用有所得，要在学习和实践中‘众里寻他千百度’，最终‘蓦然回首’，在‘灯火阑珊处’领悟真谛。”

现在不管有多忙，我们都要设法挤时间来学习。毛泽东曾在延安在职干部教育动员大会上讲话时说：“学习可以想法子解决。一个法子叫作‘挤’，用‘挤’来对付忙。好比木匠师傅钉一个钉子到木头上，这就是向木头‘挤’，木头让了步。另一个办法叫作‘钻’，如木匠钻木头一样地‘钻’进去。看不懂的东西我们不要怕，就用‘钻’来对付。”毛泽东是“挤”和“钻”精神的提倡者，更是实行这种精神的模范。青年时期他曾在路灯下看书，甚至躲在厕所里看书。中华人民共和国成立后他日理万机，工作十分繁忙，但仍利用饭前饭后、节假日、旅途间隙读书。1975年，毛泽东的眼睛做手术后，视力有所恢复，又开始了大量阅读，有时竟然一天读上十几个小时，甚至躺在床上量血压时仍手不释卷。他逝世前的7分钟还在听工作人员给他读书。

陶渊明是晋代著名的大文学家，在他隐居田园后不久，一个年轻人来求教他学习之妙法。陶渊明笑道：“天底下哪有什么学习的妙法？只有笨法，全凭刻苦用功，持之以恒，勤学则进，怠之则退。”接着他领着年轻人看了一棵稻秧，又看了一块磨刀石，然后对年轻人说：“勤学如春起之苗，不见其增，日有所长；辍学如磨刀之石，不见其损，日有所亏。”

所以有人说：穷人什么苦都能吃，就是不想吃学习的苦；而富人什么苦都不能吃，就是能吃学习的苦。古语说：“贫者因书而富，富者因书而贵。”

4）乐学

子曰：“知之者不如好之者，好之者不如乐之者。”意思是：“懂得学习的人比不上喜爱学习的人；喜爱学习的人比不上以学习为乐趣的人。”

有了学习的浓厚兴趣，就可以变“要我学”为“我要学”，变“学一阵”为“学一生”。学风不浓，玩风太盛，贻误大事。

毛泽东曾说：“我一生最大的爱好是读书。”“饭可以一日不吃，觉可以一日不睡，书不可以一日不读。”

“书中自有黄金屋，书中自有颜如玉。”“养心莫若寡欲，至乐无如读书。”原理、伟大的思想以书籍的形式摆在我们面前，我们随时都可以占为己有。书籍是智慧良师，学习就是向良师取经，与良师交谈，找到需要的答案。书籍是神奇的心灵师，可以提神养心，驱除空虚无聊、孤独寂寞、压抑沉闷、消极急躁等。书籍是最好的时间储蓄器，各种候车、排队、坐车等等待、空闲的时间，只要读书，时间就被储蓄了，分秒都不会浪费。

食物是物质食粮，跑步、打球等是身体运动，而书籍是精神食粮，读书是愉快的精神运动。给大家八字真经：“有事做事，没事学习。”

5）谦学

香港有个寺园，门上有一副对联，上联是：会道者，一线藕丝牵大象；下联是：盲修人，千钧铁棒打苍蝇。这副对联告诉我们：各行各业都有其道，懂门道的人能四两拨千斤，事半而功倍；不懂门道的人只能用蛮力，费力而无功，事倍而功半。

正泰集团的南存辉说：“当我感觉有困难时，是自己的智慧不够；当我感觉有压力时，是自己的能力不够；当我感觉没有自信时，是自己的能量不够；当我感觉别人不顺眼时，是自己的胸怀不够。”他非常谦虚，与他的员工在一起，也常用“请教”。

“谦虚使人进步，骄傲使人落后。”“虚心是学问的向导，恒心是学问的保管。”自以为是者认为自己已经满了，当然不需要学，即使学也是装装样子，或者给别人面子，到后面是为了找人家的茬子。

学，然后知不足。爱因斯坦说，知道的东西越多，未知的东西就更多，“学无止境”。东西方两位“大圣人”有一句共同的名言：“我是无知的。”孔子一再说自己无知，苏格拉底说：“我唯一知道的事情就是我一无所知。”

6）恒学

恒学就是坚持不懈、永不停止地学习。"一日一钱，千日千钱；绳锯木断，水滴石穿。"这是坚持不懈的力量，也是从量变到质变的过程。所以学习一定要恒学，读书既需要坚持，也需要反复。

毛泽东在长沙求学时期写过一副自勉联："贵有恒，何必三更起五更眠；最无益，只怕一日曝十日寒。"这副对联体现了他对积学贵有恒精神的称道。

毛泽东提倡读书要"三复四温"。在日常生活中，他对喜欢读的书，一遍又一遍地研读，一次又一次地加深理解。每读一遍书，他习惯在封页上画上一个圈。从中南海毛泽东故居保留下来的书籍中，可以看到许多书的封页上画有四五个圈。有些书，页面上留有红、蓝、黑各色笔迹的圈划批注，这是他不同时期反复阅读留下的手迹。很多书他都读了10遍以上。对于《红楼梦》，他读得更仔细，并且至少读过10种不同版本；《二十四史》，他读过24遍；《共产党宣言》，他读过100遍。

有人这样算过一笔账：如果每天临睡前挤出15分钟时间看书，假如一个中等水平的读者读一本一般性的书，每分钟能读300字，15分钟就能读4 500字。一个月就是13.5万字，1年的阅读量可达162万字。而一本书的字数从5万字到30万字不等，假设一本书有15万字，每天读15分钟，一年下来就可以读10本书。这就是坚持的力量。

"问渠哪得清如许，为有源头活水来"，唯有坚持学习、终身学习，智慧才永远不会枯竭。周恩来总理曾说过："活到老，学到老，改造到老。"学习没有终点，生命终结才算毕业。

当今时代，知识更新周期大大缩短，各种新知识、新情况、新事物层出不穷。有人研究过，18世纪以前，知识更新速度为90年左右翻一番；20世纪90年代以来，知识更新加速到3至5年翻一番。近50年来，人类社会创造的知识比过去3 000年的总和还要多。还有人说，在农耕时代，一个人读几年书，就可以用一辈子；在工业经济时代，一个人读十几年书，才够用一辈子；到了知识经济时代，一个人必须学习一辈子，才能跟上时代前进的脚步。如果我们不努力提高各方面的知识素养，不自觉学习各种科学文化知识，不主动加快知识更新，优化知识结构，拓宽眼界和视野，那就难以增强本领，也就没有办法赢得主动、赢得优势、赢得未来。因此，要加强学习的紧迫感。

今日世界，一日千里，不学无从适应，不思无以应对。知识是现代社会的核心推动力，知识的意义不再是一种“纯知识”，而是一种资源，是一种创造成效的手段，知识型员工的“生产工具”就是他们头脑中的知识。德鲁克说：“今天最重要的价值就是知识和你获得新知的速度。”

建设学习化社会是20世纪60年代由美国学者哈钦斯首先提出的。20世纪70年代，联合国教科文组织提出：人类要向着学习化社会前进。此后，许多国家相继开展了学习型社会创建活动，西方国家已先行一步。在美国，每一万人就拥有一家公共图书馆，是中国人均拥有量的46倍，更关键的不仅是数字上的差别，美国的公共图书馆，儿童放学后可以在这里安全地游戏，老年人在这里排遣寂寞，成年人在这里自我完善，外来人在这里上美国的第一课，而且绝无障碍，一视同仁。

“士者国之宝，儒为席上珍。”特别在信息化、全球化条件下的学习型社会中，每个人开放地面对各种知识和信息，我们不但需要真学、善学、苦学、乐学、谦学和恒学，还要在学习中健全自己的人格，正确地对待自己、他人、社会和周围的一切，戒除妄自尊大、刚愎自用、自以为是、自我中心、自我封闭，成为全面自由发展的现代人，努力成为国家的栋梁之材，努力成为造福人类之才！

第六章

王道自我管理的时代性与价值

自我管理是知识经济时代的内在要求。自我管理可使知识工作者适应知识经济的时代发展，毕生从事有意义的工作。自我管理是人性自由的必然选择。

王道自我管理是自我管理理念的形象化、具体化和系统化，是自我管理的切实可行的行动指南，认真实施王道自我管理，对个人成长与成功、对企业和单位的管理、对人的现代化和社会文明都具有现实意义。

一、自我管理的必然性

（一）自我管理是知识时代的呼唤

在农业社会，主要资源是土地；在工业社会，主要资源是资本；在知识经济社会，主要资源是知识，知识生产力已经成为社会经济发展的关键性因素。知识经济的发展是以智力资源的占有、配置，知识的产生、分配、使用为特点的可持续发展，这是知识经济的典型特征。由于知识具有创造性、抽象性、淘汰性等特点，知识的产生、分配、使用的一切效果都是工作者自我决定，而不是由资本决定的，也不是由领导者所决定的。所以，知识经济发展就要求知识工作者发挥自治能力，发挥主动创造性，做到自我管理。自我管理就是自己管理自己，也被称为“没有管理的管理”“无人管理”。所以，知识经济发展呼唤自我管理。

自我管理也是知识经济时代的内在要求。自我管理可使知识工作者适应知识经济的时代发展，毕生从事有意义的工作。知识工作者一生所面临的是要为胜任一种以上的工作、任务或事业做好准备。市场上的竞争激烈，上司和别人无暇为你提供更多支持，此时自我管理就成了我们适应社会发展需要，脱离困境的法宝。因此，若知识工作者自觉地进行自我管理，从自己的优势着眼，选择自己的职业生涯，这样一生才能从事有意义的工作。

（二）自我管理是人性自由的必然

“人性化”就是尊重人、信任人、发展人、一切为了人，是开发人的良知、潜质和智慧，从而使人全面发展，实现自身的尊严和价值。真正的“人性化”，是帮助和引导员工实现自我管理，而非要求员工完全按照已经设计好的方法和程式进行思考和行动。自我管理是实现人性化的根本有效形式。自我管理顺应了员工可以最大限度发挥自身潜能，实现员工全面自由发展的必然趋势。

自我管理就是要求人们自觉克制个人欲望，把集体目标作为个人自觉的追求，自觉地实现集体目标的同时，进而实现个人目标。只有自我管理、克己奉公，才可能实现“既有民主，又有集中；既有纪律，又有自由；既有统一意志，又使个人心情舒畅”的这样一种生动活泼的整体局面。

二、王道自我管理的多重价值

王道自我管理是自我管理理念的形象化、具体化和系统化，是自我管理的切实可行的行动指南，认真实施王道自我管理，对个人成长与成功、对企业和单位的管理、对人的现代化和社会文明都具有现实意义。

（一）赢得王者人生的基因

中国第一位决策学教授张顺江认为：人才的实质是智能结构。智能结构的基础是知识结构（人们把握的各种知识及其数量多少的统称），它的心理表现是智力，它的行为表现是能力。

成才是个人智慧开发、智慧成长的过程及其结果；而成功则是个人智慧的应用，从而取得社会效益的过程及其结果。成功就是达成预定的目标，每个人都有成功的经历。成功可以从两个角度来评判：一是自己认为的成功。老农自给自足也是一种成功。二是别人眼中的成功。所以，成功是一个多元化的概念，而当今社会一般认为只有金钱才是衡量成功的唯一标准，这种金钱化的成功观对人的成长和进步，对社会的协调发展是有害的。

王道自我管理站在俯瞰人生的高度，高度总结了人类历史上成功者的经验，梳理出了人生的航标、人生的主题、人生的基石和人生的轴线等万世不变的四条主线，并提出了系统的方法，指导人们确立理想与目标以始终把握人生航向，把握生活与工作的意义以及热爱生活与工作，筑牢人生的基石以抵制人生各种诱惑与风险，保障人生的安全，充分把握和利用时间，最大限度地发挥时间和生命的价值，赢得王者人生。

在现代社会中，实现现代化是我们共同的追求，而现代化要先化人后化物。社会现代化离不开人的现代化，并最终取决于人的现代化。人的现代化的实现必须通过个人的自觉意识和活动来具体表现，并以人的自由全面发展为起点和归宿。实现人的现代化，主要包括观念现代化和行为现代化。王道自我管理是现代人的重要内涵，也是人的现代化的基本目标。王道自我管理构成了人的现代化的实现途径和内在机制，是人的现代化实现的现实条件和基础。

德鲁克认为，获得成就的人不是百万富翁，而是能做出贡献、享受充实的人生和实现自己人生意义的人。而这种成就需要围绕如何发挥自己的优势和实现自我价值，依靠好的、自觉的自我管理来获得。王道自我管理是自我成长、自我成熟、自我成功、自我现代化的基础、途径和法宝。

（二）企业生态升级的良方

王道自我管理在企业管理中的应用：一是引导员工结合企业的实际把企业的目标作为个人的理想与目标，把实现企业目标变成一种自觉的、主动的、积极的行动，并通过实现个人的理想与目标以实现企业的目标；二是引导员工了解生活与工作的意义，把握生活与工作的平衡，并热爱生活与工作，从而激发员工满怀热情地生活与工作；三是引导员工把企业的规章制度、工作标准和素养要求作为提高自身道德修养的具体要求，从而使员工自觉地遵守、维护和完善企业的制度和标准；四是引导员工珍惜和利用时间，从而提高工作效率，推动企业的发展。

王道自我管理在企业管理中的广泛应用将起到如下明显的效果：

1．突破管理者与被管理者的矛盾对立关系的管理困惑

很多企业和组织面临的管理困惑是：管得过宽，人会变得松散、懒惰，影响目标的实现和达成；管得过严，又可能会造成压力，使人缺乏安全感而心生抵触；宽严结合更不行，它虽然能起到一些作用，但因其本身缺乏尊重和有明显的功利性，会掩盖矛盾并影响长远利益。自我管理不仅在理论上突破了以往管理理念中普遍存在的管理者与被管理者的矛盾对立关系，而且管理者首先是良好的自我管理者，进而在管理中引导和帮助员工进行自我管理，既可以节省管理费用，又可使员工保持工作热情，以确保企业组织永续经营。

2．较大地节省管理和产品成本

从价值观点看，自我管理是令人向往的目标，因为它可使企业减少用于雇人充当管理者的货币和时间成本，而且，它也可使管理者腾出精力处理更加需要重视的长期

关键性问题。美国管理学家根据研究发现："自我管理"的推行极大地减少了管理幅度和中层管理人员数量，使公司中经理人员与员工的比例由过去的1：7降为1：30。由于自我管理，人人都是管理者，其所负责的工作质量将大幅提高，产品综合成本将大大降低。

3．贯彻了人本管理理念，提高了管理的有效性

人本管理的核心是尊重人、信任人、培训人和为了人。自我管理本质上在尊重和信任员工的基础上，引导员工自己管理自己，让员工获得发展和幸福，实际上体现了人本管理的理念。许多企业在推行人本管理的过程中花费了大量的时间和精力，效果却不甚理想。为什么呢？因为这些企业只是口头上说以人为本，事实上还是以己为本，甚至以物为本，更没有帮助和引导员工实现自我管理。

管理的有效性是衡量管理成败的唯一标准，管理的真谛是帮助员工提升竞争力。管理本来就是个"工具"而非"目的"，如果不必使用这个工具，还能达成目的，那么这个管理是非常好的管理。换言之，自我管理是最好的管理，是管理的极致。

王道自我管理思想既是深层次解决企业系列难疾的良方，又是落实人本理念，从根本上调动人的能动性的有效方法，还是企业基业长青的内在密码，其意义无限深远。当然王道自我管理思想在企业管理中能否发挥作用、发挥多大的作用，关键又取决于企业领导人、管理者和员工对王道自我管理思想的认同度，而认同度又来源于认真学习和深刻领悟。如果仅仅是把王道自我管理思想当作一种时尚而不是一种信仰，其作用自然也是十分有限的。

（三）国民素质提升的捷径

中华民族要自立于民族之林，其核心是中华民族始终有灵魂，中国相信自己，相信自己民族的优秀儿女。中华优秀儿女自古至今都有"修身、齐家、治国、平天下"的心胸和情怀。与时俱进，王道自我管理思想可以继承与发展中华传统优秀文化。

王道自我管理对人们在社会发展中的作用体现在以下四个方面：一是引导人们自觉地参与社会建设，把国家需要和社会需求作为个人的理想与目标，把满足国家需要和社会需求变成一种自觉的、主动的、积极的行动，并通过实现个人的理想与目标以满足国家和社会的需要。当各个领域、各条战线的人们都以国家和社会的需要为目标而努力奋斗时，自然就推动了国家的发展和社会的进步。二是引导人们充分认识生活与工作的意义，把握生活与工作的平衡，并热爱生活与工作，从而激发人们满怀热情地生活与工作；当人们普遍热爱生活、热爱工作，人们就会感到人生的充实、快乐和幸福。三是引导人们以国家的法律法规、社会的道德作为每个人的言行标准和素养要求，从而提高人们的道德修养。当人们的素养普遍提高，社会就会变得越来越文明。四是引导人们珍惜和节省时间，又不浪费他人的时间，学会不断地提高工作效率，从而使整个社会变得更加高效。

从总体上看，可以说王道自我管理是中华伟大复兴的助推器，当然，王道自我管理推动社会发展与进步的作用不是一朝一夕就可以体现的，其发挥作用是一个漫长的过程。当一个人认同和实施王道自我管理时，正如处于修身阶段；当修身达到一定境界时，其在家庭中就能发挥榜样作用，并能实现家庭的富裕、文明；在单位中能发挥榜样作用，则是对单位、社会产生了贡献。

总之，自我管理是知识经济时代的呼唤，是最经济、最有效的管理方法，是人本主义的体现，是人生成功的基础和途径，是实现人的现代化的重要途径。

听完我“王道自我管理”的演讲后，两位来自深圳博天国际的学员进行了以下分享：

（一）

在平台这么多年，看着自己一点一点地成长，却从来不会给自己好好总结一下，也不知道该怎么总结，以为都是运气。但是今天听了赵铭志老师的分享，才恍然大悟。赵老师从人生的各个纬度来阐释如何活出一个王者的人生，让我有了更系统的认知。

道德与修养：经常听周老师说厚德载物，一切财富都不是赚来的，一定是自己修来的。虽然以前不能真正理解其中含义，但是我认为听话照做就行了，公司提倡什么，我就做什么，从不去触碰公司的红线，从来不做让自己后悔的事情。对待客户诚信服务，对待同事互帮互助，对待家庭用心经营。时常心怀感恩，感觉每一天都美极了。面对每一次失败，也不气馁，知道是自己的德行不够，还要继续努力。

6年来，我就坚持做一件事，就是教育培训，不心浮气躁。真的很感恩这样一个伟大的平台，能让我在这里尽情地成长，还培养我优良的品质，增加我的德行。

目标与理想：上面一横是目标与理想，来博天以前，自己大脑中只有一个模糊的概念，觉得自己一定要挣钱，成为一个企业家。来到博天之后，我更加清晰地了解且细化了自己的目标，看到别人能在台上侃侃而谈，于是我定下了3个月上台主持的目标；看到能力强的人得到客户的高度认可，于是我定下了6个月能独立服务好任何一个客户的目标；看到公司年龄比我更小的人每月都能月薪过万，于是我定下了一年都能月薪过万的目标；看到有的人已经有车有房，于是我定下了3年买车买房的目标；想到自己企业家的梦想，于是我定下了5年开公司的目标。然而最神奇的是，这些目标都一一实现了（虽然有的时间拉长了一点）。未来的几十年我只需要用心开好公司，真正去成为一名优秀企业家了。所以今天听到赵老师的分享，我再一次理解到坚定的目标是多么重要。

工作与生活：以前也经常听周老师说一句话，“工作的时候认真工作，玩儿的时候就尽情地玩儿”。可总是只听进去了后半句，于是对待工作总是充满了“要我做”三个字，今天听了赵老师的分享，明白了一定是“我要做”，才能真正把工作做好。活在当下，在工作时，踏踏实实完成手头工作，今日事今日毕，明白我在为我自己做事，所以每天就算忙得再晚，也不觉得疲倦，反而做完了还特别开心，很有成就感。所以在工作与生活中都不再患得患失，这是我最喜欢的状态。

时间管理：“8小时以内求生存，8小时以外求发展”，在我刚进公司的时候，我真的很佩服自己可以好好利用每一个时间段。白天我负责打满120通电话，下班回家，我从来都是看书、看视频、听录音，向行业优秀人士学习。但是现在我变得懒惰了，很多的碎片时间被大量地浪费了，也没有再像以前一样每年看满30本书了，就算买书回来，也只是把它们堆在那里，上厕所时才会翻一翻。今天听了赵老师的分享，我真的一定要重拾目标，重视时间管理，不为懒惰找任何借口，不浪费生命中的每分每秒。

我接下来要做的事：

1. 每周健身三次，每次1个小时以上。
2. 每天花半小时看书学习。
3. 做到今日事今日毕。

4. 不仅自己做到，也带领团队一起做到。

学员：《99赢利系统》成都分公司　李泳庆

（二）

刚来博天第一场会议就听老师介绍《王道自我管理》，也经常听周董事长提起赵老师，百闻不如一见，今天非常荣幸接受赵老师一天的培训。

听到赵老师坚持跑步，30年如一日，让我内心非常震撼、敬佩，同时非常有感触。我夜跑只坚持了半年，其中的艰难、心里的斗争还历历在目。坚持一个星期容易，一个月容易，但是整整30年，是需要多大的自我约束力呀。以前想都不敢想，没想到今天就有这么一个人出现在我们周围，为我们授课，行万里路不如名师指路，这里也非常感谢公司能让我们有这次学习的机会！

赵老师围绕《王道自我管理》给我们授课做分享，上午解析“王”字让我非常深刻，一个字能包括这么多含义、哲理，以前我是从来没有听到过的。三横一竖每一笔一画都包含着哲理，整体缺一不可，相辅相成。老师讲时间管理的时候，我受益匪浅。我仔细算算，我每天真正做有意义的事情的时间非常少，太多太多的时间用在刷微信、玩手机、吃饭、闲聊上。以前我有这样的意识，下班要好好规划自己的时间，做些有意义的事情，比如阅读，但是从来没有真正规划过工作上班的8小时，公司的日报表每天总是草草了事，浪费了太多太多时间，效率非常低。以前真是太奢侈了，提升空间太大了。还有未来的规划，赵老师给我们找了很多案例，之前我没有规划得这么长远，听完赵老师的课后有一种茅塞顿开的感觉，花一个星期的时间给自己写一份10年的详细规划，根据情况分解到每一个月、每一天，然后朝着目标一步一步走。

老师讲到了习惯的可怕，及其对人生的影响。一个人无论有多少好习惯，有多少坏习惯，日子总会一天天过去，但时间长了，这个人未来是否有成就就可以看得出来。

学习和阅读真的非常重要，很多人可以吃身体上的苦，却不想吃精神上的苦。学习和阅读的苦，让我感触非常大，学习这么重要，书是一些前辈们花了大量时间总结出来的经验成果，为什么我们不能沉下心来好好读每一本对我们有帮助的书？让自己养成阅读的习惯真的非常重要，人是在不断的总结当中成长的。

我的学习执行计划：

1. 每天睡觉前最少看20分钟书。

2. 每天自我反思自己做的工作，有哪些是可以更快做好的，有哪些时间是浪费了的，可以利用起来的时间长久利用起来会有哪些收益？

学员：陈世雄

致谢

写一本管理方面的著作是我十多年前向下属讲过的夙愿，今天修订后的《王道自我管理》面世，我由衷地感到高兴和欣慰。

该书的出版发行，首先要感谢华南理工大学出版社提供的平台，感谢华南理工大学出版社的同仁在本书审校、印刷和出版等方面所给予的帮助和付出。

从本书主题内容和素材的来源看，我要感谢这个信息时代为写作提供大量有价值的资料，感谢管理大师德鲁克关于自我管理将是今后社会主要的管理方式的观点，感谢像香港李嘉诚、美国富兰克林等自我管理方面的榜样人物，感谢“王”字本身丰富而独特的内涵。其中，要特别感谢为我提供丰富实践平台的两位老板，一位是曾经影响和推动整个家具行业发展的人——深圳大富豪实业发展有限公司原董事长（曾任广东家具商会会长）何循证先生，我在该公司从职十二年，担任过办公室主任、物流部经理、品管部经理、质量管理中心总监、生产管理中心总监、企业管理中心总监、副总裁、执行总裁等职务，书中的很多独特观点都是在该公司碰到挫折而深刻反省的感悟。另一位是深圳凯鑫汽车服务有限公司董事长吴伟明先生，他是我十多年的好友，他对我非常信任，在他企业经营比较艰难时，我在其公司做管理顾问，协助他全面经营管理，最终形成了“王道自我管理”的思想，并深得吴总的充分肯定。

在写作和修改该书的过程中，需要感谢四位同事和亲友。第一位是我原来的秘书乔伟艳，她是研究生学历，她代表“80后”给该书提了不少建议，她作为忠实的读者而充分肯定本书对她的启发和价值。第二位是我的儿子，大学刚毕业，代表“90后”，他站在年轻读者的角度，不但对本书给予了高度的肯定，还提出了不少有价值的建议。第三位是我的好友刘玉廷先生，他曾经做过记者，现为深圳市龙中龙艺术有限公司董事长，他为本书提出不少很有价值的建议，并对本书给予了很高的评价，对本书的错字、别字，甚至标点符号都悉数修改。第四位是我原来的同事、好友、人力资源管理专家、明末清初散文家方苞的后代、曾任人力资源总监的方龙进先生，他的文笔功底深厚，也有个人专著，在本书交付出版前，他花了数日静心为本书审稿，提出了不少有价值的建议，使本书更加精炼。

我出生于极为贫困、闭塞、落后的农村，对于我这样一个从农村出来的人来说，我要感谢我的启蒙老师赵龙珍，感谢他早年的辛苦栽培，本书的问世也算是对启蒙老师最好的回报。

本书能够面世，我要深深地感谢我亲爱的父亲赵瑜珍和母亲江连香，是他们再苦再累也要送儿子读书，一直把我送到大学，我也是我们村从1977年恢复高考11年后第一个大学生。没有我父亲和母亲的厚爱，我不可能读大学。我亲爱的父亲和母亲不但送我读了大学，还教会我做人做事的美德。本书的面世，会让我平凡而朴素的父母在九泉之下含笑。

本书能够面世，我要特别感谢我的妻子李梅琴，她是中国典型的贤妻良母，她对我的父母非常孝顺，她成为我父母晚年的主要精神寄托，为我这个为了生活而不得不在外打拼的人尽了儿子的责任，减轻了我的自责。她对儿子非常疼爱，且全心教育，是一个好母亲，她的尽责避免了我对儿子成长的担心。她对我的事业更是全力支持，总是信任和鼓励，她已经成为我的精神动力。正是因为我妻子的支持，我才能多年潜心工作，才能战胜工作中的一个个难关，并且积累大量的经验。没有我妻子的支持，就不可能有本书的面世。

此书第一次发行时，得到不少读者的高度肯定。知名的财税专家、近70岁的王莉莉女士评价：“《王道自我管理》是一本全方位指导人生的难得的好书。”我的大学同学胡正彪先生评价：“一本可以与《圣经》媲美的好书。”这些评价都使我更加坚信该书的价值。

本书修订时，东莞利拓一品艺术有限公司江权秀先生，一位才华横溢的“80后”董事长，他高度肯定此书的价值，并提出了不少有价值的完善意见。深圳博天国际董事长周立波老师也给了非常有价值的修改意见。江西锦腾木业有限公司董事长俞军先生给我提供了他的家规和相关资料。因为他们的支持，才有现在更加精彩的内容。

此次修订书稿，是在我工作极其繁忙期间抽空完成的，我要感谢我团队的理解和支持，特别是邹孝波和赵煜辉的支持。

最后，我还要感谢所有关心、支持和帮助过我的同事、亲友。包括我原来的上级领导和事业导师谭新光、赖绵进、陈守智、张滔、苗田福等，包括我原来的同事朱宝亮、朱青松、彭忠福、杨世兴、谢立、谭冬亮等，包括我的姑父赵宏和我的兄弟姐妹等。

2017年10月1日

荐言

1. 《王道自我管理》是一本献给新时期优秀中华儿女自我修炼的读本，一本献给中国梦构筑者锐意进取的精神食粮，一本献给困于人事的企业家、经理人的突破良策，一本献给立志成功、有志成为伟人的奋斗者的导航系统。

——中共深圳市家居文化用品行业协会党支部书记

深圳市龙中龙环境艺术有限公司总经理　刘玉廷

2. 赵老师的“王道自我管理”理念，与《顺景园管理模式》中的“心态管理”理念异曲同工，除了点出了时下社会道德教育脱节下自律的公民意识的亟待提高之外，企业的生存更应在和谐共处的自我管理中寻找人性的内在动力和动因，才能让企业在严峻的经营环境中突围升级。期望《王道自我管理》一书的修订出版，再次为中国民族工业的健康发展做出新的贡献！

——香港铸造业总会常务副会长、香港工业专业评审局院士

《拓荒者之歌》作者、顺景园精密铸造（深圳）有限公司董事长　蔡子芳

3. 赵铭志先生创作的《王道自我管理》一书体现了丰富的人生智慧、高超的管理才能、务实的谦逊情怀，有情有义传播正能量，有声有色分享精神食粮，非常值得大家阅看。

——深圳市文化创意行业协会秘书长　陈鹤平

4. 《王道自我管理》以质朴的语言，全面系统地诠释了新时代“王者”，从理想与目标、生活与工作、道德与修养、时间与生命四个方面的修炼之道展开，内涵丰富、形象深刻、具有实操性，是一本值得每位企业负责人首选的人生和职业修炼教材。欣悉此书修订出版时把“俞家家规”列入书中，使我等倍受鼓舞，当以此为警

醒，时时加于鞭策，促进家族的兴旺、企业的繁荣、国家的兴盛。

——江西锦腾实业执行董事　俞军

5. 《王道自我管理》一书为管理者提供了一条开发团队、激励团队成长的可持续管理之路；为那些彷徨于碎片生活和时间的人提供了一条修身养性、自我管理、自我提升之路；亦为更多身在“天堂”，心在“地狱”的人提供了一条思想润泽之路。强烈推荐广大企业家、管理者和欲实现远大目标的群体品读。入此道者，自润之，润彼之。

——中国成人教育协会南方教育中心校长、中国成人教育协会理事

火凤凰同学会创始人、深圳火凤凰摄影协会名誉主席　曲广生

6. 赵铭志先生是我最敬佩的少数几位老师之一，我深入拜读过他的《王道自我管理》一书，该书立意之高深、构思之独特，令人记忆深刻。书中六德十条、确立与实现理想与目标的五大要诀、人生四大定律、时间管理方法与工具等的阐述都是他经历和智慧的升华，是他知行合一的杰作，是一本稀有的好书，我向读者强烈推荐。

——中国家居行业战略管理专家

深圳市博天企业管理顾问有限公司董事长　周立波

7. 自我管理意识是每个管理者必须具备的一种重要素质。《王道自我管理》从理想与目标、生活与工作、道德与修养、时间与生命四个方面阐述自我管理之道，字里行间渗透着正能量，堪称“中国式自我管理”良好教育读本，对广大职场人士尤其是管理者具有切实的指导作用。

——深圳市职业经理人发展研究会会长　张友源

8. 人生就是自我管理的结果，赵铭志老师的《王道自我管理》从理想与目标、生活与工作、道德与修养、时间与生命四个方面阐述了自我管理的精髓。书中不但有严密的理论体系，还有切实可行的方法，更有行之有效的工具，无论对社会、对企业、对家庭、对个人都具有深远的意义和价值。

——演讲口才培训专家　任天行

9. 现在励志类的书籍可谓汗牛充栋，而《王道自我管理》这本书能够独辟蹊径，作者以独有的角度和高度，结合自己几十年的沉淀和升华，以成就自我为方向和目标，从四个方面修炼“王道”主干，案例经典，深入浅出，每一章节都能吸引人、打动人，是不可多得的一本好书！

——香港漆宝国际集团成都化工有限公司总经理　朱宝亮

10.《王道自我管理》作者赵铭志，是我十多年的老领导，更是我一生的良师。他既善良正直，又博学多思；他既自律敬业，又有爱国情怀；他几十年如一日地坚持看书、写日记、健身和自省修炼，令人敬佩。其《王道自我管理》既是其人格和思想的体现，也是他爱国利人情怀的一种表达。读此书，可以立身，可以御事，可以明德，可以知道，可以成为真正的王者！

——惠州迪韵家具有限公司董事长　朱青松

11. 在这浮华的尘世中，充满着太多的虚与委蛇和刻意逢迎，让我在这眼花缭乱的假面社会中，不知道在哪里才能找到扑面而来的真情实意。此刻一本《王道自我管理》让我干枯的心田注入了一股清泉，一份清醒；随之而来的更是心灵人格的升华和十分难得的纯粹。希望我的同事、朋友都能读到这本珍贵的书。

——深圳市天龙金属制品有限公司　范本旺

12. 初读此书，如初次认识老师，平淡无华，纯朴自然；再读此书，如与老师深交合作，精深博广，大道如斯。在这个时代，我们更需要多一些像赵铭志老师这样知行合一、律己爱人的正能量传播者；更需要多学习《王道自我管理》这样指导人们建立和实现人生价值的系统思想；更需要多从内在自我寻找成功的意义和方法。期待王道管理思想丛书的全面出版。

——80后创业者、东莞市利拓一品艺术有限公司总经理

王道管理思想践行者　江权秀

13. 赵铭志老师的《王道自我管理》全面阐述理想、工作、道德和时间管理的重

要性和实操方法，让我受益匪浅，改变了我懒散的生活习惯，也成为我管理公司的指南，值得推荐！

——深圳市天涯草工艺制品厂总经理、油画家　樊天文

14. 成功者都有一个共同的特点，他们都是自我管理的高手。本书作者赵老师是我非常敬重的老师，他写自己所做，做自己所写。赵老师的《王道自我管理》思想体系，源于实践又高于实践，是一本少有的、原创的、实用的、经典的自我管理哲学、思想和方法论，必将影响深远！

——行动教育企业大学建设专家　黄圣恩

15.《王道自我管理》是为人之本、成功之基、不败之宝，为赢得出彩人生提供了切实可行的系统解决方案。

——佛山市顺德区简居家居有限公司总经理　吴德

16.《王道自我管理》是一本全方位指导人生的难得的好书。

——20多年的义工、近70岁的资深财税专家　王莉莉

17.《王道自我管理》是一本可以与《圣经》媲美的好书。

——高级教师　胡正彪

18. 看完此书，受益匪浅！再次向亲友郑重推荐《王道自我管理》一书。这是一本全面指导人生的教科书，是一本教人活出精彩、心身愉悦的良剂，更是我们在迷茫与无为时的一盏明灯。

——高级室内建筑师、元亨家居创始人　吴青文